AMV

Hamish MacInnes

Bergsteiger aus Spaß an der Freud'

Mit 39 Abbildungen

Albert Müller Verlag
Rüschlikon-Zürich · Stuttgart · Wien

Bildnachweis
Abb. 5: New Zealand House
Abb. 17, 18, 24, 25, 26: John Cleare/Mountain Camera
Abb. 39: Foto Swissair, Zürich

Aus dem Englischen übersetzt von Rudolf Ernst. – Titel des englischen Originals: «Look Behind the Ranges», erschienen bei Hodder and Stoughton, London. – ISBN 3-275-00782-3. – 1/6-82. – Printed in Switzerland.

Inhalt

1 *Ohne Geld durch die Welt*

«Zum Teufel, rück doch mal ein Stückchen, MacInnes», brummte Bill Smith empört. «Du machst dich hier breit, als wärst du alleine!»

«Tut mir leid, mein Junge», entschuldigte ich mich und baute gleichzeitig meine Position aus, indem ich meine Lage ein wenig veränderte. «Dein Bett ist so unverschämt klein; in so was paßt eben nur ein Glasgower Zwerg.»

«Wenn's dir nicht recht ist, dann weißt du ja, was du zu tun hast», murmelte Bill und warf sich energisch herum. Sein Hinterteil als Rammbock benützend, schaffte er es um ein Haar, mich aus meinem labilen Gleichgewicht auf der Kante des Bettes zu kippen.

Wir hatten an diesem Abend einen Vortrag von André Roch in der Usher Hall in Edinburgh besucht. Ich kannte eine junge Dame, die Sekretärin bei der schottischen Royal Geological Society war und mir zwei Freikarten geschickt hatte; daß ich niemals Geld dafür ausgegeben hätte, wußte sie. Bill Smith, ein mit stoischer Ruhe und Engelsgeduld gesegneter Glasgower, war Mitglied des berühmten Creagh-Dhu-Bergsteigerklubs. Mit mir zu dem Vortrag zu kommen, hatte er sich mit der beiläufigen Begründung entschlossen:

«Während des Glasgower Jahrmarkts können wir uns immer noch einen Ausflug zum Everest überlegen ...»

Daß dieser Vortrag für mein späteres Leben von großer Bedeutung sein sollte, ahnte ich damals nicht. André Roch sprach über die Schweizer Mount-Everest-Expedition, die im Herbst 1953, also ein paar Monate vorher, stattgefunden hatte. Nebenbei erwähnte er, daß größere Mengen von Nahrungsmitteln und Ausrüstung am Fuß der Hänge unterhalb des South Col zurückgelassen worden waren. Nach dem Vortrag trafen sich ein paar von uns auf einen Drink in der Bar, und ich erkundigte mich bei André nach diesem verborgenen Schatz. Das Depot war, wie er so hübsch sagte, ‹für einen Schotten der Himmel›!

«He, Bill.» Ich gab meinem Bettgenossen einen Stoß. «Wenn ich an die Fressalien denke, läuft mir das Wasser im Mund zusammen.»

«Sag bloß nicht, daß du schon wieder Hunger hast», murmelte Bill. Obwohl er im Halbschlaf sprach, klang etwas wie Abscheu aus seiner Stimme. «Fünf Schläge Fisch und Chips hast du schon verdrückt.»

«Ich meine all die Fressalien am Everest, du Idiot», gab ich zurück, erbittert über ein solches Maß an Verständnislosigkeit. Irgendwie fiel mein Freund in dieser Nacht aus dem Bett – ein Indiz dafür, daß ich nicht so leicht klein beigebe, und wenn es im Schlaf ist. Es war mein letzter Besuch bei Bill.

Um meine Verbindung mit dem Chreagh Dhu Club zu erklären, muß ich ein wenig ausholen. Mit den Leuten von diesem Klub hatte ich nach meiner Entlassung aus der Armee zu klettern begonnen. Ich hatte auch beim Militär Glück gehabt und achtzehn Monate in einem Urlaubscamp im österreichischen Tirol verbracht. Es war eine der schönsten Zeiten meines Lebens, und mit Freunden in Ehrwald stehe ich noch immer in enger Verbindung. Vor meiner Militärdienstzeit war ich mit einem Jungen namens Charlie Vigano geklettert. Bezüglich seiner Staatsangehörigkeit war ich mir nie ganz sicher; einmal konnte er uns nicht nach Frankreich begleiten, weil er Angst hatte, dort eingezogen zu werden; die Uniform der Fremdenlegion stehe ihm nicht, meinte er, denn er bevorzuge saloppere Kleidung! Während ich also beim Militär war, hatte er durch John Cunningham und Bill Smith Bekanntschaft mit dem Creagh Dhu Club gemacht. Anfang der fünfziger Jahre waren dies die besten Felskletterer, die Schottland bis dahin hervorgebracht hatte. Bill war wie ein Panzer gebaut und ungemein kräftig. John dagegen war schlank und zäh; seine Bewegungen waren von unübertroffener Eleganz und Geschmeidigkeit, selbst in schwierigsten Partien. John war damals in seiner Gewichtsklasse westschottischer Freistilring-Champion. Drei Freunde, mit denen Charlie und ich anfangs geklettert waren – John Black, John Bradburn und Sid Tuinion –, waren zusammen in einem Schneesturm ums Leben gekommen. So war es ganz natürlich, daß wir uns nach neuen Kameraden umsahen.

Der Klub war zur Zeit der Wirtschaftsdepression gegründet worden, und seine Mitglieder gehörten überwiegend zur Arbeiterklasse. Präziser ausgedrückt, könnte man sagen, daß es sich um einen Arbeitslosen-Klub handelte, denn Arbeit gab es damals nicht viel. Manche von den Jungs gingen zu Fuß zum Cobbler bei Arrochar und sogar bis zum Glencoe-Gebiet, um da zu klettern. Da die meisten der Klubmitglieder in Glasgow geboren und aufgewachsen waren, versteht sich von selbst, daß sie sich bei Auseinandersetzungen verbaler oder tätlicher Art gut zu helfen wußten, und der Umstand, daß viele von ihnen ausgezeichnete Ringer waren, trug dazu bei, daß sie – freilich zu Unrecht – im Ruf von Krawallmachern standen.

In den frühen fünfziger Jahren hatten wir alle Motorräder, und Ausflüge in die Berge endeten unweigerlich mit einem Rennen auf der besonders kurvenreichen Straße, die sich am Westufer des schönen Loch Lomondside entlangschlängelt. Ehrgeizige Konkurrenz entstand uns in anderen Wochenendausflüglern, von denen einige bekannte Rennfahrer waren und zumindest einer sogar Tourist-Trophy-Sieger. Bill Smith war einer der besten Fahrer, die ich je gekannt habe; obwohl er nur eine Serienmaschine besaß, war er schneller als alle anderen. In der Regel sah ich ihn nur von hinten, wobei ich mich nach besten Kräften, aber vergeblich bemühte, seinen Stil nachzuahmen. In engen Kurven spritzten Funken vom Auspuffrohr oder von der Fußraste, wenn er seine mit Rucksack und Seil bepackte Maschine unglaublich tollkühn abwinkelte.

Charlie, ein braungebrannter, ruhiger Junge, der seine Muttersprache Schottisch mit leicht französischer Intonation sprach, war damals Koch, wenngleich er es eisern von sich wies, an Wochenenden Mahlzeiten zuzubereiten. Die Kunst des Gängeschaltens erlernte er nie, und mit schöner Regelmäßigkeit verbrannte er seine Kupplung, ehe es ihm gelang, tiefer in die Geheimnisse des Getriebes zu dringen. Bill Smith, der stets voll neuer Ideen steckte, verbrauchte den größten Teil von Charlies Rucksackriemen, indem er sie stückweise als Ersatz für den Korkbelag auf der Kupplungsscheibe verwendete. Eines Tages glaubte ich, ihn warnen zu müssen.

«Charlie, du mußt das Bergsteigen aufgeben – zumindest mit einem Rucksack –, wenn du nicht endlich lernst, dein Motorrad zu fahren!»

«Ja, ja», sagte Charlie in seiner liebenswürdigen Art. «Ich habe schon verstanden ...»

Mein erstes Motorrad war eine 350er Panther, eine schon etwas klapprige Maschine. Die vorderen Federbeine hatte ich selbst aus Heizungsrohren gebastelt, kam aber mit den dabei entstehenden Problemen nie ganz zu Rande. Fuhr ich zu schnell durch ein Schlagloch, so bestand die Gefahr, daß die unteren Teile der Gabel aus den oberen Rohren fielen, weil ich auf eine entsprechende Bördelung verzichtet hatte. Eines bestimmten Wochenendes entsinne ich mich besonders lebhaft. Durch irgendeinen glücklichen Zufall war es mir am Loch Lomondside gelungen, vor Bill Smith in Führung zu gehen, und ich war entschlossen, mich nicht mehr überholen zu lassen. Es war ein schöner Frühlingssonntag gewesen, und der nach

Glasgow zurückfließende Verkehr war sehr dicht. Charlies Schwierigkeiten konnte ich ahnen – natürlich hatte er mit seiner Kupplung Probleme. Doch dann wurde meine Maschine in unregelmäßigen Abständen und ohne ersichtlichen Grund plötzlich langsamer; es war, als hätte mich eine riesige Faust beim Kragen gepackt. Die Lösung des Problems war zum Glück etwas einfacher. Auf das hintere Schutzblech meiner Maschine hatte ich ein fünfzig Meter langes Kletterseil gepackt, dessen eines Ende am Rahmen des Motorrads befestigt war. Der Knoten hatte gehalten, das Seil sich indessen abgewickelt, und ich schleifte es nun hinter mir auf der kurvigen Straße nach! Autos aus beiden Richtungen fuhren darüber, aber dank der Elastizität des Nylongeflechts kam es zu keiner Katastrophe.

Etwas später interessierte ich mich für das «Frisieren» von Motoren. Vielleicht war ich von einem unterbewußten Verlangen beseelt, Smiths Überlegenheit auf zwei Rädern zu brechen, aber vergebens. Besser gelang mir der Entwurf eines ganz aus Metall bestehenden Eishammers. Er war der erste seiner Art, und entsprechend nannte ich ihn «Die Botschaft». Viele Jahre später sollte ich ihn in präsentablerer Form serienmäßig herstellen. Die schwierigeren Touren, die wir nun angingen, erforderten eine bessere Ausrüstung. Ich erinnere mich, daß ich einen der Jungs, die an den Wochenenden mit uns kletterten – er wurde wegen seiner ziemlich struppigen Erscheinung «Struwwelpeter» genannt und war ein ausgezeichneter Schweißer –, dazu überredete, die Spitzen unserer Steigeisen mit Stellit, einem sehr harten Material, zu versehen. Zwanzig Jahre später wendete eine deutsche Firma die gleiche Technik an.

An einem bestimmten Wochenende versuchte Bill Smith eine neue Route auf den Cobbler, eine kompakte Felsspitze etwa dreißig Kilometer nordwestlich von Glasgow. Die Route erwies sich als ziemlich schwierig, und nach längeren Bemühungen an einem Überhang beklagte sich Bill über Schmerzen im Handgelenk. Später stellte sich heraus, daß es sich um einen Bruch handelte. Ein paar Wochen danach kletterte er schon wieder schwierige Routen – im Gipsverband, dessen er sich auch bediente, um mich aus seinem Zelt zu vertreiben, wenn er glaubte, ich beanspruchte zuviel Platz. Daß der Gipsverband mehrere Male erneuert werden mußte, versteht sich am Rande.

Einige Zeit darauf – der erste Winterschnee war gefallen – versuchten wir eine Besteigung von Raven's Gully im Glencoe-Tal, einem dunklen Riß hoch im Buachaille Etive Mor, der im Winter noch nicht bezwungen worden war. Obwohl schon auf halber Höhe, hatten wir uns aus irgendeinem Grund noch nicht angeseilt, als das Eis unter Bills Steigeisen brach und er den schmalen, senkrechten Spalt hinuntersauste. «Mein Gott, ich hab' keine schwarze Krawatte!» schoß es mir durch den Kopf, als ich ihn fallen sah. Bill stürzte über einhundertfünfzig Meter tief ab, verfehlte unten nur knapp ein paar häßliche Felsbrocken, landete im steilen Bett des Great Gully und überlebte. Als er sich aus dem Schnee gewühlt hatte, schaute er herauf und schrie:

«Kommt runter, es ist großartig!» Am nächsten Tag hatte er den Arm wieder in Gips!

Einmal, als ich mich auf den Weg zur Cobbler-Hütte machte, versteckte einer der Jungs einen Stein in meinem Rucksack. Dröhnendes Gelächter entlud sich, als ich ihn oben auspackte. Aber Rache ist süß. Ehe wir am darauffolgenden Tag wieder zu unseren Motorrädern abstiegen, hatte ich denselben Stein im Rucksack des Scherzbolds verpackt. Dort blieb er während der ganzen nächsten Woche, um am Wochenende dann wieder auf den Cobbler geschleppt zu werden!

Dem Creagh Dhu Club trat ich nie bei, obwohl ich lange mit ihm in enger Verbindung stand. Charlie Vigano schrieb einmal: «MacInnes war nie offizielles Mitglied des Klubs. Viele Bergsteiger in Schottland wollten dem Creagh Dhu beitreten, und deshalb wollte MacInnes natürlich nicht ...»

Die Periode von 1950 bis 1954 war eine wichtige Epoche der schottischen Kletterei. Das bergsteigerische Niveau stieg in dieser Zeit beträchtlich, und viele schwierige Routen wurden erstmals begangen. Später wurde diese Tradition von Männern wie Robin Smith, Jimmy Marshall und Dougal Haston, die alle aus Edinburgh kamen, fortgeführt.

Viele der Burschen waren und sind noch begeisterte Skifahrer. In den Glasgower Werften, in denen etliche von ihnen arbeiteten, stellten sie sowohl Felshaken als auch Skistöcke her. Einer der Skifahrer, der zwei Stücke rostfreien Stahlrohrs benötigte, um sich Stöcke daraus zu machen, merkte sich – wie er glaubte –, in welchen Regalen entsprechendes Material lagerte. Als bei Arbeitsschluß um halb sechs die Sirene ertönte, schnappte er sich die Rohre und sprintete damit zum Hauptausgang, durch den Tausende anderer Arbeiter wie eine riesige menschliche Herde hinaus in die

Straßen von Glasgow strömten. Unglücklicherweise hatte er die falsche Länge erwischt; statt Rohren von ein Meter zwanzig Länge hatte er sich zehn Meter lange Stücke gegrapscht! Aber die Würfel waren nun einmal gefallen, und so hastete er auf Gedeih und Verderb durch das Haupttor, verflucht von seinen stolpernden Kollegen und den ihn verfolgenden Betriebskontrolleuren. Als eine Trambahn vorbeifuhr, sprang er auf, immer noch eisern die Rohre im Griff, die hinter ihm auf den Schienen schepperten.

Unsere persönliche Ausrüstung war damals noch minimal. Zum Motorradfahren setzte niemand einen Schutzhelm auf, geschweige denn zum Klettern. Wir alle trugen Mützen und schliefen sogar damit! Das Wichtigste kauften wir meist auf dem Glasgow Barrows, dem Wochenmarkt, wo es damals aus ehemaligen Heeresbeständen Gelegenheiten gab wie zum Beispiel Eispickel, die als «Kohlehakken für Ihren Keller» für fünf Shilling angeboten wurden.

Damals wanderten viele Bergsteiger aus und ließen sich in den entlegensten Weltgegenden nieder. Von Zeit zu Zeit kehren diese Getreuen in ihre alte Heimat zurück, meistens für eine Art Wildererferien. «Wenn die Jagd erlaubt ist, wird es ein bißchen langweilig», sagte mir kürzlich einer von ihnen.

Einige Zeit vor André Rochs Vortrag in Edinburgh war John Cunningham nach Neuseeland ausgewandert. Bill Smith vermochte die Bedeutung der hinterlassenen Gratisverpflegung am Fuße des Everest nicht richtig zu schätzen, und so schrieb ich Johnny. Johnny war interessiert. Ich kam zu dem wenig logischen Schluß, die beste Art, das Unternehmen zu organisieren, bestehe darin, nach Neuseeland zu fahren und den Plan dort mit ihm zu besprechen. Also schiffte ich mich ein. Meinen Eltern sagte ich, ich wolle in Übersee bleiben, um dort mein Glück zu versuchen – eigentlich gar keine Lüge, denn nach der Expedition blieb ich tatsächlich dort. Trotz meines enormen Unternehmergeistes kam ich allerdings nicht als Millionär zurück.

Ich liebe die See, vor allem das stürmische Meer. Aber auf längeren Schiffsreisen, wenn ich nichts zu tun habe, wird mir dennoch oft langweilig. Mitten in der Nacht des 1. April rappelte ich mich auf, kletterte auf den Mast und band dort eine schwarze Piratenflagge mit Totenkopf fest – sehr zum Amüsement der Passagiere und zum Ärger des Kapitäns! Ein Schweizer Freund und Mitpassagier war ebenso gelangweilt wie ich. Eines Nachts, als ich an Deck schlief, wurde ich von der Stimme Walters geweckt, der

Englisch übte, wie mir schien. «Sixty-one, sixty-two, sixty-three ...» Von Neugier gepackt, schlurfte ich schließlich zum Hinterschiff, wo ich sah, daß er unerschrocken einen Liegestuhl nach dem anderen über Bord warf!

Johnny lebte in Christchurch auf der Süd-Insel. Zunächst wohnte ich bei ihm, sehr zur Mißbilligung seiner Vermieterin, die, wie wir übereinstimmend feststellten, das einzige wichtigere Tier war, das dem Auckland-Zoo fehlte! In Christchurch gab es auch noch zwei ältere schottische Bergsteiger, Big Blondie Cameron und John Kay. Jeden Samstag trafen sie sich in der Gladstone Bar, um dort Rebellenlieder und schottische Balladen zu singen, wofür sie mit Recht berühmt waren.

Da wir unsere Himalaya-Expedition erst fünf Wochen später beginnen wollten, war es wichtig für mich, mich wieder in Form zu bringen und gleichzeitig etwas Geld zu verdienen. Ich beschloß, mir schwere Arbeit zu suchen. Mit diesem löblichen Vorsatz machte ich mich zum Arbeitsamt auf.

«Es gibt genügend Jobs in Neuseeland», versicherte mir der Mann am Schalter. «Sechzehn pro Person.»

«Pro Person? Die Leute hier müssen ein bißchen überarbeitet sein», murmelte ich vor mich hin.

«Wie bitte?»

«Ich sagte, ich möchte irgend 'ne schwere Arbeit – ich muß in Form kommen.» Er musterte mich mit prüfendem Blick.

«Nun, da hätten wir etwas. Sie müßten Zementblöcke von einem Zentner Gewicht eine Rampe hinaufschleppen. Wäre Ihnen das recht? Oder Ochsenhälften tragen in der Gefrierfleischfabrik?»

«Eigentlich nicht schwer genug», war meine Antwort. «Die Zementblöcke, das wäre das Richtige, nur, ich würde mir dabei die Hände kaputtmachen, wissen Sie ...» Schließlich nahm ich eine Arbeit als Holzfäller an und begann gleich am nächsten Morgen.

Es war nun wohl an der Zeit, mir eine eigene Unterkunft zu besorgen. Ich zog also in ein Haus, dessen Besitzerin der biologischen Gesundheitskost verfallen war. Ich bekam rohe Rüben zum Frühstück, zum Mittagessen kriegte ich Melasse und Feigen mit und abends gab es Grünkohl und Milch.

«Die ist bloß zu faul, um für dich zu kochen», belehrte mich einer der Jungs eines Tages, als er sie im Hinterzimmer mit einem großen Kotelett beschäftigt sah. «Reformkost! Mein Gott, da gehst du ja ein ...»

Zum Klettern kam ich während dieses kurzen Aufenthalts in Neuseeland wenig. Nur einmal machten wir eine Tour in die Südlichen Alpen, die fast dazu führte, daß wir unser Schiff versäumten. Kay und Blondie hatten uns eingeladen, in ihrem Lieferwagen mitzufahren – einem Fahrzeug unergründlichen Jahrgangs. Pat MacDonald, früher auch bei unseren Glasgower Wochenendtouren dabei, nahm ebenfalls teil. Er hatte eben einen zweiwöchigen Urlaub beendet, den er im Bett mit der Lektüre von Karl Marx verbracht hatte. Am Rand einer tiefen Schlucht gab das Vehikel den Geist auf. Sofort trat eine «Aktionärsversammlung» zusammen und faßte den Beschluß, das Ärgernis in den Abgrund hinunterzustoßen. Pat meldete sich zu Wort und vertrat mit flammenden Worten unsere Sache, indem er darauf hinwies, daß wir am nächsten Tag in Lyttelton unbedingt unser Schiff erwischen mußten. Wir stießen das Fahrzeug also nicht über die Böschung, sondern schoben es weiter, und es hatte tatsächlich die Güte, hustend wieder ins Leben zurückzukehren, als hätte es gespürt, wie knapp es einem nassen Grab im Waimakariri entgangen war. Schließlich erwischten wir noch die Tasman-Fähre, jeder mit einem Zelt (gespendet von Pat) und einem Rucksack. So kehrten wir von den Antipoden zurück.

Ehe wir Bombay erreichten, sollte uns unsere Reise zum Himalaya über Australien und Ceylon führen. Schon am Anfang, bei der Fahrt über die Tasman-See nach Sydney, ging es nicht ohne Zwischenfall ab. Ich habe immer ein starkes Bedürfnis nach frischer Luft, aber da wir wie gewöhnlich so billig wie möglich reisten, war unsere Kabine weit unten im Schiff. Das Bullauge, durch zwei starke Schrauben gesichert, lag nur eine gute Handbreit über der Wasserlinie. Wir teilten die Kabine mit einem Mann, den wir «Bish» nannten (seinen wirklichen Namen erfuhren wir, glaube ich, nie), einem geistesverwandten Individuum mit kahlem Schädel und scheuem Lächeln. Als ich einen großen Schraubenschlüssel aufstöberte, der für die Schrauben am Bullauge paßte, räumte er bereitwillig ein, daß es etwas muffig in der Kabine roch.

Die Tasman-See ist berüchtigt für ihr stürmisches Wetter, und auf unserer Überfahrt machte sie keine Ausnahme. John und ich schlummerten tief, eingelullt von Bishs sonorem Geschnarche – er pflegte mit weit offenem Munde zu schlafen. Es muß etwa zwei Uhr morgens gewesen sein, als eine große Woge gegen die Seite des Schiffes schlug und Bish, seine Lunge und die ganze Kabine durchnäßte. Sein Koffer schaukelte wie ein Rettungsfloß auf dem Wasser. Zum Glück verhinderte eine Stufe an der Kabinentür, daß die Brühe in den Korridor floß. Als aber am folgenden Morgen die Bescherung entdeckt wurde, schlug sich das sehr unangenehm auf unsere Finanzen nieder.

Wir hatten inzwischen erfahren, daß Ed Hillary und Sherpa Tensing die Erstbesteigung des Everest gelungen war. Einigermaßen betrübt, änderten wir unsere Pläne und beschlossen, den rund 7180 Meter hohen Pumori, einen eleganten Schneegipfel in der Nähe des Everest, anzugehen. Die von den Schweizern hinterlassenen Lebensmittel nützten uns jetzt natürlich nichts mehr, und später hörte ich von John Hunt, daß seine Gruppe bei ihrer Expedition sowieso das meiste davon verbraucht hatte.

Auch die Reise von Sydney nach Bombay werde ich nicht vergessen. Wir hielten uns fit, indem wir Tennis spielten und nachts auf dem Deck Läufe machten. An jungen Damen fehlte es nicht, und auch nicht an komischen Käuzen – von uns selbst einmal abgesehen. Einer, dem wir den Spitznamen «Professor» gaben, war auf dem Weg nach Daressalam. Sein Steckenpferd war es, Gegenstände aus dem Besitz großer Komponisten zu sammeln. Wie er uns versicherte, hatte er neben vielen anderen «objets d'art» den Schlüssel zu Beethovens Toilette und eine Saite von Paganinis Geige. Wir benützten die Zeit dazu, an das Pfadfinderzelt, das Pat uns gegeben hatte, eine Bodenplane zu nähen. Außerdem ließen wir uns von einem umwerfenden anglo-indischen Mädchen Urdu beibringen. Wenn ich nicht daran dachte, daß man dort, wo wir hinwollten, Nepali sprach und nicht Urdu, war das zweifellos ihrem Charme zuzuschreiben.

Nach Bezahlung der Fahrt bis Bombay und anderen wichtigen Ausgaben würden uns sechzig Pfund übrig bleiben, wie ich errechnete. Das war nicht viel. John stellte trocken fest, daß es wohl besser war, wenn wir bei den Mahlzeiten zweimal nachfaßten statt einmal. Immerhin konnte es, sobald wir an Land waren, lange dauern, bis wir wieder ein herzhaftes Essen bekamen.

Ehe ich Schottland verließ, hatte ich den Antrag gestellt, in der Nachmonsunperiode eine Everest-Expedition unternehmen zu dürfen. Noch in Neuseeland erfuhr ich, der Antrag sei mit der Begründung abgelehnt worden, wir hätten im Himalaya keine Erfahrung. Wie wir zu solcher Erfahrung kommen sollten, wenn wir von vornherein nicht hindurften, war uns freilich ein Rätsel. Mr. Leyden, der Vertreter des Himalayan Climbing Club in Bombay, hatte von unserer bevorstehenden Ankunft gehört und nahm an, unser Ziel sei der Zentral-Himalaya, für den eine Erlaubnis nicht nötig war. Er empfing uns, als wir von Bord gingen. Nachdem wir einander vorgestellt hatten, verkündete er mit gutturalem deutschem Akzent:

«Die Träger für Ihre Ausrüstung stehen bereit, Gentlemen.»

Als wir bescheiden erklärten, unser Gepäck selbst tragen zu wollen, starrte er uns ungläubig an. Dreißig Träger hatte er angeheuert. Eingedenk unserer desolaten Finanzverfassung beeilten wir uns, ihm zu versichern, daß wir nichts weiter brauchten als zwei Fahrkarten nach Patna für den an diesem Abend abgehenden Postzug nach Kalkutta. Herr Leyden kam rasch zu dem Schluß, daß wir wahnsinnig seien – eine Expedition, die mit zwei Rucksäcken ankam und um Fahrkarten in die falsche Richtung bat! Schließlich schickte er sich darein und brachte die beiden verrückten Schotten zum Bahnhof.

Der Weg durch Indien, den wir auf die billigstmögliche Art zurücklegten, öffnete uns in mancher Hinsicht die Augen. Die erschreckende Armut, die es hier gab, hätten wir nicht für möglich gehalten. Von Patna aus überquerten wir den Ganges, den heiligen Fluß, und nahmen die Schmalspurbahn nach Birganj an der nepalesischen Grenze. Die Straße nach Katmandu war noch nicht fertig. Von hier aus ging es also per Pony weiter.

Birganj war damals ein staubiges, schmutziges Dorf mit müßig herumstehenden Männern, die sich nur bewegten, wenn sie Fliegen zerklatschten. Im Zug hatte uns niemand Fragen gestellt, und so gaben wir uns der angenehmen Illusion hin, den Grenzübertritt nach Nepal bereits ganz schmerzlos hinter uns gebracht zu haben. Nun, da es endlich soweit war, bereitete uns die Frage der illegalen Einreise nach Nepal nämlich einige Sorgen. Sahibs zu Fuß waren damals Gegenstand beträchtlicher Aufmerksamkeit, und deshalb stand außer Frage, daß wir nicht unbemerkt bleiben würden. Wir mußten uns also unserer angeborenen Schläue bedienen, um nicht in den Fallstricken von Gesetzen, Vorschriften und Beamtenwillkür hängen zu bleiben. Unter anderem führten wir ein Kleinkalibergewehr mit, mit dem wir unseren Speisezettel zu bereichern hofften. Daß uns die Waffe zusätzliche Probleme bereiten würde – wir hatten nur einen indischen Erlaubnisschein dafür –, war uns indessen klar.

In Birganj verbrachten wir die Nacht in einem Hotel. Ein Hotel war das Haus freilich eher dem Namen nach, denn etwas weniger Anheimelndes konnte man sich kaum vorstellen. Die Böden waren aus Lehm, desgleichen die Wände, auf denen sich Spinnen von beträchtlicher Größe mit Eidechsen um freie Parkplätze stritten. Vor der Lattentür, die gut zu einem Käfig gepaßt hätte, plätscherte ein modrigbraunes Rinnsal, das der Abwasserbeseitigung und gleichzeitig der Versorgung mit Trinkwasser diente. Der Bach war durch das Dorf geleitet worden, um den Bedürfnissen der Gemeinde zu dienen, und die Einwohner fischten sogar darin, und zwar mit geschickt gehandhabten offenen Regenschirmen.

In dieser Nacht überfielen uns Ratten. Die Käfigtür diente offenbar dazu, ihnen ungehinderten Zugang zu lassen. Wir schliefen nicht viel. Ständig hatten wir damit zu tun, die Nager von uns fernzuhalten. Es muß schon gegen Morgen gewesen sein, als ich ein Rascheln hörte, das, wie mir schien, nicht von Ratten stammte. Ich langte nach unserem Beutel mit den kostbaren nepalesischen Silberrupien – und berührte eine menschliche Hand! Als ich zufassen wollte, riß sich der Möchtegern-Dieb los und war im nächsten Moment verschwunden. Im Lauf der Zeit eigneten wir uns dann eine nicht unbeträchtliche Fertigkeit im Umgang mit nächtlichen Besuchern der verschiedensten Kategorien an.

Am Morgen taumelten wir trübäugig in die Hochofenhitze des neuen Tages hinaus. Unsere Rucksäcke wurden stündlich schwerer. Einmal setzten wir sie aufatmend auf einem geheimnisvollen Steinsockel am Schnittpunkt zweier unbefestigter Pisten ab. Sofort stürzte aus einem nahegelegenen Schuppen ein Polizist auf uns los, baute sich neben den Rucksäcken auf und winkte uns weiter, als regle er den Stoßverkehr auf einer vielbefahrenen Hauptstraße. Bald hatten wir auch diesen Außenposten der Menschheit hinter uns. Der Pfad führte nun durch Dschungelgebiet. Wir hatten versucht, ein paar Träger zu finden, die beim Transport unserer Habseligkeiten helfen sollten. Nach vorsichtigem Wägen unseres Gepäcks hatten sie es allerdings vorgezogen, arbeitslos zu bleiben. Andererseits wurden damals – 1953 – Autos (ohne Motor) von Kulis auf langen Bambusstangen nach Katmandu getragen!

Nach einer gewissen Zeit kamen wir zu dem Schluß, daß wir die Grenze nun hinter uns haben mußten, und waren dabei, einander zu gratulieren, als wir eine Biegung des Pfades erreichten. Direkt vor uns stand unter einem Baum ein uniformierter Mann mit einem

Gewehr. Wie es schien, bewachte er einen kleinen Schuppen. Unglücklicherweise stellte sich bald heraus, daß er auch die paar hundert Quadratkilometer nördlich davon bewachte und daß eines der meiststrapazierten Wörter seines englischen Vokabulars «Paß» war. Nachdem wir ihm unsere Pässe übergeben hatten, nahmen wir resigniert auf unseren Rucksäcken Platz, versuchten, die Hornissen abzuwehren und malten uns das Leben in einem nepalesischen Gefängnis aus. Der Uniformierte verschwand hinter seiner Hütte. Nach einer Weile kam er wieder zurück.

«Sie englisch?» fragte er – für uns Schotten fast eine Beleidigung.

«Schottisch», korrigierte ich ihn, eingedenk unserer nationalistischen Freunde zu Hause. Er musterte uns skeptisch.

«Paß, bitte.» Was denn, noch einen? John zog eine Impfbescheinigung aus der Tasche, und ich gab ihm einen Luftpostbrief meiner Mutter. Nach längerer Überprüfung der Schriftstücke – beide hielt er verkehrt herum – erklärte der Mann schließlich:

«Gut; Sie gehen.» Er deutete auf den dunklen Tunnel des Pfades nach Katmandu. Wir waren gerade noch davongekommen, das war uns klar. Deshalb beschlossen wir, für zukünftige Begegnungen mit der staatlichen Ordnung eine Strategie auszuarbeiten. Das nächste Mal hatten wir vielleicht nicht wieder das Glück, an einen Analphabeten in Polizeiuniform zu geraten.

Es gab noch ein paar andere Reisende, die nach Katmandu wollten. Am Wege fanden sich zahlreiche Teehütten, wo heißer, sirupartiger Tee in Gläsern ausgeschenkt wurde. Solche Gelegenheiten nützten wir dankbar, hielt uns das Getränk doch bei Kräften. Ein gutgekleideter Nepalese, Besitzer eines eleganten Regenschirms, lud uns bei einem dieser Aufenthalte zum Tee ein. Wir nahmen bereitwillig an. Er selbst goß sich ein Glas *chang* nach dem anderen hinter die Binde. Chang ist das dortige, aus Reis oder Gerste bereitete und durch Weidenkörbe grob gefilterte Bier. Der Regenschirm war damals in Nepal ein Statussymbol, wie später das Transistor-Radio. (In Indien, wo man solche Radios bekommt, wenn man sich freiwillig sterilisieren läßt, nehmen diese Geräte inzwischen einen etwas anderen Stellenwert ein!)

«Wir zusammen gehen nach Katmandu», strahlte unser Wohltäter und rülpste laut. «Ich werden euch kaufen Auto ... Ja, zwei Auto für meinen Freunden.» Man füllte unsere Gläser nach. Als wir uns später schwitzend über den bergigen Pfad plagten, versäumte unser betrunkener, durch seinen Regenschirm gut vor der Sonne geschützter Freund keine Gelegenheit, Entgegenkommenden zu erklären, wir seien seine weißen Kulis. Der Schwere unseres Gepäcks nach muß man uns für herausragende Vertreter dieses Berufsstands gehalten haben!

Die letzte Etappe unseres Weges auf der flachen Sohle des Katmandu-Tales erleichterte uns ein Omnibus. Dankbar machten wir unser Gepäck auf diesem archaischen Fahrzeug fest. Nachdem wir uns den Zugang ins Innere erkämpft hatten, versuchten wir, etwas zu finden, woran wir uns festhalten konnten, denn der Bus war stark überladen.

«Zehn Rupien, Sahib», rief uns der betelkauende, pockennarbige Fahrer über das Stimmengewirr hinweg zu. Da unser nepalesischer Freund uns gesagt hatte, der korrekte Fahrpreis sei eine Rupie, waren wir entschlossen, nicht mehr als diesen Betrag zu bezahlen. Ebenso war der Fahrer entschlossen, das Gesicht nicht zu verlieren, und bestand auf seiner Rechnung. Wie wir feststellen mußten, war es ein wenig schwierig, in einer Sprache, die wir gar nicht verstanden, Diskussionen zu führen. Angesichts der Fruchtlosigkeit der Konversation, und um eine Zuspitzung zu vermeiden, stiegen wir wieder aus. Das war nicht ganz einfach. Als wir es endlich geschafft hatten, wollte ich meinen Rucksack vom Dach herunterholen. Im gleichen Moment hatte der Fahrer zugepackt, um uns am Gehen zu hindern und sich damit sein Bakschisch zu sichern. Da er sehr leicht war, wurde das Gewicht meines Rucksacks durch ihn nur mäßig gesteigert, und ich hob ihn einfach mit dem Gepäckstück herunter! Das übte doch eine recht ernüchternde Wirkung auf ihn aus, und er war nun sofort bereit, uns für den normalen Fahrpreis zu befördern. Neben uns lag ein stöhnender Mann an der Tür. Offenbar hatte er einen Schlangenbiß abbekommen. Kurz vor der Ankunft in Katmandu legte man ihn dann einfach an den Straßenrand; zu helfen versuchte niemand. Nur mit einem billigen Pfadfinder-Verbandskasten ausgerüstet, den wir in Melbourne gekauft hatten, konnten wir auch nicht viel für ihn tun.

Die Hauptstadt von Nepal war ein kritischer Punkt unserer Reise; es kam jetzt sehr darauf an, nicht entdeckt zu werden. Wir hofften also, jedes Zusammentreffen mit der Polizei oder irgendeinem Sahib, der vielleicht etwas mit der Britischen Botschaft zu tun hatte, vermeiden zu können. Unter diesen Umständen schienen uns die Aufwendungen für ein Taxi durchaus berechtigt, denn andernfalls hätten wir auffallend schweres Gepäck durch die Straßen der Stadt tragen müssen. Außerdem gab es dort eine Sperrstunde. Wir machten freilich den Fehler, das älteste (und wie wir glaubten, billigste) Taxi zu nehmen: einen «Essex» aus längst vergangenen Zeiten.

«Rupien für Benzin, Sahib!» Der Fahrer schwenkte einen leeren Kraftstofftank. «Ich holen Benzin, Sahib.» Mit Transportmitteln hatten wir in Nepal wirklich kein Glück. Als ich dem Mann zwei Rupien überreicht hatte, verschwand er in einer Seitenstraße. Wir fragten uns, ob wir ihn jemals wiedersehen würden, und grämten uns ob unserer zunehmend schwindsüchtiger werdenden Kasse.

Tatsächlich kam er zurück, und mit der Hilfe von zehn neugierigen Eingeborenen, die er dazu überredete, das Vehikel anzuschieben, rollten wir los.

«Hotel!» Durch den Lärm hindurch rief ich es dem Fahrer zu; wir holperten in gefährlichen Kurven durch den Basar.

«Ja, ja, Sahib, Botschaft, ich verstehen ...»

«Nein, nicht die verdammte Botschaft! Ein H-O-T-E-L, kapiert?»

«Ja, ja, ich verstehen. Ich fahren Touristen ...» Zum Glück war es schon Abend, als wir tatsächlich vor der Britischen Botschaft aufkreuzten, so daß deren Tore schon geschlossen waren.

«Hier, Sahib, noch zwei Rupien.»

«Hör zu, Jimmy, ein Hotel wollen wir, nicht das!» bellte ich und deutete auf die Botschaft. «Ein Hotel, und *jildi!*»

Das Hotel, vor dem er uns schließlich ablud, machte einen fürstlichen Eindruck auf uns, und in der Tat war es in seiner Jugend einmal ein Palast gewesen. Der Manager hatte ein Einsehen und offerierte uns Vorzugspreise. Nur noch ein anderer Sahib hielt sich hier auf: Earl Riddiford aus Neuseeland, ein Freund von Ed Hillary; er kam eben von einer Expedition zurück. Als wir ihm unsere Pläne schilderten, war er einigermaßen amüsiert und gab uns viele nützliche Ratschläge, zum Beispiel zur Abwehr der Rudel von Paria-Hunden, die sich in jedem Dorf auf die Fremden stürzten. Sie stöben in alle Himmelsrichtungen auseinander, sagte er uns, wenn man nur so tat, als höbe man einen Stein auf. Zum ersten Mal seit Verlassen des Schiffes (und gleichzeitig zum letzten Mal für mehrere Monate) schliefen wir in richtiger Wäsche auf großen, mit Moskitonetzen versehenen Betten.

Der Hotel-Manager war so freundlich gewesen, sich um ein verläßlicheres Transportmittel für uns zu kümmern. Noch ehe der nächste Morgen graute, fuhr ein Jeep vor, der uns in östlicher Richtung bis Bhadgaon brachte – der Ort ist berühmt für seinen Tempel und sein geschnitztes Tor. Damals endete dort die Straße. Von Earl hatten wir erfahren, daß es auf dem Pfad nach Namche Bazar Polizeiposten gab und daß wir keine Möglichkeit hatten, sie zu umgehen. Earl hatte einen Sherpa namens Nima bei sich, einen hageren Mann mit ständig bekümmerter Miene, der mit jammernder Stimme sprach – überraschend für uns, denn Sherpas sind in der Regel heitere Menschen, die gerne lachen. Er trug die unvermeidliche Balaclava (eine warme, wollene Kopfbedeckung, die das Gesicht freiläßt, aber Ohren und Nacken bedeckt) sowie Shorts, die seine zündholzdünnen Beine betonten. Wir fanden, daß Nima, wenn er uns nach Namche begleitete (wo er sowieso hinwollte), uns bei der Überwindung der Kontrollposten behilflich sein konnte. Zwar weigerte er sich, außer seinem eigenen, kleinen Handgepäck irgend etwas zu tragen; andererseits würde er uns sehr wenig kosten, und er sprach sogar ein paar Worte Englisch.

Auf unserem Treck in den Osten von Katmandu machten wir zum ersten Mal Bekanntschaft mit Blutegeln. Ich fand diese Kreaturen damals ekelerregend, und daran hat sich bis heute nichts geändert. Eines Nachts fuhr ich hoch und gewahrte erschreckt, daß mir ein großer Egel im Nacken saß, wo er sich vor Entzücken über die saftige Mahlzeit spürbar hin- und herwand. Später bedauerten wir, in der Monsunzeit nach Nepal gekommen zu sein; die Gegend gehört zu den am schlimmsten von Blutegeln befallenen Regionen der Welt, vor allem in Höhen zwischen fünfzehnhundert und zweitausend Metern.

Gelegentlich trieben wir ein paar Träger auf; auf dem größten Teil des Weges jedoch mußten wir unser Gepäck selbst befördern. Allmählich ging das schwer in die Beine. Bei den Kontrollposten der Polizei erwies sich Nima leider mehr als Hindernis denn als Hilfe.

«Sahib, die Permit?» jammerte er wie ein quengeliges Kind, und das vor den Polizisten. «Bei die letzte Posten Sie sagen, andere Sahib hat das, aber wenn er kommen, er nicht haben das.» Ich hätte ihn erwürgen können; der Himmel weiß, was er den Polizisten erzählte.

Inzwischen hatten wir mehrere Verfahren entwickelt, mit der Polizei zu Rande zu kommen. Manchmal, wenn wir wußten, daß ein Posten am Horizont lauerte, gingen John und ich in fünfhundert Meter Abstand. Wer als erster beim Kontrollpunkt ankam, begrüßte freundlich die Polizei:

«Hallo, Jimmy» – das ist der Glasgower Allzweckgruß –, «schönes Wetter – für Enten und Blutegel.» Dazu wedelte er mit der Hand nach hinten, wo der andere stapfte: «Freund hat Paß.» Etwas später kam dann der «Freund», setzte bereitwillig seinen Rucksack ab und packte ihn aus, wobei er den Inhalt über den ganzen Weg verstreute, um dann zu erklären:

«Tut mir entsetzlich leid, Jimmy, aber es sieht so aus, als hätte doch mein Kumpel den Paß ... Also, wir zeigen ihn dem nächsten Posten, ja? Wo ist er denn eigentlich?» Nicht gerade überengagiert, ließen die Polizisten unter Verzicht auf Verfolgung des Erstankömmlings den Nachzügler immer durch. Oft gaben sie sogar willkommene Informationen über die Lage des nächsten Kontrollpunkts. Gerieten wir unvorhergesehen an einen solchen Posten, wendeten wir die Lachtechnik an: Wir begannen wiehernd zu lachen und einander auf die Schulter zu schlagen. In aller Regel gereichte das den Posten zu großem Amüsement, was schließlich dazu führte, daß sie uns passieren ließen, wobei sie oft selbst herzlich lachten.

Eines Tages marschierten wir durch eine sehr trockene Gegend, wo es seit Tagen nicht mehr geregnet hatte. Wegen der Choleragefahr hatten wir vorher darauf verzichtet, unseren Durst zu stillen, was wir nun sehr bedauerten, denn jetzt fanden wir nirgends mehr Wasser. Gegen Abend schleppten wir uns erschöpft in ein freundlich wirkendes Dorf, das auf einem Bergkamm lag, der dort die Wasserscheide bildete. Unter einem ausladenden Mangobaum, dessen Blätterrauschen wie das Plätschern von Wasser klang, setzten wir unsere Rucksäcke ab. Während ich mir mit dem Hemdzipfel das Gesicht abwischte, kam mir zu Bewußtsein, daß nicht viele Leute zu sehen waren. Wahrscheinlich machten sie ein Nickerchen, bis die drückende Hitze abgeflaut war. An der Wasserstelle des Dorfes stillten wir unseren Durst. Der Teich sah ziemlich bedenklich aus; dennoch schmeckte uns jeder Schluck. Dann kreuzte Nima auf; unter Berufung auf seine «gewerkschaftlich gesicherten» Rechte bildete er immer die Nachhut und legte aufgrund dieses Anspruchs zahllose «Smokos» oder besser gesagt Teepausen ein, denn er war Nichtraucher. Diese Gewohnheit hatte er von den Neuseeländern angenommen.

«Sehr schlechte Ort, Sahib», verkündete er. «Viele sterben – Cholera.»

«Kein Wunder, daß man hier niemand sieht», bemerkte ich. «Die sind alle tot!» In der Folge ging tagelang unsere Phantasie mit uns durch; immer neue Cholerasymptome dachten wir uns aus.

Eines Tages wies uns Nima auf eine Abkürzung hin. Sie hieß Dudh Kund, führte über mehrere Pässe und sollte uns drei Tage Fußmarsch ersparen. Bis dahin hatte erst ein weißer Mann diesen Weg bewältigt: ein alter Kollege, Raymond Lambert, ein Schweizer Führer, der mit André Roch Mitglied der selben Expedition gewesen war. Er und Lionel Terray hatten mich sechs Jahre zuvor an der Aiguille des Grands Charmoz aus Bergnot gerettet. Die Abkürzung sei allerdings anstrengend, warnte uns Nima, und wir brauchten unbedingt Träger.

Wir trieben zwei Träger auf: Tundro Badro und Niram Chrissar. Die beiden waren wirkliche Profis; selbst unter schwerer Last bewegten sie sich mit müheloser Leichtigkeit wie gutgeölte Maschinen. Tundro und Niram waren ein Beispiel dafür, wie zäh Leute aus dem Himalaya sein können. Die Dudh-Kund-Abkürzung wurde auch von Kulis benutzt, die *ghee* (geschmolzene Butter) nach Tibet brachten. Auf diesem Weg gab es riesige Felsblöcke, die bei Nacht als Schutz vor Wind und Witterung dienten; manche davon waren so groß, daß hundert Mann oder mehr unter ihren Überhängen Unterschlupf fanden. Der Anstieg schien endlos und führte zum Monsunschnee hinauf. Eine tiefe Schlucht blieb mir in besonders lebhafter Erinnerung; wir brauchten einen ganzen Tag, um in sie hinunterzusteigen und auf der anderen Seite wieder hinaufzuklettern.

Eines Abends erreichten wir schließlich den Fluß Dudh Kosi, wo die Abkürzung wieder in den Hauptweg nach Namche Bazar einmündete. Nima kannte einen der Einwohner von Ghat. Die Häuser dieses kleinen Ortes lagen regellos am Flußufer, als hätte die Flut sie dort angeschwemmt. Die terrassenartig angeordneten Felder führten wie eine riesige Treppe die Hänge hinauf.

«Wir haben schöne Party heute abend», verhieß er. «Viel *rakshi* und *chang*!»

Ich schickte mich darein, denn mein Schlafsack war nicht dazu geeignet, mich zu früher Ruhe zu locken. Im Gegenteil: Der Nacht und der damit verbundenen Unbequemlichkeit sah ich immer mit einer gewissen Beklemmung entgegen. Der Schlafsack war von scheußlichem Grün und mit groben Federn gefüllt. Da er für meinen langen Körper zu kurz war, hatte ich ihn am unteren Ende geöffnet und ihn so in eine Art Schlauch verwandelt. Früh hatte ich ihm den Beinamen «Kolbenbüchse» gegeben. Ich hatte nämlich bald eine Technik entwickelt, mich wie der Kolben im Zylinder eines Motors darin auf und ab zu bewegen, um die kalten Teile

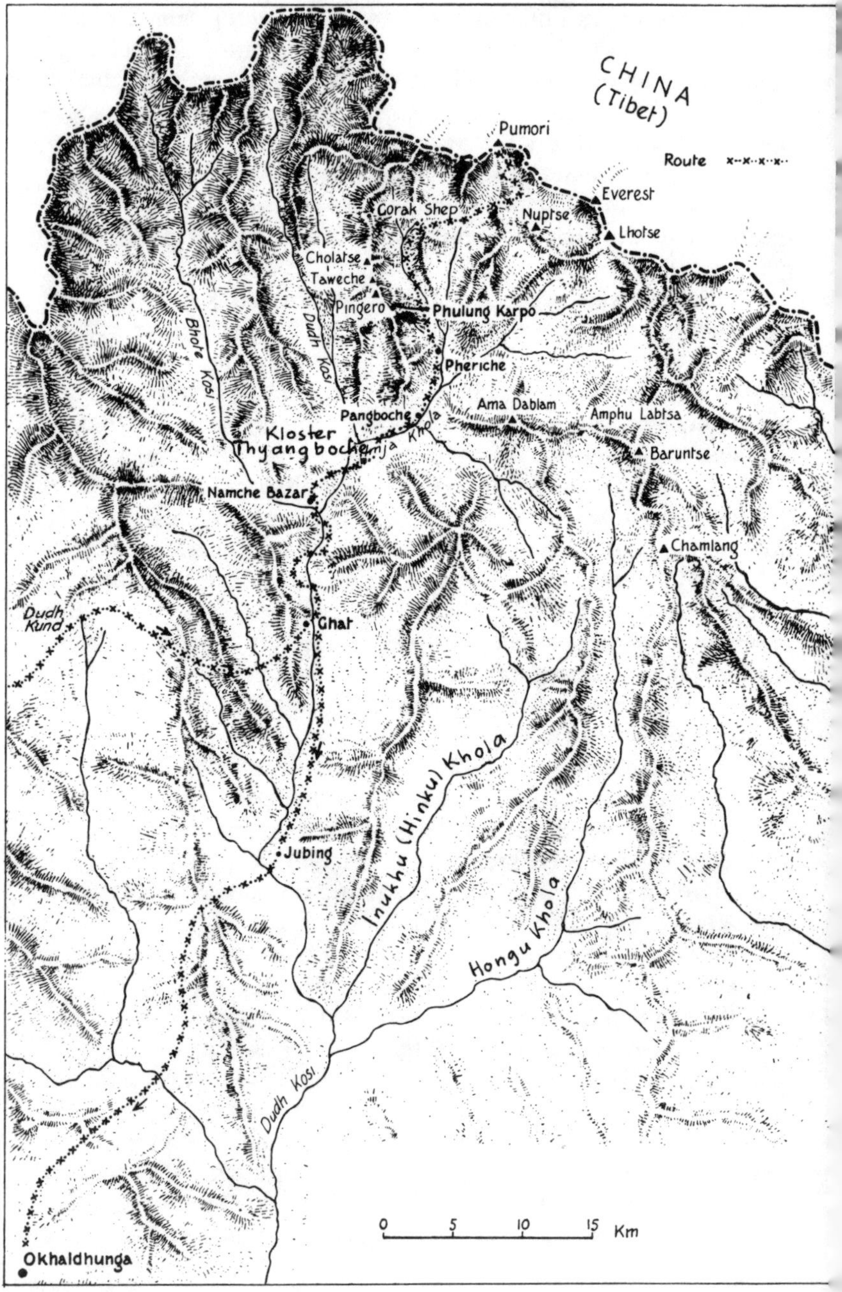

Abb. 1 Unsere Tour in Hochnepal

meiner Anatomie zu erwärmen. Es war dies einer der in den Glasgow Barrows getätigten Gelegenheitskäufe, die ich ständig bedauerte.

Die Party in Gath muß recht nett gewesen sein, denn ich kann mich kaum mehr an sie erinnern. Zweifellos flossen Chang und Rakshi in Strömen, und als ich schließlich in Schlaf sank, bedrängten mich Visionen von riesigen, betrunkenen Blutegeln, die Rucksäcke aus Heeresbeständen umgeschnallt hatten ...

Der Weg, der uns die Flanke des Sun Kosi hinaufführte, war angenehm. Knapp eineinhalb Tage später kletterten wir das letzte Stück, einen steilen Serpentinenpfad zum Sherpadorf Namche Bazar hinauf. Eine gewisse Unruhe hatte uns inzwischen erfaßt. Immerhin war es möglich, daß die Kunde von unserer ungesetzlichen Unternehmung schon Namche erreicht hatte. Nima hatte uns maliziös davon in Kenntnis gesetzt, daß die dortige Polizei im Besitz einer Funksprechanlage sei.

Die weißgekalkten Häuser des Dorfes schienen an den Hängen zu kleben. Nima führte uns zum Haus eines Freundes, wo wir zum ersten Male mit gebuttertem Tee konfrontiert wurden. Obwohl ich sehr durstig war, schmeckte er mir nicht im geringsten. Nima allerdings hatte uns nicht im unklaren darüber gelassen, daß eine Ablehnung eine Beleidigung unseres Gastgebers sei. Ich schluckte also den Tee so hastig, als sei es ein Chinin-Cocktail. Zu meinem Entsetzen füllte man die Tasse umgehend nach!

Am nächsten Tag erhielten wir eine Einladung zum Tee bei der Polizei. Diesmal allerdings sollte es indischer Tee sein! «Den Verurteilten wird die Henkersmahlzeit gereicht», dachte ich mißmutig, als wir durch die enge Straße zum Haus unserer Gastgeber gingen.

«Treten Sie ein, treten Sie ein!» wurden wir überschwenglich begrüßt, als wir vor dem Sherpahaus standen, in dem die Polizei residierte. «Ich hoffe, Sie hatten eine angenehme Ruhe.» Auf dem Teppich saß mit untergeschlagenen Beinen ein Brahmane; hinter ihm stand ein großgewachsener, gutgebauter Inder mit hohen Bakkenknochen, dessen Kopf beinahe das Dach berührte. Wir murmelten irgend etwas der Situation Angemessenes und wurden eingeladen, uns zu setzen.

«Es tut mir so leid, daß wir von Ihrem Kommen nichts wußten», entschuldigte sich der Brahmane. «Unser Funkgerät ist defekt, und deshalb erreichen uns nicht allzu viele Informationen ...»

Der brahmanische Offizier und sein Assistent waren Sportenthusiasten, und am nächsten Tag trafen wir uns für ein paar Wettkämpfe. Steinstoßen und Weitsprung waren unsere Disziplinen, in denen wir uns trotz mangelnder Akklimatisation (Namche liegt etwa 3000 Meter hoch) zu behaupten wußten.

«Wie ich sehe, seid ihr Schotten sehr fit», bemerkte der durch nichts aus der Ruhe zu bringende Brahmane. «Im Ringen allerdings wird euch mein Freund hier schlagen, denn da ist er gut trainiert.» Er deutete auf seinen hochgewachsenen Landsmann.

«Ausgezeichnete Idee», stimmte ich voller Begeisterung zu. Rasch maßen wir einen Kampfplatz aus und markierten mit großen Steinen die vier Ecken des improvisierten Ringes. John schien über meine Bereitwilligkeit etwas verwundert, bis ich ihn darauf hinwies, daß er als ehemaliger Ringermeister eher für diese Auseinandersetzung prädestiniert war als ich, der Anfänger! Der Kampf war hart und schnell. In der zweiten Runde schulterte John den Inder, der doppelt so groß aussah wie er.

Die Polizisten zeigten sich als gute Verlierer. Am nächsten Tag setzten wir unseren Weg fort. Ehe wir aufbrachen, sah ich mir noch das Sende- und Empfangsgerät der Beamten an (ich hatte behauptet, etwas davon zu verstehen) und sorgte dafür, daß es nicht so ohne weiteres zu reparieren war! Hauptaufgabe der Polizeiposten in Namche war die Beobachtung von Bewegungen im chinesisch kontrollierten Tibet. An zwei versprengten Schotten waren sie wohl ohnehin nicht interessiert.

Nima ließen wir ohne Bedauern in Namche zurück.

«Sie sehr komische Sahibs», sagte er uns beim Abschied. «Hier Sie haben mein Messer und Gabel als Bakschisch!» Es war wohl das einzige Mal, daß ein Sherpa bei seiner Entlohnung den weißen Sahibs ein Bakschisch anbot! Wir nahmen das Geschenk dankbar an. Zum einen war uns jeder Snobismus fremd; zum anderen hatten uns bis dahin Mauerhaken als Eßbesteck gedient.

Der Weg von Namche Bazar zum Kloster Thyangboche und von dort zum Basislager am Everest gehört sicher zu den schönsten der Welt. Der Ama Dablam machte einen tiefen Eindruck auf uns. Hier gab es Gipfel, wie wir sie uns in unseren kühnsten Träumen nicht vorgestellt hatten. Katmandu lag nun zehn Tagereisen hinter uns. Auf einem großen Teil des Weges hatten wir an die neunzig Pfund Gepäck getragen. Nach Überwindung einer Ruhr waren wir nun wirklich bestens in Form.

Einen für Gebet und Betrachtung besser geeigneten Ort als

Thyangboche kann man sich nur schwer vorstellen. Auf dem Ausläufer eines Massivs gelegen, bietet dieses von Birken und Rhododendren umgebene hohe Wiesenplateau einen unübertrefflichen Blick auf den Everest. Jetzt, da sich das auf der anderen Seite des Everest gelegene Rongbuk unter chinesischer Kontrolle befindet, ist das Kloster oder *gömpa* eines der wichtigsten in diesem Gebiet. Oberhaupt des Klosters war Nwang Gurmi Lama, eine Reinkarnation in Gestalt eines jungen Mannes aus der Region, den zu finden die Astrologen Jahre gebraucht hatten. Natürlich galten wir hier nicht als wichtige Gäste; dennoch nahm man uns mit großer Freundlichkeit auf. Ein kleiner, baufälliger Schuppen in einem heruntergekommenen Teil des Klosters wurde uns zur Verfügung gestellt. Da es recht kalt und klamm war und wir kein Brennholz finden konnten, verheizten wir einen Teil des Schuppens, vor allem die hölzernen Dachschindeln.

Die erste Nacht im Gömpa verlief ungewöhnlich. Es muß gegen Mitternacht gewesen sein, als sich plötzlich furchtbarer Lärm erhob. Zunächst glaubte ich, eine Lawine sei niedergegangen. In Wirklichkeit hatte die Nachtschicht des Gömpa begonnen; die an eine ferne Lawine gemahnenden Toneffekte stammten von riesigen Hörnern, die von Trommeln und Zimbeln begleitet waren. Schlimmer als Silvester, dachte ich, während ich mich unruhig in meinem Schlafsack herumwarf. In diesem Augenblick sah ich im schwachen Schein glimmender Fichtenscheite, daß sich jemand in die Hütte hereinschleichen wollte. Eine alte Bank, die wir gegen die Tür gestemmt hatten, um uns nächtliche Besucher vom Leibe zu halten, fiel um. Ich packte meinen Eispickel und sprang auf, wobei meine Füße automatisch aus dem offenen Ende meines Schlafschlauches fuhren. Durch meinen überlangen, grünen Steppdeckenkilt stark behindert, hüpfte ich durch den Raum. Meine durchaus zielbewußt geplante Aktion scheiterte kläglich, als ich der Länge nach auf den Boden flog. Der ungebetene Besucher entpuppte sich als ein Mönch, der im Lauf des vorangegangenen Tages versucht hatte, Handelsbeziehungen mit uns anzuknüpfen. Er hatte uns eine Dose Gänseleberpastete und zwei Dosen Schuhcreme verkaufen wollen. Die paar Kupfermünzen, die wir ihm boten, waren ihm aber zu wenig gewesen. Jetzt bedeutete er uns mit Gesten, daß er neue Verhandlungen für angezeigt hielt.

Entspannung ist wohl nicht der richtige Ausdruck für das, was uns unser Aufenthalt in Thyangboche brachte; vielmehr sammelten wir

Kräfte, um für die Strapazen, die uns bevorstanden, gewappnet zu sein. Zur Stärkung dienten uns große Mengen in Yak-Butter gerösteter Kartoffeln. Als ich eines Tages einen Mönch nach *alu* (Kartoffeln) fragte, erwiderte er, als sei das die natürlichste Sache der Welt: «Golden Wonders oder Arran Pilots, Sahib?» In unserem Schuppen roch es wie in einer Glasgower Frittenbude.

Wir waren wohl in etwas boshafter Stimmung, als wir zur Melodie von «Der reiche Maharadscha» ein Liedchen auf Nwang Gurmi Lama verfaßten ...

Der reiche, rote Lama muß früh aufstehn,
Denn er muß dreihundert Gebetsmühlen drehn.
Sein Preis für Reis ist einfach gemein,
Doch die Jungs vom Creagh Dhu legt er damit nicht rein!
Ta-di-da, ta-di-da, da-di-da-da-da.

Refrain:
Er schlägt seine große Trommel, bum bum,
Und krächzt ‹Om mani padme hum›.
Wenn die Sonne sinkt und die Nacht ist nah,
Dann schmeißen wir ihn vom Himalaya!

Seit wir Katmandu verlassen hatten, hatte es nur eine Hitzeperiode gegeben. Hier in Thyangboche, auf fast 4000 Meter Höhe, war der Himmel meistens bewölkt. Noch weiter droben würde es zweifellos sehr viel Schnee geben. Ursprünglich hatten wir vorgehabt, uns beim Lebensmitteldepot der Schweizer unterhalb des Südcol zu akklimatisieren, bis sich die Wetterlage verbesserte. Nun aber, da wir unsere Lebensmittel selbst zu kaufen und zu transportieren hatten, mußten wir diesen Zwischenaufenthalt verkürzen.

Wir blieben eine Woche im Kloster von Thyangboche; dann war es Zeit, wieder aufzubrechen. Wir konnten uns die Dienste eines kräftigen Eingeborenen sichern, der so dringend Geld brauchte, daß er bereit war, eine enorme Last für uns zu tragen. Auch ein Schaf hatten wir noch gekauft, und so stolperte unser unglücklicher Bediensteter hinter uns durch Rhododendren und Kiefern, ein störrisches Schaf hinter sich herziehend und einen zusätzlichen Kartoffelsack auf seine übrige Last gelegt.

«Ich bin bloß froh, daß ich mich nicht angeboten habe, dieses verdammte Schaf zu führen!» stieß ich nach einem Blick über die Schulter hervor. «Mit diesem Vieh hat er mehr Mühe als mit seinem

Gepäck!» Der Träger zerrte das arme Biest dahin, dessen Hufe auf der Erde Schleifspuren hinterließen als Zeugnis dafür, wie störrisch es war. Das Schaf im Kloster zu schlachten, hatten uns die Mönche verboten, und so schien es uns das Vernünftigste, das Tier dazu zu überreden, sich selbst zu unserem Basiscamp beim Khumbu-Gletscher zu transportieren.

Die Passage von Thyangboche zum Khumbu-Gletscher ist wie ein Gang durch ein Märchenland, vor allem um diese Jahreszeit, wenn überall Edelweiß blühn. Man steigt ein Tal hinauf, das von Giganten mit magischen Namen gesäumt wird: Taweche, Ama Dablam, Nuptse, Cholatse und Pumori (auch Pumo Ri genannt). Der Weg ist gut. Von Zeit zu Zeit kommt man an den in Nepal häufig anzutreffenden «Om-Mani-Steinen» vorbei, auf denen das tibetanische Gebet «Om Mani Padme Hum» steht. Häufig werden sie in Gömpas behauen, die einen Steinmetz beschäftigen. Tatsächlich begegneten wir auf dem Pfad oberhalb vom Pangboche, einem Weiler mit einem kleinen Frauenkloster, einem alten, in Lumpen gekleideten Mann, der an einem über den Kopf gelegten Seil eine schwere Steinplatte trug.

«Ob der wohl einen Brief zur Post bringen will?» fragte ich. Der Alte, der wahrscheinlich noch nie einen Weißen gesehen hatte, war bei unserem Anblick aufs höchste verstört und wollte sich hastig seiner Last entledigen. Der Stein war jedoch so schwer, daß ihn sein Gewicht – bestimmt hundertzwanzig Pfund – nach hinten katapultierte, als er sich setzen wollte, und er mit einem Rückwärtspurzelbaum auf dem Boden landete.

Am gleichen Tage begegneten wir, als wir uns einer Gruppe von Steinhütten namens Pheriche näherten, den ersten Yaks. Diese plump wirkenden Geschöpfe sind in Wirklichkeit sehr trittsicher. Wie man uns sagte, schlugen ihre Hirten, wenn es einen Gletscher zu überwinden gab, manchmal mit gewöhnlichen Äxten Stufen für die Tiere ins Eis. Die Weide, die wir jetzt betraten, war ein dürres, steiniges Tal, in dem Hunderte von Yaks fleißig an den sporadisch verstreuten, groben Grasbüscheln rupften. Dies waren die Sommerweiden der Sherpas, die hier die Monsunmonate mit ihren Herden verbrachten. Der vielseitige Yak liefert den Sherpas Milch; das feine Haar, das man aus ihren zottigen Fellen kämmt, wird versponnen, und selbst ihr Mist wird als Brennstoff verwendet. In erster Linie sind die Yaks freilich Lasttiere, die am besten in Höhen über dreitausend Meter gedeihen.

Wir verbrachten die Nacht in Pheriche, wo wir unser Zelt an der schützenden Mauer eines Yak-Pferchs aufschlugen. Die Leute gaben uns Yak-Milch, und wir kauften auch etwas Butter. Von der tibetanischen Grenze wehte ein kräftiger Wind herüber und blies für wenige Augenblicke die Wolkendecke beiseite. Während wir unsere Golden-Wonder-Kartoffeln schälten, sahen wir einen Felsgipfel – einen Ausläufer des Taweche – seinen Monsunmantel abschütteln. Ihn zu erklettern, mochte lohnen, und so wandte ich mich an einen Yak-Hirten:

«Wie heißt denn der Gipfel?» Ich deutete zu dem Felszahn hinauf.

«*Atcha*, Sahib, is' Scheiße.»

«Daß das Wetter beschissen ist, wissen wir, aber der Name?» Ich deutete noch eindringlicher auf die Spitze.

«Pingero, Sahib», antwortete der Sherpa und hielt einen Finger hoch. «Pingero.» Wir beschlossen, uns den «Finger» zu merken. Vielleicht konnten wir das Wort einmal brauchen.

Geraume Zeit nach Einbruch der Dunkelheit hatte unser erschöpfter Träger Pheriche erreicht. Noch weiter zu gehen, weigerte er sich kategorisch. Seine gebückte Haltung, die wir gleich zu Anfang bemerkt hatten, war jetzt noch ausgeprägter. Als er uns am nächsten Morgen verließ, ging er etwas gerader. Seine Abschiedsgeste war ein rächender Tritt, den er dem Schaf versetzte.

Als Ersatz heuerten wir einen gewissen Sadi Khali an, der uns, wie wir hörten, niemals im Stich lassen würde. «Der schnellste Mann im Khumbu», hieß es von ihm; er könne enorme Lasten tragen. Unser Plan war, daß ich in Pheriche oder genauer gesagt in Phulung Karpo, einer wenige Kilometer entfernten Gruppe von Yak-Hütten, bleiben und dort unsere Ausrüstung überprüfen sollte. Außerdem war meine Aufgabe, mit dem Kleinkalibergewehr für frisches Fleisch zu sorgen, während Johnny und Sadi Khali zum Everest-Basislager gehen und am gleichen Tag wieder zurückkehren sollten. Jeder der beiden lud sich eine Last von etwa dreißig Pfund auf; dann setzten sie sich mit raschen Schritten in Bewegung. Ich beförderte den Rest unserer Ausrüstung durch das Tal zu unserem neuen Lagerplatz. Später ging ich auf Jagd, bekam aber nichts Brauchbares vor die Büchse. Die großen, wilden Truthähne, die wir weiter unten jeden Tag gesehen hatten, waren verschwunden. Offenbar ahnten sie, was ich vorhatte. Im Laufe des Tages stellte ich dann ohnehin fest, daß unsere Munition durch den Monsun unbrauchbar geworden war.

Die Dämmerung war hereingebrochen, und ich hatte Tee gemacht, als John wieder kam; Sadi war etwas zurückgeblieben. Der lange Weg nach Gorak Shep und zurück hatte ihn ziemlich ausgepumpt. Den wolkenverhangenen Pumori hatte er nur einen kurzen Augenblick sehen können. In Gorak Shep war 1953 das Basislager der damaligen Everest-Expedition gewesen, und zu jenem Zeitpunkt hatte es noch keinen erkundeten Pfad durch die Gletschermoräne gegeben. Heutzutage nehmen sich Expeditionen für die Strekke von Pheriche zum Basislager drei Tage Zeit, eine wohlbegründete Vorsichtsmaßnahme. Die Gefahr von Lungenödemen wird augenfällig durch die zahllosen kleinen Steinpyramiden am Wege illustriert, die an zu Tode gekommene Bergsteiger erinnern. Damals wußten wir noch nichts von Lungenödemen, hatten uns aber zum Glück bis dahin für die einzelnen Etappen nicht zu viel vorgenommen. Der Umstand, daß wir überhaupt daran dachten, achtzig Pfund schwere Lasten nach Gorak Shep zu schleppen, läßt darauf schließen, daß wir in guter Form waren.

Da wir uns außerstande fühlten, das Schaf noch weiterzuzerren, beschlossen wir, es zu schlachten. Wir winkten Sadi herbei, und ich fuhr mir ausdrucksvoll mit der Hand über die Kehle und deutete auf das Schaf, das mit einer Nylonschnur an einen großen Felsblock gebunden war.

«Nein, Sahib!» Entsetzt warf er die Arme hoch. «Buddhist, Sahib; Gömpa ...»

«Sieht so aus, als müßten wir's selber tun», sagte ich resigniert. «Am besten, wir bringen's gleich hinter uns, und Sadi soll's dann zerlegen. Das wird ihm sein Gewissen ja wohl erlauben.»

Zweifelnd nahm ich Nimas Messer; es sah nicht so aus, als könnte es Butter schneiden, geschweige denn Muskeln und Sehnen. Dennoch schritt ich entschlossen auf das widerspenstige Tier zu. Das Messer war so stumpf, daß es nicht einmal seine Haut ritzte. Verärgert ließ ich das Schaf los. Es gab einen Blökton von sich, der wie Lachen klang. Sadi hatte mir staunend zugesehen.

«Sie haben gute *kukri*, Sadi?» Ich hielt das Messer hoch und deutete auf den Kukri in seinem Gürtel. «Mein Messer taugt nichts.»

«Nein, Sahib, nicht geben Kukri. Wenn Schaf tot, ja.»

«Das hilft uns gar nichts. Wir müssen essen.» Ich hielt inne und wandte mich dann an John. «Ich will dir was sagen – ich erwürge es! Gib mir ein Stück von der Nylonschnur.» Mit wenigen Handgriffen hatte ich eine Schlinge geknüpft und legte sie um den Hals des Schafes. Ich kann nicht sagen, daß es gleich tot war, aber ich machte die Sache so schmerzlos, wie ich nur konnte.

«Du hattest recht, John», keuchte ich, als wir in die kleine Vertiefung in der Gletschermoräne taumelten, die unter dem Namen Gorak Shep bekannt ist. «Was für eine verteufelte Strecke!» Den ganzen Tag hatten wir uns durch dicken, nassen Nebel nach oben gekämpft. Jetzt war es auch noch kalt. Direkt über uns lag schon Schnee. An diesem Tag schlüpften wir zum ersten Mal in unsere langen Unterbeinkleider, einen Gelegenheitskauf von den Glasgow Barrows; John trug Shorts über den seinen.

Sadi Khali verbrachte noch eine Nacht in unserem Zelt. Am Morgen verließ er uns. So waren wir mit der unwillkommenen Aussicht konfrontiert, unsere Kartoffeln und unser Schaffleisch selbst über den Gletscher zu dem Lagerplatz unterhalb unseres Ziels transportieren zu dürfen: der Flanke des Pumori.

«Seichnaß ist es wieder», ließ ich düster verlauten.

«Regen oder dieser verdammte Nebel. Das ist schlimmer als das Rannoch Moor!» Damals, als es noch nicht von zahllosen Touristen heimgesucht wurde, war das Khumbu-Tal ein gespenstischer Ort. In der Nacht vorher hatten wir ganz nahe beim Zelt ein knirschendes Geräusch vernommen. Wahrscheinlich war es nur ein Steinblock gewesen, der, von der Feuchtigkeit losgelöst, einen Hang hinabrollte. Aber diese Vorstellung befriedigte meine Phantasie nicht ganz. Auf dem Khumbu-Gletscher hatte ich das unangenehme Gefühl, ständig beobachtet zu werden. Verschiedene Leute, die in den frühen fünfziger Jahren dort waren, hatten, wie sie berichteten, die gleiche Erfahrung gemacht.

Im Lauf des Tages verschlechterte sich das Wetter; die Temperatur fiel. Für uns war das nicht angenehm; allerdings hatten wir die tröstliche Gewißheit, daß das Schaffleisch so länger halten würde.

«Hast du eine Ahnung, wo wir überhaupt sind?» fragte John, als uns auf dem Gletscher dichte Wolkenschleier einhüllten. Mir kam die Rolle des Experten für die örtliche Geographie zu, denn ich hatte mir einmal von Bill Murray, der mit Eric Shipton an der Everest-Erkundungstour von 1951 teilgenommen hatte, ein paar Karten geliehen.

«Ja, nicht sehr weit von Tibet», klärte ich ihn auf und wischte mir die dicken Schneeflocken aus dem Gesicht.

Wir verbrachten eine kalte Biwaknacht auf dem Gletscher. Am Morgen mußten wir feststellen, daß es weitergeschneit hatte. Wir versäumten keine Zeit mit dem Frühstück, sondern machten uns sofort auf den Weg, um einen passenden Platz für unser Lager am Fuß der Hänge des Pumori zu finden. Voll den stürmischen Winden ausgesetzt, bot uns unser Zelt, unter solchen Umständen eher einem Sieb zu vergleichen, nur bescheidenen Schutz. Indessen fanden wir am Rand des Gletschers eine Vertiefung, wo wir es unter einem überhängenden Fels aufschlagen konnten. Am nächsten Morgen kehrten wir zum Basislager zurück, um den Rest unserer Ausrüstung und den Sack Kartoffeln zu holen.

An den folgenden Tagen gab sich das Wetter kompromißlos abscheulich, und wir waren über die geschützte Position unseres Lagers sehr froh. Es war in Anbetracht der Umstände eine bestens geeignete Stelle; von hier aus studierten wir, wenn es hin und wieder ein bißchen aufklarte, aufmerksam die Flanke des Berges. Während wir so endlos lange Stunden auf Wetterbesserung warteten, diskutierten wir mögliche Routen zum Gipfel und entschieden uns schließlich, einem Sims zu folgen, das uns, wie wir annahmen, vor Lawinen schützen würde. Diese waren so häufig, daß man sich wie auf einem geschäftigen Verschiebebahnhof vorkam, so unablässig folgte ein tiefes Dröhnen dem anderen.

Die Kälte machte mir Sorgen, allerdings nicht meinetwegen. Doch mein Vorschlag, unsere kostbaren Erdäpfel mit in die Schlafsäcke zu nehmen, um sie vor dem Erfrieren zu schützen, stieß nur auf wenig Gegenliebe.

«Du kannst das machen, wenn du willst», gab John zurück. «Schläfst ja eh in 'nem Kartoffelsack.»

Am Ende unserer Zwangsruhepause begannen wir damit, Ausrüstung über einen Hang hinauf zu der Stelle zu schaffen, wo wir unser nächstes Lager zu schlagen hofften. Es war eine steile Stelle des Simses, und wir mußten dort für das Zelt eine Plattform bauen. Weil das Zelt noch unten gebraucht wurde, trugen wir am ersten Tag nur Lebensmittel und das Seil nach oben. Der Anstieg war schwierig und für eine Begehung mit Rucksäcken wenig geeignet, aber es gab keine Alternative. Nachdem wir eine provisorische Plattform gebaut hatten, ließen wir eine Ladung Schaffleisch und Kartoffeln zurück und konnten nur hoffen, unser Depot werde nicht von einer Lawine in die Tiefe gerissen.

Als wir uns am nächsten Tag auf den Weg machten, war das

Wetter etwas besser geworden. Unsere Lasten trugen wir an Kopfbändern, wie die Eingeborenen sie benutzten, und an Schulterriemen. So konnten sich unsere schmerzenden Nacken- und Schultermuskeln abwechselnd erholen. Die ausschließliche Verwendung des Kopfbandes erlaubte, wie wir festgestellt hatten, nur einen sehr begrenzten Ausblick auf Nepal. Unser Gesichtsfeld umfaßte dabei einen Bereich von weniger als zwei Metern beidseits des Pfades, und am Berg nur ein kleines Stück Fels oder ein Fleckchen Schnee. Zweifellos war dies keine geeignete Art, den richtigen Weg zu finden.

Der Nachmittag war schon fortgeschritten, als wir die Plattform erreichten. Wir machten unsere Lasten am Fels fest und gingen dann daran, die Plattform zu erweitern. Dies war keine leichte Aufgabe, da das lose Gestein unter einer Schneedecke lag, diese aber nicht fest genug war, das anfallende Gewicht zu tragen. Bei Anbruch der Dunkelheit stellten wir das Zelt auf. Es war wieder kalt, und ich war sehr froh über meine U-Boot-Handschuhe, die mich zwei Shilling gekostet hatten.

«Ich will nicht sagen, daß ich der Qualität unseres Bauwerks mißtraue», bemerkte ich, als wir uns anschickten, ins Zelt zu kriechen, «aber ich werde mich hier ein bißchen am Berg festbinden. Ich möchte nicht plötzlich auf einem der Züge sitzen, die hier ständig durchfahren.» Dabei deutete ich auf eine kleine, zischende Naßschneelawine, die wie eine Schlange langsam an uns vorbeirauschte.

«Gute Idee», stimmte John zu. «Wäre doch schade, wenn wir nach so viel Arbeit zum Schluß wieder Höhe verlören.»

Als wir uns später über unseren rauchspuckenden Primus-Kocher kauerten und mit Willenskraft die Garung unserer Kartoffeln zu fördern versuchten, beklagte sich John, daß auch das Fleisch schlecht durch sei, was er mit vernehmlich mahlenden Kaugeräuschen sinnfällig demonstrierte. Meinen Vorschlag, wertvollen Brennstoff zu sparen und die Schafs-Lollies im Mund aufzutauen, fand nicht sein Wohlwollen.

Am nächsten Tag gingen wir bei miesem Wetter an die weitere Erkundung des Simses, kehrten aber bald wieder ins Camp zurück: das Kletterseil war gefroren und hart wie eine Stahltrosse. Die Bedingungen waren noch schlechter, als wir erwartet hatten. Auch der Primus zeigte sich launisch wie eine Primadonna, und das Zelt war noch mehr als sonst mit unbekömmlichen Gasen gefüllt.

Am nächsten Morgen banden wir uns schon im Zelt das Seil um. In warme, langbeinige und -ärmelige Unterwäsche gehüllt, über der wir tarnfarbene Militärhosen und -anoraks trugen, machten wir uns an die Erstürmung des Gipfels; in dieser Nacht wollten wir hoch droben am Berg biwakieren. Wir trugen trotz des tiefen, weichen Schnees Steigeisen, denn darunter war Eis, was den Schnee sehr instabil machte. Wir hielten uns so eng an das Sims wie möglich und kamen auf diese Weise, gleichzeitig kletternd und wie beim üblichen alpinen Bergsteigen durch das Seil verbunden, langsam voran. Nur an schwierigeren Passagen sicherten wir uns mit Haken.

Wir hatten eine Höhe von fast 6700 Meter erreicht, als die Bedingungen so gefährlich wurden, daß wir eher als geplant umkehren mußten oder Gefahr liefen, ums Leben zu kommen. Links und rechts von uns gingen Lawinen nieder. Zum Glück waren es meistens kleine, langsame Naßschneelawinen, denen wir ausweichen konnten; dennoch war es nur eine Frage der Zeit, bis eine größere Lawine kam, der wir nicht mehr entrinnen konnten. Widerstrebend entschlossen wir uns zur Umkehr und kämpften uns das unsichere Sims hinab. Zu unseren Füßen erstreckte sich die Sohle des Khumbu-Gletschers, und jenseits des Tales konnten wir in das westliche Seitental schauen. Ich fragte mich, ob dort von den Lebensmitteln, die John Hunts Expedition zurückgelassen hatte, noch etwas vorhanden war, und wurde von Phantasiebildern köstlicher Schweizer Schokolade bedrängt.

Als wir wieder auf unserer Plattform ankamen, stellten wir fest, daß unser Zelt zerrissen war. Die Gewalt der Elemente war zu heftig gewesen.

«Der Flohsack ist anscheinend nicht so gut davongekommen wie wir», bemerkte ich, als wir uns in das Zelt wühlten. «Wenn nicht alles trügt, wird das eine wenig erholsame Nacht.» Eine der Zeltwände wies einen großen Riß auf, und ich gab der Erwartung Ausdruck, daß John, der den besseren Schlafsack hatte, dort seinen Platz einnehmen sollte. Er murmelte etwas davon, daß ich aus meiner Kolbenbüchse Kapital schlüge, äußerte aber darüber hinaus keinen Protest. Daß wir alle Schwierigkeiten klaglos ertrugen und uns kein einziges Mal stritten, macht deutlich, was für ein gutes Training unsere Wochenendausflüge in Schottland gewesen waren.

Diese Nacht war eine der schlimmsten, die ich jemals im Himalaya erlebte. Der Wind wehte Schnee durch die Löcher im Zelt, und das überstrapazierte Gewebe bekam weitere Risse, als sich das

Wetter verschlechterte. Ich hatte wenig Hoffnung, in meinem «Schlauch» einschlafen zu können und verwendete die Nacht auf eine Yogaübung zur Erzeugung innerer Wärme, doch ohne Erfolg. Wohl oder übel mußte ich mich zu der Erkenntnis durchringen, daß es besser war, einen anständigen Schlafsack zu kaufen, als die Menge des im Laufe einer Nacht durch Glaubenskraft geschmolzenen Schnees zu messen!

Während unseres Gefrierfleisch-Frühstücks besprachen wir die Situation. Das Wetter war scheußlich wie eh und je, die Bedingungen für einen Aufstieg indiskutabel. Es gab keine andere Wahl: Wir mußten wieder hinunter.

Die nächste Nacht verbrachten wir in unserer Senke unter dem schützenden Felsen und lauschten dem Wind, der heulend den Berg umtoste. Gemütlich war es eigentlich nicht. Immerhin gelang es mir, in meinem feuchten Schlafsack einigen Mülm zu erzeugen. Sogar unser Primus hatte sich freundlicherweise dazu herbeigelassen, seinen Streik wieder abzubrechen.

«Das ist der seltsamste Bergsteiger-Kocher, den ich jemals gesehen habe», bemerkte ich, als wir eines unserer letzten Koteletts darauf brieten. «In geringeren Höhen funktioniert er besser. Am Ufer des Toten Meeres könntest du Stahl damit schmelzen.»

Außer dem Geld für die Rückfahrkarte nach Bombay war uns für die weitere Erkundung Nepals fast nichts mehr geblieben, und so besprachen wir unter unserem schützenden Felsen andere unaufwendige Touren. Da war der hübsche Gipfel, den wir auf dem Abstieg vom Dudh Kund gesehen hatten, und der Ghat gegenüberliegende Berg schaute einfach fabelhaft aus.

«Aber das Tal, das da hinaufführt, macht einen ziemlich mistigen Eindruck», gab ich zu bedenken. «Obwohl das ein schöner Berg ist. Augenblick mal, wie wär's denn mit dieser Felsnadel, die der Schafhirte in Phericho ‹Pingero› nannte? Wär' gerade ein schöner Tagesausflug.» John hatte nichts dagegen, und so stöberten wir herum, um zu sehen, was noch an Vorräten da war. Gesamtergebnis: Eine Dose Gänseleberpastete und eine Tafel Schokolade. Die Kartoffeln hatten sich Erfrierungen zugezogen, und der Haufen abgenagter Schafsknochen sah auch nicht gerade sehr appetitanregend aus. Am nächsten Tag ließen wir alle überflüssigen Ausrüstungsgegenstände zurück und stiegen über den Gletscher nach Phulung Karpo ab, der kleinen Ansammlung von Yak-Hütten, die am Fuß des Pingero kauerten.

Der Pingero ist lediglich ein Nebengipfel des Taweche. Dennoch erwarteten wir, daß uns das Klettern dort viel Spaß machen würde, wenn wir die Wand angingen, die sich senkrecht vom Grund des Tales erhebt. Wie wir hofften, würde sich dieses Unternehmen in einem Tag abwickeln lassen. Als wir unser beschädigtes Zelt neben einer Yak-Hütte aufstellten, geschah dies weniger zu unserem Schutz denn als symbolische Geste des Trotzes gegenüber den Elementen. Die Nacht blieb trocken, und als wir erwachten, versprach der heraufziehende Tag vernünftiges Wetter. Nicht ohne ein leichtes Schuldgefühl – wir hatten dem Besitzer der Hütte zwei Rüben gestohlen – machten wir uns wohlgemut und leichten Schrittes auf den Weg.

Als Ausrüstung hatten wir nur das Seil und ein paar Haken bei uns. Wir fühlten uns wie Schneekönige und kletterten rasch; abgesehen von ein paar gefährlichen Passagen stiegen wir ohne Seilsicherung. An einer Stelle war ich oberhalb von John, und die schneeverkrusteten Griffe hätten eine langsamere Gangart erfordert. So rutschte ich aus, wurde jedoch von meinem Gefährten, der mich gerade noch an der Kapuze meines Anoraks erwischte, abgefangen.

«Das war knapp!» sagte ich milde, während ich noch um Atem rang. «Es hätte etwas unbequem für dich werden können, wenn ich mit meinen Steigeisen auf dir gelandet wäre.»

Als wir einen Kamm erreichten, glaubten wir im ersten Augenblick, auf dem Gipfel zu sein, aber der Fels ragte noch hoch über uns empor. Inzwischen hatte sich wieder eine Wolke auf uns herabgesenkt, und die Sicht wurde schlecht. Schließlich war nur noch Luft über uns, und wir ließen uns dankbar auf einer kleinen Plattform nieder. Der Nachmittag war schon fortgeschritten, und wir waren seit dem Morgengrauen ununterbrochen geklettert. Trotz der späten Stunde ließen wir es uns nicht nehmen, einer Mahlzeit aus Rüben und Gänseleberpastete ein paar Minuten zu widmen.

Dann stiegen wir über die gleiche Route zurück, wobei wir auch schwierige Passagen ungesichert durchkletterten und den Strick nur zum Abseilen hernahmen. Wir hatten noch nicht die Hälfte des Weges zurückgelegt, als sich die Dunkelheit wie ein schwarzer Schwamm auf uns senkte, aber wir kletterten weiter und stolperten nach einer Zeit, die uns wie ein Leben lang vorkam, über den letzten, felsbrockenübersäten Abhang ins Tal hinunter. Um zwei Uhr früh sackten wir erschöpft in unserem gutgelüfteten Zelt zusammen. Zu essen hatten wir nichts.

Am Morgen kauften wir einem Sherpa ein paar Kartoffeln ab und rösteten sie zum Frühstück. Es war eine gute Mahlzeit. Pommes frites und Bratkartoffeln sind eine große Erfindung! Nun, da wir uns besser fühlten, gingen unsere Gedanken zu dem anderen Gipfel, der wie das Weißhorn aussah und uns oberhalb des Dorfes Ghat ins Auge gefallen war. Wir beschlossen, hinunterzugehen und ihn uns näher anzuschauen.

Nachdem wir ein paar Leinwandstreifen, die uns als Taschentücher dienen sollten, aus dem Zelt gerissen hatten, schenkten wir das, was noch übrigblieb, dem Eigentümer der Hütte, neben der wir kampiert hatten.

«Immerhin haben wir seine Rüben gestohlen, und er kann ja einen Rock für seine Frau daraus machen», meinte ich. «Sehr warm wäre der freilich nicht», fügte ich nachdenklich hinzu. «Da bläst der Wind an allen Ecken und Enden durch.»

Der Sherpa war über das Zeltfragment und ein paar rostige, aus dem Blech eines Bootsrumpfs gefertigte Heringe sehr erfreut. Als wir uns mit nunmehr leichtem Gepäck auf den Weg machten, fragte ich mich, was der Mann, der die Heringe für uns geschmiedet hatte, wohl sagen würde, wenn er wüßte, daß die Erzeugnisse seiner Kunst nun dazu dienen sollten, Yaks anzupflocken.

Während des Abstiegs wurde das Wetter besser, und als wir am späten Nachmittag Thyangboche erreichten, schickte die Sonne zwischen den Wolken ihre warmen Strahlen auf uns herab. Das Leben war schön. Zum Tee gab es Bratkartoffeln!

Die nächsten beiden Tage erholten wir uns im Kloster. Wir waren erschöpfter, als wir gedacht hatten; das schwere Gepäck hatte seinen Tribut gefordert. Unseren Rückweg fortsetzend, besuchten wir in Namche unsere Freunde von der Polizei und wurden wie verlorene Söhne aufgenommen. Nach einer herzhaften Mahlzeit lockerten wir unsere Gürtel und stiegen dann den steilen Hang zum Dudh-Kosi-Fluß hinab, um von dort aus weiter unserem neuen Gipfel entgegenzustreben. Von den Polizisten hatten wir erfahren, daß es im Süden schwere Überschwemmungen gab; Brücken waren weggerissen worden, und es herrschte eine so bittere Hungersnot, daß viele Menschen starben.

Eines Abends verließ ich in einem winzigen Dörfchen am Dudh Kosi den baufälligen Schuppen, der uns für die kommende Nacht als Unterkunft dienen sollte. Ich litt an Zahnweh und wollte dem in der Hütte herrschenden Rauch entgehen; außerdem verspürte ich Juckreiz: ein sicheres Zeichen, daß ich von «billie-willies» befallen war. Billie-willies war Nimas Oberbegriff für Wanzen, Flöhe, Läuse und andere Kreaturen, die nachts am Blute des Menschen nippen. Als ich so dastand und in den schäumenden Fluß starrte, hörte ich unvermittelt Musik. Eine Prozession näherte sich. Es waren prächtig gekleidete Mönche, die in einer Sänfte einen Lama vorbeitrugen. Sein hoher Lama-Hut ließ ihn wie einen Zauberer aussehen. Ich fragte einen in der Nähe stehenden Eingeborenen, wer das sei.

«Burra Lama, Sahib; Rongbuk.» Er deutete das Tal hinauf in Richtung Tibet. Wie es schien, war dies tatsächlich der Lama vom Kloster Rongbuk in Tibet auf der anderen Seite des Mount Everest. Die Bewohner des Dörfchens schwärmten wie Fliegen zusammen, als die Mönche vor einem stattlichen Haus Halt machten. Der Lama ging hinein und ließ sich auf einem Thronsessel nieder; seine Begleiter setzten sich mit untergeschlagenen Beinen vor ihm auf den Boden. In verblüffend kurzer Zeit hatte sich eine Schlange von Ortsansässigen gebildet, die dem Lama Geld und Lebensmittel als Geschenke übergaben. Zum Zeichen des Dankes wand ihnen der Würdenträger einen weißen Schal um das gebeugte Haupt.

Große, mit Rakshi und Chang gefüllte Urnen wurden gebracht, und bald wurde eine gewisse unterschwellige Fröhlichkeit spürbar. Ich bekam einen Becher mit feurigem Rakshi gereicht, und man forderte mich auf, zu trinken. Die Art und Weise des «Kellners», der mehrere Kukris in seinem Gürtel stecken hatte, gefiel mir nicht sehr. Offenbar war er der Obermacher des Lamas, und er beugte sich in drohender Haltung über mich und bedeutete mir mit ungeduldigen Gesten, schnell zu trinken. Um nicht unhöflich und kein Spaßverderber zu sein, vollbrachte ich die bacchantische Tat, mußte aber dann mit Entsetzen feststellen, daß mein Krug sofort mit einem weiteren halben Liter der abscheulichen Flüssigkeit gefüllt wurde. Nun durfte ich langsamer trinken, was aber meine Agonie nur verlängerte. Zum Glück stellte sich rasch eine narkoseartige Wirkung ein.

Der Lärm in dem niedrigen Raum war ohrenbetäubend. Die Kapelle des Lamas swingte nun; Trommeln wetteiferten mit langen Nashangi-Hörnern und Zimbeln. Es war, als wohnte man in einer Wellblechhütte einem Wettbewerb zwischen Schmieden und Fräsern bei. Mein Zahnweh war weg. Irgendwann kam ein noch abschreckenderer Leibwächter zu mir herüber; er hatte nur einen Kukri, der aber bedrohlich groß war. Der Mann packte mich an der

Hand und zerrte mich durch die dichtgedrängt am Boden Sitzenden. Als ich versuchte, mich aufzurichten, entfuhr mir ein trunkener Rülpser. Der Schneidersitz ist keine Haltung, die mir sonderlich leicht fällt. Ebensowenig liebe ich die Fortbewegung, wenn mir jemand die flache Seite eines Kukri auf den Schädel drückt, wie es Leibwächter Nummer zwei jetzt tat, um mir klarzumachen, daß ich eine noch ehrerbietigere Haltung einzunehmen hätte als er. Der Lama war ein kleingewachsener Mann, der auch einen recht kurzen Rücken zu haben schien. Da sein Thronsessel nicht höher war als ein paar Bibeln, bedurfte es des nachdrücklichen Kukri-Einsatzes, um meine ein Meter achtzig lange Gestalt niedriger erscheinen zu lassen als seine.

Mit einigem Erschrecken hatte ich beobachtet, daß jeder Dorfbewohner, der dem Lama vorgestellt wurde, ihm ein Geschenk übergab. In Anbetracht der Armut dieser Leute waren manche der Geschenke beträchtlich: Körbe mit Kartoffeln oder eine Handvoll Rupien, die sie zweifellos kaum erübrigen konnten. Während ich dem Lama entgegenkroch, fingerte ich auf der Suche nach etwas Passendem verzweifelt in meinen Taschen herum. Leider war nichts zu finden außer einer Rolle 16-mm-Film, die ich im Everest-Basiscamp eingesteckt hatte und die sich seltsamerweise noch in meiner Tasche befand. Mein Gewicht auf eine Hand stützend, was nach gut dreiviertel Litern Rakshi gar nicht so einfach war, legte ich die Filmrolle auf den Thronsessel. Ich wußte, daß der Lama zu höflich war, um das Geschenk sofort zu begutachten, und daß ich wieder in unserem Schuppen zurück sein würde, ehe der nutzlose Gegenstand genauer inspiziert wurde. «Letztlich», tröstete ich mich, «geht es ja doch nur um die Etikette!» Der Lama wand mir nun einen Seidenschal um den Hals; dann wackelte ich wie eine betrunkene Krabbe zu meinem Stückchen Boden am anderen Ende des Raumes zurück. Im Verlauf der Nacht wurde der Rakshi besser, und unvermittelt bemerkte ich, wie ich einem Sherpa ein paar Zeilen aus dem Rubaijat des persischen Dichters Omar Chajjam zitierte:

Ist auch ein falscher Bruder mir der Wein,
der mir den Rock der Ehre abgestreift,
denk ich doch oft: Was kauft der Winzer ein,
das halb so kostbar wie, was er verkauft, kann sein?

Chang bekam mir besser als Rakshi, und es mußte schon lang

nach der Geisterstunde gewesen sein, als ich in unseren Schuppen zurückkroch. John schlief den Schlaf des Gerechten.

«He, MacInnes, wach auf, du Faulpelz!»

Ich bekam mehrere Variationen dieses Themas zu hören, ehe ich mich zu einer ersten Bewegung aufraffen konnte. Der schwache Lichtschein, der in der Hütte herrschte, schmerzte mir in den Augen. John ahnte gar nicht, daß ich ein nächtliches Besäufnis hinter mir hatte; er selbst hatte sich zu einer christlichen Stunde in seinen Schlafsack zurückgezogen.

«Es war eine lange Nacht», versuchte ich zu erklären. In der Kehle hatte ich ein Gefühl, als hätte ich mit Terpentin gegurgelt. «Ich war auf der Party eines Lamas!»

Vermutlich hat mir John das nie recht geglaubt, denn der Lama war mit seinem Gefolge schon wieder weitergezogen. John nahm zweifellos an, ich hätte die ganze Geschichte erfunden, um den Verlust des Films zu erklären, den wir für ein paar Rupien in einem indischen Basar hatten losschlagen wollen!

Am Eingang des steilen Tales, das zum Fuß unseres jungfräulichen Gipfels führte, stand eine kleine Mühle, die von einem turbulenten, aus der Schlucht kommenden Wasserlauf angetrieben wurde. Hier erfeilschten wir Kartoffeln und ein paar Eier. Wie leitende Angestellte eines feinen Büros machten wir uns um zehn Uhr ans Werk. Der Morgen war schön. Der Wasserlauf erinnerte uns an einen schottischen Bergbach. Manchmal waren immense Felsblöcke zwischen die Flanken der Schlucht eingekeilt.

Jimmy Roberts, der John Hunts Everest-Expedition als Transportorganisator mitmachte, hatte damals auf dem Weg zum Basislager auch diesen schönen Gipfel bemerkt und war der Versuchung erlegen, ihn sich genauer anzusehen. Statt durch unser Tal aufzusteigen, folgte er vernünftigerweise dem Dudh Kosi eine Strecke flußabwärts und überquerte die Wasserscheide in Richtung Osten, so daß er den Gipfel von der anderen Seite aus über den Hinku erreichen konnte.

Der Tag war anstrengend; mit ziemlicher Mühe kämpften wir uns das Tal hinauf. Oft war die Kletterei technisch schwierig, obgleich das von Schmelzwasser abgewaschene Gestein gut war. Zu beiden Seiten ragten grünbewachsene Wände viele hundert Meter senkrecht empor. Mehr und mehr wurde uns klar, daß wir uns auf keinem Spaziergang befanden; lange, schwierige Passagen folgten einander. Als unvermittelt die Dämmerung einfiel, hielten wir am Fuße einer dieser Barrieren, um zu kampieren. Umgestürzte Bäume gab es genug, und im warmen Schein eines Feuers erörterten wir, wie weit wir gekommen waren.

«Ein Viertel des Weges müssen wir schon geschafft haben», sagte ich und sah zu, wie John geschickt ein Ei in unserem kleinen Feldkochtopf umdrehte, dessen Innenseite mit zähhaftendem Dauerfett beschichtet war. «Und das war der leichteste Abschnitt. Auf diese Weise brauchen wir vielleicht zwei Wochen, bis wir diesen verdammten Berg erreichen.» Ich nahm mir meinen Teil Eier und Bratkartoffeln, ehe ich fortfuhr. «Das schaffen wir nicht – der letzte Abschnitt, den wir auf dem Weg nach Namche vom Dudh Kund aus sahen, schaute wirklich verteufelt aus, viel schlimmer als der hier unten.»

Wir waren schließlich übereingekommen, das Problem am Morgen noch einmal durchzusprechen, als John einen Schrei ausstieß und sagte, er habe das Gefühl, als bohre sich etwas in seine Achselhöhle. Mit einem brennenden Holzscheit in der Hand sah ich nach. Drei zeckenartige Insekten von beinahe Murmelgröße hatten sich in sein Fleisch gegraben. Als ich sie losreißen wollte, stellte ich fest, daß sie eine harte Schale hatten, die ich nicht packen konnte, weil meine Fingernägel vom stundenlangen Klettern durch Wasserfälle ganz weich waren. So versuchte ich, sie mit einem glühenden Stück Holz wegzubrennen. Bittere Flüche meines Gefährten waren das einzige Ergebnis meiner Bemühungen.

«Weißt du was?» ließ ich ihn wissen. «Ich kann sie schon fast nicht mehr sehen. Aber Moment mal! Irgendwo habe ich ja noch Nimas Messer. Ich versuch's mal mit dem.» John stöhnte auf; offenbar dachte er an die Tragödie unseres Schafs. Obwohl er nicht ganz so zäh war wie das unglückliche Tier, hatte ich mit der Operation ziemliche Mühe. Daß ich das Messer sterilisiert hatte, ehe ich damit begann, linderte Johns Schmerzen nicht sehr.

Wie wir vermutet hatten, wurde die Route am nächsten Tag noch schwieriger, und wir wußten, daß wir mit nur noch vier Eiern als Restverpflegung so gut wie keine Aussicht hatten, das Ende des Tals zu erreichen.

«Zurück nach Bombay!» lautete mein verzweifelter Vorschlag, als wir wieder einmal am Fuß einer glitschigen, senkrechten Wand standen, in der nur ein paar Bambussprößlinge Halt boten. «Dies ist kein Ort, an dem sich weiße Männer aufhalten sollten!» John unterstützte den Vorschlag, und ohne ein weiteres Wort zu verlieren, kehrten wir um.

Wenn wir den Rückweg durch Katmandu nahmen, würde man uns vielleicht festnehmen. Ich schlug deshalb vor, direkt nach Süden zu gehen; Ziel sollte Jaynagar an der indischen Grenze sein. Von Weißen war diese Route damals noch kaum begangen worden. Entschieden wir uns für sie, dann mußten wir einen Teil des Terai durchqueren, damals eine der wildesten Regionen der Welt mit Tigern, Rhinozerossen, Banditen und einer erlesenen Vielfalt von Schlangen, die den anspruchsvollsten Serpentologen entzückt hätte.

Bald suchten uns wieder Blutegel heim. Sie lauerten überall; die Monsunregen waren ungewöhnlich heftig gewesen, was offenbar zu einer besonders starken Vermehrung der Egel geführt hatte. Von Zeit zu Zeit mußten wir Halt machen und Blut aus unseren Socken wringen. Die Quälgeister quetschten sich sogar durch die Ösen unserer Schnürstiefel und verschonten auch unsere Kopfhaut nicht. Angewidert rissen wir sie weg. In der Nähe von Jubing näherten wir uns dem Dudh Kosi, als ich mich über Rückenschmerzen beklagte.

«Rheumatismus», diagnostizierte John. «Den muß man ja kriegen, wenn man jahrelang unter Felsbrocken pennt!» Ich nahm meinen Rucksack ab, zog mein Hemd hoch und stellte fest, daß ein großer Rinder-Blutegel die Ursache meines Rheumatismus war.

Am Ufer des Dudh Kosi, der seinen Namen «Milchfluß» durchaus verdient, hielten wir bei den Überresten einer Brücke. Hochwasser hatte sie kürzlich mit sich gerissen, und so gingen wir zu einem nahegelegenen Dorf und suchten den Vorsteher. Ein mühsames Gemisch aus Urdu und Nepali radebrechend, fragten wir ihn, wie wir über den Fluß kommen konnten.

«In Ordnung, Sahib», war seine Antwort. «In Ordnung!» Dann nahm er uns mit in seine Hütte und bot uns getrockneten Mais am Kolben an, der köstlich schmeckte.

«Daß er sich direkt zerreißt, um uns über den verdammten Fluß rüberzubringen, könnte man nicht gerade sagen», bemerkte ich, während ich mir, trotz allem sehr dankbar, den Mund mit süßem Mais vollstopfte. «Aber hier mal richtig reinzuhauen, ist auch nicht schlecht!»

«Sicher schreibt er uns das auf die Rechnung», meinte mein Freund skeptisch. Da wir nur noch zehn Rupien besaßen, hatte er freilich kaum Aussicht, uns allzusehr überfordern zu können.

Mittlerweile hatte der Vorsteher einen seiner Männer mit einem langen Horn zu einem Felsvorsprung am Flußufer losgeschickt. Das Instrument diente dazu, einem etwa eineinhalb Kilometer entfernten Dorf am anderen Ufer, das auf einer ähnlichen Felsnase lag, Signale zu geben. Nachdem der Kontakt mit den Einwohnern hergestellt worden war, spannten sie eine dünne Schnur über den Fluß – wie, kriegten wir nicht mit –, der ein schweres Bambustau folgte. Diese Operation nahm den Rest des Tages in Anspruch, was bedeutete, daß wir die Nacht im Dorf verbringen mußten. Das war uns durchaus nicht unrecht, wurden wir doch fleißig mit Essen und Chang versorgt. Später begann die unvermeidliche Party. Offenkundig gab es in diesem Dorf nicht viel Arbeit, und die Verdienstmöglichkeit, die wir ihnen boten, schien eine Feier wert zu sein, obwohl wir dem Vorsteher inzwischen beigebracht hatten, daß unsere Rucksäcke nicht gerade vor Rupien platzten. Wir hofften nur inständig, daß die Dorfbewohner am nächsten Tag nüchtern genug sein würden, um uns über den Fluß zu bringen.

Am folgenden Morgen war das ganze Dorf auf den Beinen, und wir gingen zum Ufer. Es herrschte eine karnevalartige Stimmung. Sogar unsere Rucksäcke trug man uns.

«Hier werden wir eben wie richtige Prominente behandelt, John», sagte ich und riß einen großen Blutegel von meinem Arm. «Vielleicht ist das heute die Eröffnung eines neuen Fährdienstes ... Mein Gott, sieh dir das Seil an!» Entsetzt deutete ich darauf. «Kein Wunder, daß die uns wie Gladiatoren feiern!»

Etwa fünfzehn Meter über dem schäumenden Wasser war ein gut zwei Zentimeter dicker Bambusstrick über den Fluß gespannt, und ich empfand keinerlei Lust, das Wasser an diesem Seil zu überqueren. Also schlug ich John vor, der Leichtere von uns beiden solle den Anfang machen. Natürlich war er dagegen; solange das Seil noch unabgenutzt sei, müsse sich der Schwerere ihm anvertrauen. Die Tatsache, daß ich die Kamera hatte, mit deren Hilfe dieses Drama verewigt werden sollte, gab schließlich den Ausschlag; die Sonne stand dafür gerade richtig.

John schickte sich also darein, das Versuchskaninchen zu spielen. Die Dorfbewohner brachten ein U-förmiges Holzstück herbei, das sie über das Bambustau legten. Ein dünnerer Strick wurde an die offenen Enden des Holzes gebunden, so daß es eine Schlinge bildete, auf der John sitzen konnte. Ein weiteres dünnes Seil sollte dazu dienen, ihn auf die andere Seite hinüberzuziehen, während eine entsprechende Schnur den Männern auf unserer Seite gestatten würde, den «Sessellift» wieder zurückzuziehen. Der Eingeborenen hatte sich erwartungsvolle Spannung bemächtigt.

«Viel Glück!» rief ich John ermutigend nach, als man ihn auf der Plattform losließ und er mit einem schabenden Geräusch zur Mitte des Seils hinunterfuhr, das unheilverkündend fast bis zum schäumenden Fluß durchsackte. Seine Füße gerieten ins Wasser, aber das Seil hielt, und nun zog man ihn langsam zum anderen Ufer hinauf. Als ihn hilfreiche Hände packten, brachen die Eingeborenen in tobenden Jubel aus. Offensichtlich waren sie angenehm überrascht. Ich auch!

«Sehr gut, sagte ich zum Dorfvorsteher. «Und jetzt ich. *Kinni paesi*?»

«*Char rupees,* Sahib», strahlte er, sehr befriedigt über den Erfolg des Manövers, und ließ ein alkoholisches Rülpserchen fahren. «*Char rupees*», wiederholte er und streckte mir vier schmutzige Finger entgegen.

«In Ordnung», antwortete ich und gab ihm vier Rupien.

Für etwa zwanzig Pence hatten wir über einem Dutzend Männer Arbeit gegeben und freie Unterkunft und Verpflegung erhalten.

Mit einem ungemein flauen Gefühl im Magen fuhr ich über den Fluß, während John amüsiert zuschaute. Von der Höhe des Südufers sahen wir dann, daß sich bereits eine ganze Schlange von Leuten gebildet hatte, die auf gleiche Weise herübergeholt werden wollten. Offenbar hatte es nicht wenige Anwärter auf eine solche Beförderung gegeben, doch hatten sie lieber gewartet, bis sie jemand anderen sicher ans Ziel kommen sahen.

Wir hatten nun den Punkt erreicht, den wir in südlicher Richtung anstreben wollten, statt in westlicher Richtung nach Katmandu zu marschieren. Bald bildeten schmale Pfade unseren Weg, die wie rasenbewachsene Bänder kleine Reisfelder unterteilten. Der Jahreszeit entsprechend war der Himmel meist stark bewölkt. An Lebensmitteln schien es hier nicht zu mangeln, und man hatte den Eindruck, als seien die Menschen nicht schlechter dran als in anderen Regionen, in die uns unsere Reisen geführt hatten. Zumindest waren sie fetter als wir! Ich bestand nur noch aus Knochen und Haut – letztere von Blutegelbissen durchlöchert. Nach und nach wurden die Nahrungsmittel wieder knapper, und als die Temperatur stieg, nahm auch die Luftfeuchtigkeit stark zu. Schließlich näherten wir uns wieder einem Fluß, der wie alle Flüsse in diesem Teil der Welt letztlich in den Ganges mündet. Diesen Wasserlauf mußten wir überqueren. Ob es eine Brücke gab, wußten wir aber nicht.

Eines Vormittags – die Sonne brannte sengend vom wolkenlosen Himmel herab – kamen wir in einem tiefen Dschungeltal plötzlich an den Fluß. Dort trafen wir auf einen Ghurka-Soldaten, der Urlaub hatte und sich auf dem Heimweg befand. Der Mann zauberte eine Flasche Chang herbei wie ein Magier ein weißes Kaninchen, und wir teilten den Tee mit ihm. Seinen wenigen englischen Worten entnahmen wir, daß es ein Boot gebe. Diese Information wurde von trunken anmutenden Gesten begleitet, die wir als das Rudern eines Kanus deuteten; möglicherweise jedoch übte er auch die Handhabung einer Säge. Die erste Interpretation war die richtige. Am felsigen Flußufer fanden wir drei wenig versprechende Einbäume.

«Oh nein!» stöhnte ich, «in denen sollen wir rüber?» Aber wir sollten, und dieses Mal zusammen, wie John fröhlich feststellte.

«Wieviel?» fragte ich einen Eingeborenen. Der Mann war einer von vier Fährleuten und trug einen Mini-Lendenschurz. Er musterte mich mit listigen Augen. Wahrscheinlich war es das erste Mal, daß er einen Weißen sah, aber der Schrecken, der ihn dabei durchfuhr, war wohl rasch dem instinktiven Gefühl gewichen, daß hier ein paar schnelle Münzen zu machen waren.

«Sechs Rupien, Sahib.»

«Zieh Leine, Jimmy! Wir wollen deinen Dampfer nicht kaufen, nur rüberfahren!» Wir setzten unsere Rucksäcke ab und legten uns in die Sonne. «Den Kerl lassen wir etwas zappeln, John», verkündete ich. «Wir haben unendlich viel Zeit – und vier Pfund Kartoffeln!»

Noch ein paar andere Eingeborene waren da, und ich fragte sie, was die Fähre koste, ehe der uns argwöhnisch beobachtende Lendenschurzträger einschreiten konnte. Die Gebühr betrug eine Rupie. Ohne den «Boß» weiter zu befragen, luden wir unser Gepäck in das Boot und bedeuteten ihm, vom Ufer abzulegen.

Ob diese Flußüberquerung schlimmer war als die im «Sessellift», weiß ich nicht, aber sie dauerte mit Sicherheit länger und jagte uns auch ziemliche Angst ein. Als wir hinausfuhren, zog es uns im Nu in eine weißgischtende Schnelle, die uns wie einen auf dem Wasser tanzenden Korken mitriß. Die Seitenwände des Bootes ragten kaum eine Handbreit aus dem Wasser heraus, doch die vier Ruderer lenkten es allmählich schräg in die Hauptströmung. Obwohl sie geradewegs auf das gegenüberliegende Ufer zuhielten und wie wild paddelten, fuhren wir mit immer größerer Geschwindigkeit flußabwärts. Ich fragte mich schon, wann der erste größere Wasserfall kommen würde, aber wir erreichten das Ufer, wenn auch mehrere hundert Meter unterhalb unseres Ausgangspunkts. Ich gab dem Mann seine zwei Rupien. Er nahm sie mit resigniertem Achselzukken entgegen. Sich so seinen Lebensunterhalt zu verdienen! dachte ich. An seine Pensionszeit brauchte so jemand keine Gedanken zu verlieren.

Dort, wo wir uns jetzt befanden, schien es nichts zu Essen zu geben. Drei Jahre lang war eine Mißernte der anderen gefolgt, und nun verhungerten viele Menschen. Eine weitere unangenehme Erfahrung war, daß sich die Einheimischen nur sehr widerwillig bereitfanden, uns in ihren Behausungen schlafen zu lassen. Europäer waren hier unbekannt, und die offene Gastfreundschaft, mit der uns die Bergbewohner im Norden empfangen hatten, fehlte hier völlig. Wir entwickelten eine Technik, in ein Haus einzuziehen, bevor der Eigentümer die Türe verrammeln konnte. Waren wir einmal drinnen, dann versuchte man nur selten, uns wieder loszuwerden. Einmal zog unser «Gastgeber» sein Messer, als wir an seinem Feuer saßen, und wir hatten Mühe, ihn an Aktionen von größerer Tragweite zu hindern. Für den Rest des Abends war er dann aber ruhig, und am Morgen schieden wir ohne Schwierigkeiten.

Wenn ich mich schlafen legte, schlang ich mir stets eine dünne Schnur um den Leib, an deren anderem Ende ich das Gewehr befestigte, denn es hatte schon mehrere Versuche gegeben, es zu stehlen, meist mitten in der Nacht. Zwei Tage nach der verhinderten Messerstecherei verspürte ich gegen drei Uhr morgens ein leichtes Ziehen, vergleichbar dem vorsichtigen Anbiß einer schüchternen Forelle. Dann wurde die Waffe mit einem plötzlichen Ruck aus dem offenen Fußende meines Schlafsacks gerissen. Natürlich war ich sofort hellwach und ging fast eines Armes verlustig, mit dem ich entschlossen zugreifen wollte, der aber mit der Schnur an den Körper gefesselt war. Nun faßte ich mit der freien Hand nach unten und erwischte ein nacktes Bein. Doch mein unsichtbarer Besucher ließ das Gewehr fallen und entriß sein Bein meinem Griff, ohne daß ich von neuem zupacken konnte.

Okhaldunga, eine Garnisonsstadt, lag etwa auf halbem Wege zur südlich von uns verlaufenden indischen Grenze. Hier rechneten wir mit Schwierigkeiten, doch ließen uns die Soldaten ohne Fragen passieren. Als wir die Stadt wieder verlassen hatten, gesellte sich ein kleiner krummbeiniger Mann zu uns, der offenbar aus irgendeinem Grunde den Ort umgangen hatte. Er gab sich recht freundlich und bot uns von seinem Reis an.

Wir hatten bald heraus, daß «Sandy» ein Schmuggler war. Er brachte Drogen nach Tibet und engagierte häufig auch Träger, die andere Dinge für ihn nach Süden transportierten. Dieses Mal war er jedoch allein. Er fürchtete sich vor Banditen und den wilden Tieren des Terai-Tieflandes. Der Grund, warum er unsere Gesellschaft suchte, lag anscheinend darin, daß unsere unordentliche Erscheinung nebst unserem Gewehr (ohne Munition) auf potentielle Räuber eine stark abschreckende Wirkung ausübte. So marschierte er mehrere Tage mit uns.

Wir kamen in ein Dorf namens Dibidab, bestehend aus ein paar Strohhütten in einem sonnendurchglühten Tal. Die Bewohner trugen Lendenschürze. Hier gab es Lebensmittel, und wir gerieten fast außer uns, als wir eine gewaltige Gans sahen! Die wollten wir verspeisen, wenn wir den Preis erschwingen konnten. Wir baten also Sandy, die Verhandlungen zu führen.

«*Kinni paesi* große *kukra,* Sandy?» Ich deutete auf den stolzen Vogel, der neben einem kleineren, offenbar einem Sprößling, an einem Bewässerungskanal stand. «Der *burra kukra* (der große Vogel)», fügte ich rasch hinzu.

Unser Drogenschmuggler ließ in diesem Vorposten der Zivilisation seine Beziehungen spielen, und einige Zeit später wurde in der Hütte des Gänsebesitzers ein Preis von zwei Rupien vereinbart. Der hellhäutige Mann, der eher wie ein Tahitianer denn ein Nepalese wirkte, brachte den flatternden burra Kukra herein, damit wir ihn noch einmal begutachten konnten. Dabei strahlte er, als hätte er eine Flasche kostbaren alten Weines in Händen.

«Ja, das ist sie. Das Muster auf ihrer Brust habe ich mir gemerkt!» Ein waches Auge für Einzelheiten zeichnet uns Schotten aus. «Ich wollte mich nicht übers Ohr hauen lassen», flüsterte ich John zu. Meine Freunde in Aberdeen würden stolz auf mich sein, freute ich mich.

Es schien eine Ewigkeit zu dauern, bis der Vogel gebraten war, und das Wasser, das mir zunächst reichlich im Munde zusammenlief, versiegte allmählich. Schließlich aber genossen wir ein in Anbetracht der Umstände fürstliches Mahl, nach dem wir uns, angenehm gesättigt, auf der Lehmveranda der Hütte ausruhten. Plötzlich fuhr ich hoch.

«Verdammt, sieh mal dort! Das darf doch nicht wahr sein!»

«Unmöglich», gab mir John recht. «Wir haben sie doch gegessen!»

«Nein, haben wir nicht», antwortete ich grimmig. «Wir haben doch eine kleine gekriegt!» In diesem Augenblick kam der Besitzer der Gans um die Ecke.

«*Kukra tigh high,* Sahib?» Er lächelte immer noch.

«*Tigh high* – alles in Ordnung», bestätigte ich resigniert und sank wieder auf den Lehmboden nieder. Die Gans lag mir in dieser Nacht schwer im Magen ... Und ich träumte, ich sei ein Strauß mit dem Kopf im Sand. Diese exotischen Träume hatte ich in Nepal immer, wenn ich zuviel getrunken oder gegessen hatte. In der gleichen Nacht versuchte Sandy, unser Gewehr zu stehlen. John sprang sofort auf und setzte ihn mit einem Ringergriff schachmatt. Am nächsten Tag verlor niemand ein Wort über den Vorfall, aber Sandy hinkte beträchtlich.

Wir marschierten weiter durch die Wälder und trockenen Flußbette des Terai-Tieflandes; manchmal mußten wir uns durch hohes Elefantengras kämpfen. Wasser gab es nur selten, und wir tranken aus schmutzigen Löchern, die uns trotz unseres brennenden Durstes anekelten. Schädliche Wirkungen blieben indessen aus; inzwischen waren wir wohl gegen alles immun geworden. Sandy in seinen schmutzigen Lumpen hielt sich immer noch bei uns. Eines Tages, etwa zehn Tagesmärsche südlich von Ghat, verkündete er:

«Jaynagar, Sahib, *do kos* (sechs Kilometer). Viel Polizei.» Er preßte die Hände gegeneinander, verbeugte sich zu einem raschen Salaam und verschwand auf einem schmalen Pfad zwischen den Reisfeldern. Wir sahen ihn niemals wieder.

Am frühen Nachmittag betraten wir die staubigen Straßen dieser Grenzstadt und gingen zur Station der Schmalspurbahn, die eine Nebenlinie der regulären indischen Eisenbahn war. Der Stationsvorsteher empfing uns sehr freundlich und bot uns ein kühles Bad an. Rasch wurden zwei große Blechwannen in den Wartesaal gebracht, in dem ein Punka-wallah, ein Fächer, einen kühlenden Luftzug erzeugte. Er war an der Decke befestigt und wurde von außerhalb des Hauses mittels einer Schnur bewegt. Die Betätigung des Punka-wallah erinnerte lebhaft an jemanden, der auf der Toilette sitzt und ständig die Kette zieht – freilich ohne das vertraute Geräusch der Spülung.

Wir hatten unsere flohverseuchte Kleidung auf einen Haufen gelegt, räkelten uns in den Wannen und bemühten uns ohne Erfolg, mit Seifenstücken, die wie Marmor aussahen, Schaum zu erzeugen, als plötzlich mehrere stattliche Inder in Zivilkleidung eintraten.

«Sind Sie Chinesen?» fragte der Fetteste (er ist im Osten immer der Boß) in drohendem Ton.

«Schotten», murmelte ich entschuldigend, weil uns die Behörden schließlich doch aufgespürt hatten.

«Sie kommen aus Tibet?»

«Aus Nepal», meldete John sich zu Wort. «Wir waren dort auf einer Kletterexpedition.

«Haben Sie Pässe?»

«Ja, in unseren Anoraks.» Ich deutete auf den Kleiderhaken.

«Sie müssen zur Polizeistation kommen. Bitte ziehen Sie sich an.»

Eskortiert von je zwei Zivil tragenden Beamten, die mit dem unvermeidlichen Regenschirm bewaffnet waren, begaben wir uns zur Station.

«Ich glaube, jetzt werden wir als kommunistische Spione verhaftet», flüsterte ich John zu. Auf der Station, einem von unzähligen Fliegen durchschwirrten baufälligen Haus, wurden wir einem freundlichen, aber auch gründlichen Verhör unterzogen. Der große Ventilator an der Decke drehte sich so langsam, daß er kaum ein Lüftchen bewegte. Von den Fliegen erfuhr das kostenlose Karussell regen Zuspruch.

Man prüfte unsere Pässe genau und befragte uns eingehend über unsere Route. Der Zufall wollte es, daß einer der Beamten Johns Ringkampfpartner in Namche Bazar kannte, mit dem er auf die gleiche Polizeischule gegangen war. Von diesem Moment an war alles gelaufen. Statt uns ins Gefängnis zu werfen, arrangierte man ein regelrechtes Gästeprogramm für uns. An diesem Tag stellte man uns sämtlichen Schmugglern der Stadt vor, die das magere Salär der Polizisten beträchtlich aufbesserten. Entsprechend ihren Beiträgen wurden sie als Schmuggler erster, zweiter und dritter Klasse apostrophiert. Unsere neuen Freunde waren bemüht, uns alle Annehmlichkeiten der Hauptstraße zu bieten, wo an beiden Seiten halb offene, halb mit einem Bambusvorhang verschlossene Buden standen. In dem Abteil hinter dem Vorhang war das einzige Möbel ein *charpoi*, während in jedem «Fenster» ein hübsches Mädchen auf einem kleinen Hocker saß.

«Treffen Sie Ihre Wahl», drängte uns der Inspektor. «Sie haben die Zeit, wir haben das Geld.» Er lachte lüstern.

«Ich glaube nicht, daß das jetzt für mich das richtige ist», beeilte ich mich, ihm zu versichern. «Ich bin wirklich sehr müde. Ein ordentliches Essen freilich wäre mir sehr willkommen.»

«Gewiß, gewiß», strahlte unser neuer Freund. «Sie müssen entschuldigen – das Wichtigste kommt natürlich zuerst. Man muß die Prioritäten richtig setzen, wie Sie in England – äh, Schottland sagen. Feiern wir ein Bankett. Was die Mädchen betrifft, so haben Sie zweifellos recht, mein Freund», sagte er und faßte mich an der Schulter. «Wissen Sie», fügte er in vertraulichem Ton hinzu, «für den gleichen Preis, für 25 Pfund können Sie hier eine Frau und ein Gewehr kaufen. Natürlich weiß man nie, welches von beiden gefährlicher ist!» Und er krümmte sich vor Lachen über diese geistvolle Bemerkung.

Etwas weiter die Straße entlang hielten wir vor einem schmutzigen Laden, dessen Eigentümer geholt wurde. Dann eilten dunkelhäutige Gestalten herbei und stellten mitten auf die Straße einen Tisch und mehrere Stühle. Offenbar sollte das Bankett hier stattfinden.

«Besteht da nicht die Gefahr, überfahren zu werden?» fragte John besorgt. Autos fuhren zwar nur sehr wenige, doch gab es zahlreiche Rikschas und lärmende Pferdewägelchen, die ihr Kommen mit warnendem Horngetute und Glockensignalen ankündigten.

«In dieser Stadt habe ich das Sagen», strahlte der Inspektor wieder. «Wenn ich will, daß meine Gäste auf der Hauptstraße speisen, dann speisen sie auf der Hauptstraße!» Er spuckte einen Strahl betelgetränkten Speichels zur Seite und beugte sich zu mir herüber: «Außerdem stinkt's in dem Restaurant. Hier ist es besser.»

Unsere Teller bestanden aus großen Blättern, und wir aßen mit den Fingern. Ich weiß nicht, ob ich jemals sonst so gut gegessen habe, Gang für Gang, bis zu den abschließenden indischen Süßigkeiten. Das Curry-«Huhn», das uns vorgesetzt wurde, war wahrscheinlich eine Krähe, aber – wie ich später erfuhr – dort ein durchaus gängiges Gericht. Jedenfalls schmeckte es köstlich.

Man wollte uns nicht erlauben, Jaynagar zu verlassen, ehe wir in der örtlichen Schule eine Stunde gehalten hatten. Das Hauptklassenzimmer war überfüllt und die Luft darin so dampfig wie in einer chinesischen Wäscherei. Mit Verwunderung stellten wir fest, daß keiner der Schüler, die durchwegs ganz gut Englisch verstanden, wußte, wo der Mount Everest liegt. Am Nachmittag bestiegen wir die Bahn nach Bombay. Es sah aus, als sei die ganze Bevölkerung zusammengeströmt, um uns zu verabschieden. Sogar die Schmuggler waren da – wahrscheinlich auf Anordnung der Polizei.

2 *Das Gold des Callery*

«Man saugt ihn einfach mit diesem großen Staubsauger auf, und er wandert direkt in einen großen Sack.»

«Was wandert in einen großen Sack?» fragte Dave Dawe und stürzte ein großes Glas Wodka hinunter, als sei es Wasser.

«Schafsmist», antwortete der Mann mit lauter, beschwörender Stimme. «Mit seiner Wiederaufbereitung kann man ein Vermögen verdienen. Wir mischen einfach ein paar von unseren Chemikalien in den getrockneten Mist und bekommen einen phantastischen Dünger.»

«Vielleicht erfinden Sie mal einen Mistbehälter, den man den Schafen umbinden kann», meldete ich als Verbesserungsvorschlag an.

«Wir sollten bei unserem ursprünglichen Plan bleiben und Gold suchen, Hamish», murmelte Dave. «Diese Sammelei ist beschissen. Stell dir vor: Sich mit Mist sein Brot zu verdienen!»

In jenem Winter wollten wir an der Westküste der Süd-Insel von Neuseeland auf Goldsuche gehen. Zuvor gab es in Christchurch noch eine Party zu unseren Ehren. Da solche Partys eine Woche lang dauern können, war diese nach Ablauf von zehn Stunden noch im Anfangsstadium. Zeichen von Müdigkeit hatte ich bis jetzt noch nicht bemerkt, wenn sich auch schon drei Gäste unbeabsichtigt im Fischteich erfrischt hatten; ein weiterer hätte beinahe einen Brand verursacht, da er an eine Flasche hochoktanigen Fusels mit dem vielversprechenden Namen «Hokitika-Feuer» eine «Lunte» legte und diese mit einem Streichholz ansteckte. Die Lunte bestand aus einem Rinnsal des Schnapses, das über den Dielenteppich zu der Stelle unter einem Schreibtisch lief, wo die umgestürzte Flasche lag. Glücklicherweise hatte sich der Hauseigentümer gerade in die Küche zurückgezogen, wo ihn die Mischung eines großen Cocktails in der Waschmaschine völlig in Anspruch nahm, so daß ihm der Anblick des Feuerwerks vorenthalten blieb.

Seit ich aus Nepal nach Christchurch zurückgekehrt war, waren ein paar Monate vergangen. Ich war wieder solvent und hatte mich bereit erklärt, an Daves Goldsuche teilzunehmen.

Dave war von einem großen Mißtrauen gegenüber sämtlichen Erscheinungen des Lebens erfüllt, witterte hinter allem und jedem Unrat und war stets auf dem Sprung, irgendeine beiläufige Bemerkung empört aufzugreifen und sie in der Luft zu zerreißen. Er war ein brillanter Gesprächspartner, und seine bloße Gesellschaft war ungemein anregend. Ich hatte ihn kurze Zeit nach meiner Rückkehr vom Himalaya kennengelernt und rasch mit ihm Freundschaft geschlossen.

Tom Paul und Bill Smith vom Creagh Dhu waren nach Neuseeland gekommen, als John Cunningham und ich noch im Himalaya waren. Sie hatten ein Auto mitgebracht, ein Geschenk meines Vaters an mich. Allerdings sahen sie sich bei ihrer Ankunft mit einer exorbitanten Forderung des Zolls konfrontiert, zu deren Begleichung ihre Finanzen nicht annähernd hinreichten. Unter Berufung auf ihre Armut und mit der Erklärung, der Eigentümer befinde sich irgendwo in der Gegend des Mount Everest, womit sie dem heimischen Nationalismus schmeichelten, hatte doch Ed Hillary kurz zuvor die Erstbesteigung des höchsten Berges der Welt geschafft, erreichten sie Zahlungsaufschub, bis ich das Auto übernehmen würde. Beide waren als «unterstützungsberechtigte Immigranten» gekommen; als man ihnen jedoch Arbeit auf der Nord-Insel anwies, weit weg von den Bergen und ihren Freunden vom Creagh Dhu, reisten sie einfach nach Süden ab. Der Aufenthalt in Christchurch war allerdings kurz, da die Behörden ihrer bald wieder habhaft wurden. So kamen sie in den Genuß eines unfreiwilligen, wenngleich interessanten Arbeitsaufenthaltes auf der Süd-Insel, wobei sie sich meines Autos für mitternächtliche Spritztouren bedienten. Als ich schließlich nach Christchurch kam und das Auto in Besitz nahm, waren Tommy und Bill herzlich froh, es loszusein.

«Wenn du auf einem Mühlstein fährst, kommst du besser vom Fleck, MacInnes», beklagte sich Bill.

«Ja», fügte Tommy hinzu, «mit einem Mühlstein kriegst du wenigstens keinen Platten!» Die lange Überfahrt, während der das Auto auf Deck vertäut war, hatte offenbar einen negativen Effekt auf die Reifen gehabt! Schlimmer war noch, daß das Vehikel an schwer zu diagnostizierenden inneren Störungen litt, so daß ich es ohne Bedauern gegen ein altes Rennmotorrad eintauschte. Es war eine CS 1 Norton, ein klassisches Vollblut, das noch gut 160 Stundenkilometer schaffte. Die Aufzahlung, die ich bekam, ermöglichte es mir, meinem Bruder ein Darlehen zurückzuerstatten, das er mir für die Rückfahrt von Bombay nach Neuseeland gegeben hatte. Danach blieb noch genug für eine Investition in die Goldsuche übrig.

Zu meiner Reformkostfanatikerin in Christchurch kehrte ich nicht zurück. Ich hatte inzwischen genug Rohkost genossen und mietete mir daher eine Wohnung. Obwohl das Haus in einer guten Wohngegend lag, erinnerten meine Gemächer lebhaft an solche in einem Slum-Viertel, was nicht selten vorkommt, wenn möbliert vermietet wird. Die Eingangstür war seit Jahren nicht mehr benützt worden, und meine Zimmer konnte ich nur erreichen, wenn sich niemand im Bad mit Toilette befand, da die hintere Tür die einzige war, die sich öffnen ließ. Ein Teil der Diele war in ein Badezimmer umgepfuscht worden, während das ursprüngliche Bad jetzt als Gemeinschaftsküche diente. Unglücklicherweise hatte ich einen Nachbarn, der an Verstopfung litt, was zuweilen zu schwerster Beanspruchung meiner Geduld führte! Ich muß zu der im Hause herrschenden Uneinigkeit meinen Beitrag geleistet haben, denn nach einer ziemlich lärmenden Party kündigte mir meine Hauswirtin, eine Frau mit Augen wie Stricknadelspitzen. «Und ich dachte, Sie seien ein ruhiger Mensch», jammerte sie, als sie mich heimatlos machte.

Was die Goldsucherei anlangt, war ich ein Greenhorn oder Neuer Blödmann, wie sie hier genannt werden. Allerdings bemühte ich mich, mich so gut wie möglich zu informieren, ehe wir anfingen. Es gab eine Anzahl von Leuten, sogar in Christchurch, die sich irgendwann einmal als Goldprospektoren versucht hatten, und ich bekam ein paar wertvolle Tips. Zwei alte Goldsucher, Donald und Thomas, erzählten mir von Gold in einem Moor, das zehn Meter über Meereshöhe und in der Gegend lag, die wir absuchen wollten. Das Gold wurde gewonnen, indem man das Moos verbrannte und die Rückstände in einer Retorte mit Quecksilber mischte. Durch Verdampfen des Quecksilbers werden die Metalle getrennt. Es war amüsant, die Gesichter der beiden Alten aufleuchten zu sehen, wenn man das Thema Goldwäscherei anschnitt, und bald stellte ich fest, daß das Goldfieber auch mich erfaßte. Im Grunde unseres Herzens sind wir wohl alle Spieler, und der Vorstellung von schnell und dabei auf legale Weise gemachtem Geld kann man nur schwer widerstehen.

Unser Ziel war die Callery-Schlucht, die in der Nähe des Franz-Josef-Gletschers in einer Buschregion liegt. Natürlich wollten wir möglichst unbelastet reisen, und so machte ich mich daran, in der kurzen Zeit, die uns vor unserem Aufbruch noch blieb, eine Waschbox von möglichst geringem Gewicht zu entwerfen und zu bauen. Eine Waschbox ist normalerweise eine hölzerne Rinne, auf deren

Boden in gewissen Abständen Querstege angebracht sind; die Zwischenräume sind mit einer Art Kokosmatten belegt. Leitet man Wasser durch die Box und schaufelt an einem Ende Gestein hinein, dann wird es vom Wasser über die Querstege geschoben, während schwerere Teilchen – Gold etwa – auf die Matten heruntersinken. Meine Leichtgewichtsversion war aus Aluminium und zweieinhalb Meter lang, ließ sich aber für den Transport in drei Teile demontieren.

Trotz allem hatten wir viel Gepäck, als wir in Christchurch in den Zug stiegen. Die Strecke führte über Arthur's Paß, den Straßen- und Schienenweg über die Wasserscheide der Südalpen. In Hokitika erwarben wir für fünf Shilling Abbaurechte, die uns gestatteten, auf Land, das der Krone gehörte, Gold zu suchen und wenn nötig Claims abzustecken. Noch eine Reihe anderer Rechte waren eingeschlossen; man durfte zum Beispiel ein Haus auf einem Claim bauen. 1955 sah Hoki, wie es liebevoll genannt wird, immer noch wie ein Städtchen zur Zeit des Goldrausches aus. Es gab eine unglaubliche Anzahl von Pubs, deren Holzfassaden sich früher einmal einer farbenfrohen Bemalung erfreut hatten, jetzt aber ziemlich traurig und heruntergekommen aussahen. Hinter den großartigen Fassaden verbargen sich kleine rostige Wellblechhütten.

Die Westküste Neuseelands ähnelt in vielfacher Hinsicht dem Westen Schottlands. Sie ist ein Land für sich selbst. Im Gegensatz zum Rest des Landes ist das Klima hier äußerst feucht, auch darin demjenigen Westschottlands ähnlich. Als wir im Mai dort ankamen, war gerade Winteranfang, und es war kalt und naß. Die Gletscher der Westküste, vor allem der Franz-Josef- und der Fox-Gletscher, sind insofern ungewöhnlich für Neuseeland, als sie sich bis zum Rand des subtropischen Waldes mit den dort heimischen Rimu- und Rata-Bäumen und den vielen schirmartigen Baumfarnen erstrekken. Das Gletschereis sah ich zum ersten Mal, als der uralte Bus, in den wir inzwischen umgestiegen waren, durch einen Tunnel grüner Vegetation keuchte und auf dem Schotterweg von Hoki nach Waiho in jedes der unzähligen Schlaglöcher fiel. Ein glücklicher Umstand war, daß Dave im Bergführer des nahegelegenen Glacier Hotel einen Freund erkannte: Peter McCormack war, wie ich feststellen konnte, ein warmherziger Mann, der die Gastfreundlichkeit seiner keltischen Vorfahren geerbt hatte.

«Was treibst du denn hier in Neuseeland, Dave?» fragte er.

«Wir machen einen kleinen Trip den Callery hinauf. Das ist mein Kumpel, Hamish MacInnes.»

«Den Callery hinauf, so, so ... Wollt wohl Gold suchen, was?»

«Wir wollen einen kurzen Urlaub machen», antwortete Dave.

«Komische Gegend für 'nen Urlaub, Dave!» lachte er und fügte hinzu: «Wo schlaft ihr?»

«Wissen wir noch nicht. Weißt du vielleicht was?»

«Sicher, nehmt meine Bude.» Er deutete die Straße entlang in der Richtung, aus der wir eben gekommen waren. «Der Stork Club, hundert Meter von hier auf der linken Seite. Da kann man Partys schmeißen, ohne in Hörweite des Hotels zu sein.»

Nachdem wir gegessen hatten, gingen wir zum Hotel, um mit Peter oder Alec Graham, zwei an der Westküste allgemein bekannten Männern, zu sprechen. Wir wollten mehr über das Gold erfahren, das Prospektoren oberhalb des normalen Wasserniveaus im Moos gefunden hatten.

Peter Graham war zu seiner Zeit einer der großen Führerpioniere in den Neuseeländer Alpen gewesen. Die Liste seiner Besteigungen war bemerkenswert; die meisten davon hatte er ohne Steigeisen durchgeführt. Seine Körperhaltung war immer noch aufrecht, doch ging er am Stock. Als wir ihn an diesem Abend trafen, war er etwas überrascht, Dave zu sehen.

«Hallo, Peter», begann Dave, wir wollen im Callery-Gebiet unser Glück versuchen.»

«Da ist alles schon leergefegt», erwiderte Peter etwas irritiert; offenbar bereute er den Enthusiasmus, den er im Sommer zuvor an den Tag gelegt hatte, als Dave ihn über Möglichkeiten ausgehorcht hatte, an diesem Fluß nach Gold zu schürfen. Peter hatte damals gesagt, es müsse im oberen Bereich eine lohnende Ader geben, wenn auch vielleicht unter Eis.

«Hamish und ich dachten, wir wollten's trotzdem mal versuchen», fuhr Dave unbeeindruckt fort. «Wir haben uns nämlich neue Geräte zugelegt.»

«Wenn es eine Oberflächen-Ader gibt», antwortete Peter vorsichtig, aber mit einem Glitzern in den Augen, «dann müßte es auch weiter unten Spuren davon geben. Es lohnt nicht, sich bis zum Oberlauf durchzuschlagen, wenn man in Long Beach nichts findet.» Long Beach war ein relativ offener Abschnitt der Schlucht, in dem man früher größere Goldfunde gemacht hatte.

An diesem Abend und an den folgenden Tagen hörten wir viele von Peter Grahams Geschichten aus früheren Tagen in Waiho. Peter und sein Bruder Alec, der ebenfalls Bergführer war, erschlossen neue Routen, arbeiteten zur großen Zufriedenheit ihrer Kunden und schufen die Grundlagen, auf denen andere bedeutende Bergführer aufbauten: Männer wie Mick Bowie und Harry Ayres hatten Mr. Peter und Mr. Alec zum Vorbild. Als junger Mann hatte Peter den oberen Bereich des Callery erkundet, in der Hoffnung, dort sein Glück zu machen. Er und Alec hatten am Waiho-Fluß unweit der Mündung des Callery Gold in beträchtlicher Menge gefunden. Andere reiche Funde waren am Zusammenfluß der beiden Wasserläufe gemacht worden. Ein Goldsucher namens German Harry bewältigte einen schwierigen Anstieg von tausendfünfhundert Metern Höhe und den folgenden steilen Abstieg in die Schlucht, suchte sich dann einen Weg über den Mount Mueller und über den Mount Burster – keine geringe bergsteigerische Leistung seinerzeit – und erreichte das Quellgebiet des Callery. Er fand mehrere Unzen Gold und sah «viele Nuggets in Spalten liegen». Als er nach Waiho zurückkehrte, um Vorräte und Ausrüstung zu ergänzen, wurde die Nachricht mit solcher Begeisterung aufgenommen, daß einige Männer die ganze Nacht hindurch Leinensäcke nähten, in denen sie das Gold abzutransportieren gedachten! Aber wie heute hatte in den Neuseeländer Alpen auch damals das Wetter das letzte Wort. Als Harry mit drei Männern an den Fundort zurückkehrte, war ihnen ein starkes Juni-Hochwasser zuvorgekommen und hatte das Gold fortgeschwemmt.

Anfangs war man der Meinung gewesen, es sei nicht möglich, den Callery von unten her anzugehen. Gegen Ende des 19. Jahrhunderts wurden jedoch mehrere ernsthafte Versuche unternommen. Ein mutiger Goldsucher namens Jim Nesbit erreichte die Zunge des Spencer-Gletschers, und George Park ging als zweiter die Route über den Mount Burster; er sammelte fünf Pfund Gold in ebensovielen Minuten, indem er die Nuggets mit seinem Taschenmesser aus Spalten holte. 1891 machte er seine letzte Tour, begleitet von seinem Bruder und Charles Reeves. Sie erkundeten den Kopf des Callery-Gletschers und schauten von seinem Kamm aus nach Whataroa hinüber.

Bei den reichen Funden, die die ersten Prospektoren in Waiho machten, handelte es sich um Gold, das vom Callery heruntergeschwemmt worden war. Die besten Claims lagen in Little Beach, einem unwegsamen, mit Geröll und Felsen durchsetzten Abschnitt der Schlucht, der an den größeren Bruder Long Beach angrenzte. Zweifellos gab es im oberen Teil eine Ader, die irgendwann einmal zu Tage treten würde. Unsere Pläne basierten auf dieser Hoffnung. Drei Jahrzehnte zuvor hatte sich Peter die gleiche These zu eigen gemacht, aber weder er noch irgendein anderer Prospektor hatte die Ader gefunden. Eines frühen Morgens, als noch Reif die Baumfarne zierte, verließen wir den Stork Club und nahmen den Pfad zur Mündung des Callery.

«In diesem Teil der Welt machen die Vögel wirklich 'nen Höllenlärm, Dave», klagte ich atemlos, denn mein Gepäck schien eine Tonne zu wiegen.

«Wahrscheinlich haben sie über den Buschtelegraphen gehört, daß wir zum Callery wollen, und machen sich naß vor Lachen!»

«Hoffentlich wird es ein bißchen besser, als ich befürchte. Wer war als letzter da droben?»

«Ich weiß nicht», antwortete er und starrte ins Wasser hinunter; wir hatten angehalten, um Atem zu schöpfen. «Muß schon einige Zeit her sein; wahrscheinlich war es Harry Ayres, der Bergführer.»

Vier Stunden lang arbeiteten wir uns im Schneckentempo voran, bis wir auf eine feste Wand von «Supple Jack», einem sehnigen, schlangenartigen Weingewächs, trafen. Ständig blieben die auf meinem Traggestell festgeschnallten Teile der Waschbox hängen, und ich kam mir vor, als schleppte ich einen Kleiderrechen durch ein Gewirr von Stacheldraht. Schließlich schlug ich vor, den größten Teil unserer Ausrüstung an einer geeigneten Stelle zu deponieren, eine Schneise durch das Gestrüpp zu schlagen und dann unser Zeug zu holen. Von Dave gebilligt, wurde der Plan ausgeführt.

Gegen Ende des letzten Jahrhunderts hatte der Bezirksrat fünfzig Pfund für die Anlegung eines Pfades auf der Südseite des Callery ausgegeben. Selbst danach war dieser Weg keineswegs einfach, denn das Terrain ist unglaublich steil. Auf den ersten fünf Kilometern verlief der Pfad am Rande der Schlucht, und auf dieser Strecke gibt es eine Anzahl derart schroffer Stufen, daß man etwa ein Dutzend Leitern aus langen Holzstangen hatte aufstellen müssen. Der Weg existierte inzwischen nicht mehr; das gefräßige Buschwerk hatte ihn überwuchert. Nur gelegentlich stießen wir auf die Überreste einer verrotteten Leiter oder eine alte Markierung. Nach Art von Hänsel und Gretel leistete ich meinen Beitrag, indem ich mit meiner kurzen Axt neue Wegmarken anbrachte. Während wir mit Haumessern einen Weg durch die Weinranken schlugen, fielen mir ein paar Freunde ein, die, wie ich hörte, bei einem ähnlichen Unternehmen im Fjordland Rebscheren benutzt hatten.

Obwohl das Gestrüpp in der Schlucht sehr dicht war, hatte man gelegentlich von Felsnasen Ausblick auf die in der Ferne vor uns liegenden Gletscher. Ein weiterer markanter Punkt auf diesem Midas-Pfad war Nesbit's Slide am anderen Ufer des Flusses. Hier hatte ein Goldsucher namens Nesbit dadurch Bekanntheit erlangt, daß er seine Schaufel für einen Moment wegstellte, worauf sie fünfhundert Meter senkrecht in den Fluß hinabfiel. Ein paar Monate zuvor waren Freunde von uns vom gegenüberliegenden Kamm – dem Burster – abgestiegen, waren aber auf derartige Schwierigkeiten gestoßen, daß sie stellenweise von Baum zu Baum steigen mußten, um überhaupt noch voranzukommen; bis in die Callery-Schlucht schafften sie es jedoch nicht. Einer dieser Bergsteiger war Marty Tessab, der sich aus verschiedenen Gründen eines gewissen Ruhmes erfreute. So besaß er das einzigartige Talent, die Nationalhymne rülpsen zu können, sowie die beneidenswerte Fähigkeit, während den oft länger anhaltenden Schlechtwetterperioden in den Südalpen bis zu dreißig Stunden das Wasser zu halten.

«Der Burster sieht wirklich haarig aus», sagte ich zu Dave, als wir uns auf einem moosbedeckten Felsvorsprung ausruhten. «Die Burschen, die früher hier rübergestiegen sind, müssen knochenharte Kerle gewesen sein!»

«Und verrückt», bemerkte Dave trocken. «Aber wahrscheinlich nicht so bekloppt wie wir; die hatten zumindest die Aussicht, 'ne ganze Menge Kies zu machen!»

Da dies die erste skeptische Äußerung war, die ich von Dave hörte, war ich ein wenig amüsiert und konnte mir nicht verkneifen, ihn ein wenig aufzuziehen.

«Du meinst also, wir verplempern hier unsere Zeit?»

«Nein, gar nicht», war seine hastige Antwort. «Irgendwo muß es hier eine Goldader geben.» Ich nahm mein Beil, schlug in einen Rata-Baum eine lange Markierung und murmelte entschlossen: «Nur, damit wir auch bestimmt wieder aus diesem Loch rausfinden. Ich hab' keine Lust, mich hier zu verirren und meine letzten Tage in einem grünen Grab zu verbringen!»

Sich mit einem Haumesser durch den Busch zu schlagen, ist selbst im besten Fall immer noch eine deprimierende Art von Beschäftigung. Die lastende Feuchtigkeit, der Mangel an Licht und die endlos scheinende Anstrengung haben eine erschöpfende und frustrierende Wirkung. «Zumindest gibt es um diese Jahreszeit keine Sandflöhe», keuchte Dave, während er erbittert auf eine neue

Wand aus Weingestrüpp einhieb. «Du weißt gar nicht, wie schlimm die sein können!»

«Dafür kenne ich die schottischen Mücken ganz gut», erinnerte ich ihn.» Die machen mehr Löcher pro Quadratzentimeter, nur der Biß schmerzt nicht so.»

Der Abend war schon hereingebrochen, als wir mit lahmen Gliedern Little Beach erreichten. Unsere tropfnassen Kleider waren schon etwas steif; die Nacht versprach kalt zu werden. Lücken im grünen Dach gaben den Blick auf die am anderen Ufer fast senkrecht hochragende, mit Buschwerk durchsetzte Bergflanke frei. Wollte man die obere Kante sehen, die im graublauen Abendhimmel verschwamm, so mußte man den Kopf sehr stark in den Nacken legen. Beim Zeltaufstellen ließ ich mir noch einmal durch den Kopf gehen, was ich über die Callery-Schlucht gelesen hatte. Das Burster-Camp lag flußaufwärts am anderen Ufer; von Waiho war es bis dahin ein Weg von acht Stunden. Das war der Ort, wo das meiste Gold aus Spalten geholt worden war; die in kleinen Rissen steckenden Nuggets waren wie die goldenen Zahnfüllungen der Natur! Die Prospektoren hatten den Pfad vier Kilometer über Burster hinaus gebahnt und markiert, so daß er bis auf eineinhalb Kilometer an den Spencer-Gletscher heranführte. Bei diesen Arbeiten waren vier Mann beschäftigt gewesen, die sich selbst um ihre Ausrüstung und Verpflegung kümmern mußten. Einer von ihnen, Arthur Woodham, hat sich hier in Little Beach eine Goldwaschrinne gebaut, denn er hatte Spuren des Edelmetalles entdeckt. Als ihm die Vorräte ausgingen, mußte er jedoch nach Waiho zurück. Als er den anderen Wegebauern von seinen Funden erzählte, suchten sie mit seiner Erlaubnis die Stelle ebenfalls auf und schürften in zwei Wochen fast siebzig Pfund Gold! Pech für den armen Arthur. Viele Geschichten dieser Art gehen über den Goldrush von 1870 um, wenn auch nur wenige schriftlich dokumentiert sind.

Am nächsten Tag holten wir unser deponiertes Gepäck; auf dem Rückweg zum Lager kamen wir gut voran. So hatten wir am Abend noch Zeit, uns rasch in den «Beaches» umzusehen. Dave fand ein kleines Nugget von der Größe eines Streichholzkopfes. Am nächsten Morgen war alles gefroren. Wir schlüpften in daunengefüllte Anoraks, zogen Handschuhe an, packten entschlossen unsere Waschpfannen und stiegen zum Fluß hinunter, um nach «Farben» zu suchen. Nur wenn es Farben, das heißt Spuren von Goldpartikeln gibt, hat es Sinn, Waschrinne und -box aufzustellen. Wegen seines starken Gefälles war der Fluß nicht gefroren, das Geröll jedoch schon, und so hatten wir einige Mühe, den Kies so gründlich zu waschen, bis nur noch die schwersten und kleinsten Teilchen in der Pfanne übrig waren. Frierend und mit schmerzendem Rücken plagten wir uns ab, aber Farben waren nur vereinzelt zu finden.

«Sieht nicht so aus, als könnten wir hier ein Vermögen machen, Dave», sagte ich düster. «Da bringt es mehr, wenn wir Schafmist sammeln!»

«Ja, nicht viel los hier», stimmte er zu, die Augen auf die enge, spaltähnliche Schlucht gerichtet. «Und wenn wir an den Wänden da entlangklettern? Da rein ist sicher noch kein Prospektor gestiegen.» Er deutete auf die fast senkrechten Felswände, zwischen denen das Wasser des Callery hindurchschoß.

Bis wir die Seile für den Abstieg in die Wände festgemacht hatten, war es Mittag geworden. Die Schlucht war so eng, daß es selbst um diese Tageszeit nicht viel Licht gab. Um zwölf Uhr mittags konnte man von hier aus den Planeten Venus sehen. Ich hatte den Eindruck, in einem Bergwerk zu sein, wenn auch nicht gerade in einer Goldmine!

«He, Dave!» überschrie ich plötzlich das Donnern des Flusses. «Ich hab' ein schönes Nugget gefunden.» Es war nicht groß, nur ein paar Gramm, aber der Fund gab mir enormen Auftrieb. Als ich es mit dem spitzen Ende einer Feile aus einer Spalte holte, hätte ich es in meiner Aufregung beinahe fallen lassen. Das wäre sehr schade gewesen; ich hätte es mir nicht mehr holen können, denn ich hing an einem Seil in der Wand, dessen anderes Ende gut zwanzig Meter höher um einen Baum geknotet war.

«Ich hab' auch eines!» rief Dave. «Aber der Transport wird mir keine großen Probleme bereiten!»

So eifrig waren wir mit unserer Suche beschäftigt, daß wir das Gefühl für die Zeit gänzlich verloren, bis sich die Dunkelheit auf uns herabsenkte wie der Deckel auf einen Topf. Wir hatten im Lauf des Tages eine Anzahl Nuggets gefunden, aber ihr Gesamtwert war lachhaft gering.

«Wie war's bei dir?» fragte ich Dave, als wir uns wieder die Wand hochzogen.

«Gerade genug fürs Abendessen, wenn wir Brot und Butter selbst haben.» Aus seiner Antwort klang wenig Begeisterung.

«Ein Vermögen habe ich wohl auch nicht gerade gemacht.» Ich sah auf die kleine Sammlung unregelmäßig geformter Nuggets hinab, die sich erstaunlich schwer anfühlten. «Aber es ist ein Anfang.» Sehnsüchtig dachte ich an die beiden Goldsucher Friend und Watson und ihre drei Helfer. Die hatten hier in Little Beach durchschnittlich ein Pfund Gold pro Tag gewaschen. «Weißt du, Dave», sagte ich, als wir die Seile aufrollten, «wir sind einfach im falschen Jahrhundert geboren. Wenn ich mir vorstelle, wir wären 1871 hier gewesen ...»

«Das habe ich mir auch öfters gedacht, muß ich zugeben, aber zumindest gibt es noch viele Berge, auf die wir klettern können!»

Wir saßen am Feuer, und ich servierte auf Blechtellern das Essen. Dave wählte die vermeintlich größere Portion, aber da ich diesen Schlag Kartoffelpüree sorgfältig ausgehöhlt hatte, durchbohrte er mich, als er den Trick entdeckte, mit rachsüchtigen Blicken. Wir hatten uns auf ein System geeinigt, bei dem einer teilte und der andere wählte, aber offensichtlich war es noch mit gewissen Unvollkommenheiten behaftet, wie Dave jetzt hatte feststellen müssen!

Im Lauf der folgenden Woche bearbeiteten wir die Felswände in der Umgegend der «Beaches», aber ohne großen Erfolg. Nachdem wir das letzte kleine Nugget aus seiner Spalte gefischt hatten – eine kalte und ermüdende Arbeit, wenn man am Seil in der Luft hängt –, beschlossen wir aufzuhören. Wie German Harrys Sacknäher hatten wir wenig Mühe, unser Gold fortzuschaffen! Unsere Schürfausrüstung und sogar das Zeltüberdach ließen wir auf dem kleinen Flecken ebenen Bodens zurück, wo wir kampiert hatten. Es war die einzige flache Stelle in der ganzen Umgebung. Jetzt, da wir uns entschlossen hatten, das Unternehmen zu beenden, waren wir hocherfreut über die Aussicht, aus diesem dunklen Loch wieder herauszukommen; es übte eine deprimierende Wirkung aus, und wir waren schon ganz fahl wegen des Mangels an Sonnenlicht.

Schließlich – es ging gegen Abend – traten wir aus dem Schatten der tausendzweihundert Meter hohen Wände der Callery-Schlucht heraus. Es war ein Vergnügen, wieder auf einem richtigen Wege zu gehen und sich bewegen zu können, ohne ständig mit Weinranken zu ringen und ohne daß einem dauernd Wasser auf den Kopf tropfte.

«Ein Humpen Bier und einer mit Apfelmost!» Wir hatten unsere Rucksäcke hinter der Bartür des Gletscher-Hotels abgesetzt. Der Regen trommelte schwer auf das Wellblechdach. Erst als ich mein Glas ausgetrunken und um ein neues gebeten hatte, bemerkte ich den alten Mann, der am Ende der Theke saß.

Ich stieß Dave an, der offenbar von seinem Bier hypnotisiert war. «Wer ist denn das?»

«Oh, das ist Old Jim», antwortete Dave. «Hab' ihn gar nicht gesehen.»

Jim war über ein großes Glas gebeugt und schien fast zu schlafen, obwohl er die Augen offen hatte. Er sah auf, als Dave zu ihm hinüberging und ihm wortlos seine Nuggets unter die Nase hielt. Ein schrilles Kichern war die Reaktion des alten Prospektors – er hatte, lange bevor er in Neuseeland nach Gold gegraben hatte, schon am Yukon geschürft.

«Hee, he, he, wo wart ihr denn, Jungs?» Seine matten Augen glitzerten. Dave kritzelte seine Antwort auf eine Zigarettenschachtel, denn Jim war stocktaub.

«Da muß euch einer böse gewesen sein!» grunzte Jim belustigt. «Der Platz ist was für Ratten und Wüstenprediger. 1890 steckte ich mal mit 'nem großen Maori da droben.» Bei dem Gedanken an diesen Vorfall begannen Jims teegetränkte Schnauzbartspitzen zu zittern. «Nach drei Wochen hatten wir kein Gramm mehr zu nagen. Da mußte ich die Beine unter die Arme nehmen – der Bastard hätte mich sonst aufgefressen!»

Jim begann in Erinnerungen zu schwelgen, und so lauschten wir gebannt seinen Geschichten aus alter Zeit. Er erzählte uns von einer ganz besonderen Party an der Küste; sie fand an einer Stelle statt, wo es außerordentlich viele Riesenmotten gab, die als Material für einen ungewöhnlichen Wettbewerb dienten. Er hielt inne, um sich ein paar Tropfen Rum vom Kinn zu wischen, ehe er triumphierend schloß:

«Ich hab' alle geschlagen! Vierunddreißig hab' ich gegessen! Vier Wochen lang war ich dann krank – nicht wegen der Motten, sie schmeckten gut. Aber diese besoffenen Strolche hatten mir Mottenkugeln zu essen gegeben; die Motten würden mir sonst Löcher in den Magen machen, behaupteten sie!»

Ein anderes Mal war Jim in einem Stollen, um goldhaltigen Quarz loszusprengen, als die Ladung ungewollt losging und er lebendig begraben wurde. Sein Hund hatte entkommen können und lief jaulend zu Jims Partner, der in der Nähe arbeitete. Das Tier führte ihn zu der Stelle, wo sein Herr verschüttet lag, und rettete so Jims Leben. Seit diesem Tag war Old Jim stocktaub und hatte stets einen Hund.

«Manchmal besaß ich nicht viel mehr als die Kleider, die ich am

Leib trug, und ein paar Decken», erzählte er uns. «Und das ist ungefähr der Gegenwert, für den man den Maori die ganze Westküste von Neuseelands Süd-Insel abschwindelte. Zwölf Glas Rum ist gewöhnlich mein Limit», vertraute er uns nach einem enormen Schluck an, «aber heute hab' ich schon vierzehn hinter die Binde gegossen. Letzten Juni schaffte ich's nicht mehr bis zu meinem Schuppen zurück; in der Frühe wachte ich wie ein Eiszapfen auf: die ganze verdammte Nacht hatte ich im Fluß gelegen!»

Später kam Peter McCormack mit Harry Ayres, dem Ober-Bergführer. Nachdem er von unseren Abenteuern gehört hatte, schlug Peter vor, wir sollten wieder im Stork Club nächtigen.

«Sucht ihr Jungs nach 'nem Job?» fragte Harry.

«Könnte sein», antwortete ich vorsichtig.

«Kommt morgen früh zu mir. Irgend etwas wird sich schon auftreiben lassen.»

Tatsächlich erhielten wir Beschäftigung beim Wegebau, und so verbrachten wir zwei angenehme Monate im Gletscher-Hotel und lernten Harry näher kennen. Wie vor ihm Peter Graham war Harry Ayres einer der großen Bergführer in Neuseeland, und wir wurden gute Freunde. In diesem Winter machten wir auch eine Anzahl von Klettertouren; wahrscheinlich war dies das erste Mal, daß jemand in Neuseeland im Winter ernsthafte Bergsteigerei betrieb. Bei der Erstbesteigung der Westwand des Mount Rudolf, eines Gipfels auf der Hauptwasserscheide, erlitt Dave bei einem Biwak unweit des Gipfels Erfrierungen an den Fingern. Bei Frühlingsanfang kehrten wir nach Christchurch zurück und kletterten anschließend im Gebiet von Hermitage.

Im Herbst zog es uns noch einmal zum Franz-Josef-Gletscher. Das Hotel war kurz nach unserer Abreise niedergebrannt, und nachdem wir die Ruine besichtigt hatten, bemerkten wir einen Mann, der einsam auf einer Kiste saß, einen Hund zu seinen Füßen. Es war Old Jim. Er erkannte uns nicht – ein alter Mann, verloren in seinen Gedanken. Er sah unsagbar verlassen aus, aber wir störten ihn nicht. Das Gedicht eines unbekannten Verfassers schoß mir, als wir weggingen, durch den Kopf:

Unstet verfolgte er das Glück,
Nicht Pflicht, nicht Liebe war ihm teuer:
Ihn rief der Berg, ihn rief das Meer,
Und einsam war sein Lagerfeuer.

Abb. 2 Hamish MacInnes auf dem Pumori (1953), im Hintergrund der Everest

Abb. 3 Dorfbewohner der Everest-Region

Abb. 4 Dave Dawe, Hamish MacInnes und Dick Irvin (rechts) in der Malte-Brun-Hütte auf dem Tasman-Gletscher in Neuseeland

Abb. 5 Der Milford-Sund, dahinter der Mitre Peak

3 *Fröhliche Weihnachten*

Mein Aufenthalt in Neuseeland war eine einzige Serie von Abenteuern; vom Holzfällen bis zur Goldgräberei blieb mir keine Beschäftigung fremd, doch verbrachte ich den größten Teil meiner Zeit mit Bergsteigen. Ich lernte neben den Zentralalpen auch einige der kleineren Gebirgszüge kennen. Meist kletterte ich mit Dave Dawe und einem weiteren Neuseeländer, Ken Hamilton, sowie mit zwei Amerikanern, Peter Robinson und Dick Irvin.

Dick war es, der mich bei einem weiteren Versuch begleitete, zu Vermögen zu kommen: wir suchten nach Paua-Muscheln. Poliert werden diese großen, bläulichen, durchscheinenden Muschelschalen für Verzierungen aller Art und für Schmuck verwendet. Maori-Fischer hatten mir davon erzählt und berichtet, wie einer ihrer Freunde in einer einzigen Woche sechshundert Pfund (1956 war das noch sehr viel Geld) verdiente. Er habe dazu lediglich am Strand Muscheln aufzulesen brauchen, wie die Tasman-See sie von Zeit zu Zeit nach einem Sturm am Ufer zurückläßt. Ein leichter Verdienst, wie mir schien.

«Wenn du für deine nächste Himalaya-Tour einen raschen Rubel brauchst, Hamish», hatte einer von ihnen erklärt, «dann mach doch mal das! Wir können dich jederzeit zu der Küste hinbringen.»

Ich hatte dieses Angebot im Hinterkopf behalten, und eines Tages kreuzten Dick und ich im Hafen von Bluff im Süden der Süd-Insel auf; wir wollten meine Freunde, die Krabbenfischer, darum bitten, uns zur Küste des Fjordlands mitzunehmen. Wir hatten bereits eine Vereinbarung getroffen, daß uns zehn Tage später ein Wasserflugzeug von einem Binnensee abholen sollte, der in der Nähe des Gebietes lag, wo wir arbeiten wollten, denn es gab keine Garantie, daß die Fischer das tun konnten. Die befanden sich nämlich, wenn wir sie brauchten, vielleicht gerade an einer ganz anderen Stelle der Küste.

Die Morgendämmerung schimmerte kupferfarben, als uns ein Beiboot des Krabbenfischers, begleitet von den guten Wünschen der Mannschaft an Land brachte. Der Maori namens Andrew, der uns an die verlassene Felsküste ruderte, war ein Meister seines Faches und beförderte uns durch die Brandung wie ein routinierter Taxichauffeur seinen Fahrgast durch den Stoßverkehr nach Büroschluß. Am steilen Ufer angekommen, sprangen wir aus dem Boot und kletterten über das grobe Geröll. Überall lagen riesige angeschwemmte Baumstämme herum.

Ungeduldig, mit der Arbeit beginnen zu können, richteten wir ganz in der Nähe unser Lager ein. Eine Stunde später gingen wir wie zwei fleißige Austernfänger methodisch die Küste ab, Dick etwas näher am Wasser als ich. Auf dem Rückweg wollten wir die Muschelschalen in unseren Rucksäcken abtransportieren. Pauas waren erfreulicherweise in reicher Menge vorhanden, und wir bauten kleine, buntschillernde Pyramiden aus ihnen, während wir in südlicher Richtung vorstießen.

In den nächsten paar Tagen erkundeten wir diese interessante Küste weiter, wobei wir des öfteren Felskaps zu überklettern hatten. Zum Essen kamen wir untertags kaum, denn wir arbeiteten, solange genügend Helligkeit herrschte; viel Proviant hatten wir ohnehin nicht. Wir hatten gehofft, ein Reh oder sogar einen Wapiti schießen zu können, doch bekamen wir kaum jagdbare Tiere zu Gesicht, ausgenommen Robben, die wir aber nicht töten mochten. Das wäre gewesen, als hätte man seinen eigenen Hund erschossen. Walknochen, von Sonne und Meer gebleicht, ließen die Küste wie einen ausgedehnten Friedhof erscheinen. Anfang des 19. Jahrhunderts war dies ein bekanntes Walfanggebiet gewesen, und eine Zeitlang gab es hier eine blühende Industrie. Südlich von dem Gebiet, wo wir arbeiteten, sind heute noch Geisterstädte zu finden.

«Wir haben jetzt genug Muschelschalen, glaube ich, MacInnes. Was meinst du?» Dick lehnte sich auf das Gewehr.

«Ja, aber wie zum Teufel sollen wir sie zu diesem See bringen?» fragte ich, unangenehm berührt bei dem Gedanken, einen Rest des Reichtums zurückzulassen. Doch indem wir die Muscheln aufbrachen und nur den dickeren Teil von jeder behielten, konnten wir den ganzen großen Haufen auf zwei sehr schwere Traglasten reduzieren. Jetzt brauchten wir nur noch den Binnensee zu finden, wo uns das Wasserflugzeug abholen sollte.

«Das war deine verdammte Idee.» Anklagend streckte mir Dick den Zeigefinger entgegen. «Allmählich dämmert mir, daß du zu stark übertriebenem Optimismus neigst. Ist überhaupt schon irgend jemand bis zu diesem See vorgedrungen? Ich weiß, daß er auf der Landkarte ist, aber die basiert auf Luftaufnahmen.»

«Das weiß ich eigentlich auch nicht», räumte ich etwas betreten ein. «Aber es ist nicht sehr weit! Der Pilot hatte gar keine Bedenken, dort landen zu können.»

«Das Flugzeug muß nicht durch diesen Busch! In den letzten Tagen habe ich mir das durch den Kopf gehen lassen.» Mein Gefährte begann, sich warm zu reden. «Um da durchzukommen, müßte man wie ein Frettchen gebaut sein ...»

Dick hatte natürlich recht. Als wir anhand einer Kompaßpeilung versuchten, die erste Ladung zum See zu bringen, hielt dichtes Buschwerk uns auf. Allerdings gab es auch ein paar Wildwechsel, und auf einem davon schossen wir ein Reh.

«Das wird mir das Loch in meinem Magen stopfen, Dick», verkündete ich fröhlich, als ich das Gewehr absetzte.

«Schon, aber ohne Messer wird das Zerteilen eine sehr schöne Arbeit werden. Ich hab' das meine verloren, und das war unser einziges.»

«Dann nehmen wir eben das spitze Ende dieser Feile», antwortete ich, stets zum Improvisieren bereit. So schnitten – oder vielmehr hackten – wir zwei Keulen aus dem noch warmen Körper und kämpften uns dann weiter voran.

«Diese verdammten Wildwechsel scheinen aber auch nie in der richtigen Richtung zu laufen, Dick!» stieß ich entmutigt hervor, als uns undurchdringliches Gestrüpp wieder einmal Einhalt geboten hatte. Obwohl es schon Abend wurde, hatten wir noch keine eineinhalb Kilometer zurückgelegt.

«Ja, das sieht ziemlich hoffnungslos aus», gab er mir recht. «Aber was zum Teufel sollen wir machen? Übermorgen kommt das verdammte Flugzeug.» Als er sich auf seinen Rucksack setzte, gab es ein knackendes Geräusch, als sei er Reisender in zerbrochenen Vasen.

«Gehen wir zur Küste zurück», schlug ich vor. «Das ist unsere einzige Hoffnung. Ich fühle mich wie ein aus der Fasson geratener Floh bei einem Slalom durch eine Haarbürste!»

«Hunger hin, Hunger her, ich laß' dieses verdammte Fleisch hier liegen», sagte Dick angewidert. «Schau mich bloß an! Man könnte meinen, ich hätte im Schlachthaus gearbeitet.» In der Tat sah er aus, als hätte er gerade Maria Stuart gemeuchelt. Er schleuderte seine Rehkeule ins Gebüsch.

Unseren eigenen Spuren folgend, erreichten wir lange nach Anbruch der Dunkelheit das Ufer und entfachten sofort das typische Lagerfeuer des Weißen Mannes – eines, von dem man sechs Meter Abstand halten muß. Die Nacht war sternenklar, und das Kreuz des Südens stand herrlich am Himmel. Von der Schönheit dieser Nacht hatten wir freilich nicht viel, denn unsere Erschöpfung ließ uns bald in tiefen Schlaf sinken.

Ein Schiff war unsere einzige Chance. Am folgenden Abend saßen wir wieder an unserem Feuer, dösten und fragten uns, was wir essen sollten, denn unser Fleisch war zu Ende, und weiteres Wild hatten wir nicht zu Gesicht bekommen. Plötzlich hörten wir vom Meer einen Ruf. Es war ein Fischerboot, dessen Mannschaft unser Feuersignal bemerkt hatte. Die Leute hatten ein wachsames Auge auf diesen Teil der Küste gehabt, denn unsere Freunde hatten andere Boote über Funk von unserer Position in Kenntnis gesetzt. Wahrscheinlich ist es ihrer Weitsicht und mit Sicherheit ihrer realistischeren Einschätzung unseres Unternehmens zu danken, daß wir gerettet wurden.

Es war nicht leicht, in das nußschalengroße Beiboot zu kommen, das man uns durch die schwere Brandung geschickt hatte, aber die beiden Männer steuerten das wackere Schiffchen mit unheimlichem Geschick, Heck voraus, an einen großen Felsen heran. In einem günstigen Moment sprangen wir dann nacheinander hinein. Alle Maori sind phantastisch gastfreundlich, und so war ich einigermaßen enttäuscht, als man jedem von uns einen Teller vorsetzte, auf dem einzig und allein vier gebratene Dorschlebern lagen. Mir war, als hätte ich die paar Tonnen Krabben im Bauch des Schiffes verschlingen können. Aber der Koch lachte nur, als er meine verdutzte Miene sah:

«Iß nur mal die, mein Freund», rief er. «Es gibt noch genug davon. Und wenn du sie alle verdrückst, halt' ich dich in der Bar in Invercargill frei, wenn wir zurück sind.»

Tatsächlich waren die Lebern so üppig, daß ich sogar eine liegen ließ, obwohl sie vorzüglich mundeten. Eis und Fruchtsalat folgten, das Ganze hinuntergespült mit einer Kanne dampfenden Kaffees.

«Also, danke schön, Jungs», ließ Dick schließlich mit seinem starken kalifornischen Akzent verlauten. «Ich fragte mich eben, wie MacInnes wohl schmecken würde, als ihr unser Feuer saht. Entweder er oder ein großer Seelöwenbulle, das war die Frage. Er hauste in einer Höhle bei unserem Camp, ein aggressiver Bursche.»

«Weißt du was, Dick? Die Schotten stehen in dem Ruf, zäh zu sein, aber nicht wegen ihrer Stärke und Ausdauer, sondern weil Kopfjäger und Kannibalen sie zäh finden. Der Seelöwe hätte dir besser geschmeckt.»

«Ich weiß nicht», grübelte ein riesiger, grinsender Maori, der an einer der Kojen lehnte. «Mein Großvater sagte immer, daß die *pakiha* wirklich gut schmeckten, vorausgesetzt sie waren Nichtraucher.» Der Rest der Mannschaft quittierte diesen Scherz mit brüllendem Lachen.

Die Muschelschalen brachten uns nicht viel ein; offenbar hatten wir die falschen Hälften behalten, als wir sie auseinanderbrachen!

Was das Klettern in Neuseeland betrifft, so war ich damit erfolgreicher als bei meinen Bemühungen um Gelderwerb; ich ging einige wirklich lohnende Touren. Mehrere Male erkletterte ich den Mount Cook, den mit 3764 Meter höchsten Gipfel im ganzen Dominion. Bei einer dieser Alleinbesteigungen ging ich über Zurbriggens Route, um auf dem Gipfel ein Proviantdepot einzurichten, das ich im weiteren Verlauf des Jahres bei der Erschließung einer neuen Route benutzen wollte. Auf dem Rückweg über den Linda-Gletscher, den normalen Abstieg, mußte ich über eine breite Spalte springen, wobei ich an der bergwärts gelegenen Kante ohne es zu bemerken meine Handschuhe verlor. Zwei Freunde, die am gleichen Tag den Gipfel über eine andere Route erklettert hatten, sahen beim Abstieg die Handschuhe am Rand dieser gähnenden Spalte liegen (wahrscheinlich war sie über dreißig Meter tief) und nahmen an, daß ihr Besitzer einen frühen, wenn auch – als sie feststellten, daß es sich um mich handelte – nicht unerwarteten Tod gefunden hatte. Sie waren richtig befremdet, als sie mich in der Hütte gesund und munter Tee trinken sahen!

«Ist dir klar, MacInnes, daß wir eine halbe Ewigkeit lang versuchten, in die Spalte hinunterzuklettern, um deine Leiche heraufzuholen?»

Ich hatte das Glück, mehrere Monate in Milford Sound im Herzen des Fjordlands verbringen zu können. Neuerdings wimmelt es dort von Touristen, aber die Naturschönheit des Gebietes scheut auch heute noch keinen Vergleich. Zu den größten Attraktionen gehört der Milford-Weg bei den Sutherland Falls, einem der höchsten Wasserfälle der Welt. Der Weg führt über den MacKinnon-Paß, der 1888 von Quintin MacKinnon entdeckt wurde. Nicht weit vom Fuß der Fälle entfernt, liegt die Quintin-Hütte.

Während meines Aufenthaltes in Milford machte ich eine Anzahl von Flügen mit einem Buschpiloten. Einer unserer Jobs war, bei der Quintin-Hütte Versorgungsgüter abzuwerfen. Unsere Zielmarkierungen waren dieses Mal, wie wir über Funk hörten, ein paar Wellblechstücke. Wir verließen das damals ziemlich bucklige, kurze, aus dem Busch gehauene Rollfeld in der Nähe des Hotels, wo der Pilot mich instruierte:

«Du stellst zwei Sack Kohle neben der Kabine auf den Flügel und hältst sie fest, Hamish. Wenn wir über die Bäume am Ende der Piste nicht rüberkommen, schmeißt du sie runter!»

Zum Glück erwies sich diese Katastrophenübung als überflüssig, und als wir die Quintin-Hütte erreicht hatten, trafen wir mit den Kohlesäcken mitten auf die Wellblechplanken, genau ins Ziel. Nicht gering war allerdings unsere Überraschung, als wir nach dem vierten Volltreffer eine Ehrenrunde flogen und unter uns plötzlich zwei Pferde davongaloppierten – wir hatten den Stall demoliert! Unsere nächsten Abwürfe waren ebenso präzise, gingen aber auf geeignetere Stellen nieder; es gelang uns sogar, ein Zeitungspaket durch die offene Tür der Hütte zu werfen. In diesem engen Tal an den großen Fällen vorbeizukreisen, die vom Lake Quill in drei gewaltigen Stufen über sechshundert Meter in die Tiefe stürzen, ist wirklich ein großartiges Erlebnis.

Den Anstoß zu einer anderen interessanten Tour im Fjordland gab ein Besuch im Hollyford Valley. Dieses Tal verläuft von der Martins Bay (sie liegt oberhalb des Milford-Sunds) in südöstlicher Richtung, folgt dem Hollyford River und mündet am südlichen Ende der Darran Range in die Straße nach Milford. Die Darran-Bergkette setzt sich aus zerklüfteten, steilaufragenden Gipfeln zusammen, deren höchster der schneebedeckte, 2756 Meter hohe Mount Tutoko ist. Mein Begleiter war dieses Mal Ken Hamilton, ein großer, dunkelhaariger, ruhiger Mann – ein ausgezeichneter Skifahrer und hervorragender Kletterer. Wir hatten vorgehabt, einen noch unbestiegenen Gipfel namens Barrier Virgin, der jetzt Mount Sabre heißt, zu erklettern. Eine Gruppe aus Invercargill verhinderte das. Die Burschen waren uns, nachdem sie von unseren Plänen gehört hatten, mit der Erstbesteigung um einen Tag zuvorgekommen. Wir trösteten uns mit der Erstbesteigung des West Twin, eines schönen Gipfels, dessen Eleganz freilich nicht mit derjenigen des Virgin vergleichbar war. In einer weitabgelegenen Hütte am Ufer des Adelaide-Sees im Herzen der Darran Range hatten wir mit ihrem einzigen Bewohner, einem Engländer gesprochen, der uns vom Triumph der Gruppe aus Invercargill erzählte.

«Sind Sie Hamish MacInnes?» fuhr er dann fort.

«Allerdings.» Ich war sehr erstaunt darüber, daß mich an diesem abgelegenen Ort jemand kannte.

«Wir sind schon zusammen in Glencoe geklettert. Erinnerst du dich? Ravens Gully and Agags Groove im Winter, mit Chris Bonington.»

«Natürlich!» rief ich, «John Hammond? Ist es die Möglichkeit, dich hier zu treffen! Was treibst du denn so?»

John arbeitete in Canberra für die Regierung und verbrachte jetzt hier seinen Urlaub; im Herbst wollte er nach England zurückkehren. Er war mit unseren Rivalen von Invercargill gekommen, hatte sie aber wegen einer leichten Verletzung nicht auf der Tour begleitet. Da ihm einige Ausrüstung fehlte, ergänzte ich sie aus der meinen, und Ken und ich vereinbarten mit ihm, uns zwei Wochen später am Mount Cook zu treffen. Ich sah ihn nie wieder; er verunglückte beim Abstieg vom Mount Cook. Seine Leiche liegt immer noch in einer Gletscherspalte.

Als wir, todmüde nach einem langen Tag, den Hollyford-Weg hinuntergingen, tauchte vor uns Davie Gunns Behausung im Nebel auf. Ken kannte Davie als einen großartigen alten Mann, einen der letzten Pioniere der Welt. Neben seiner Tätigkeit als Viehhalter – er hatte eine Herde fast wilder Rinder – organisierte er auch Touristenausflüge nach Martins Bay, die teilweise in leicht zu bewältigenden Etappen zu Pferd zurückgelegt wurden. Saß man erst vor seinem knisternden Kaminfeuer beim Tee, sah man die Anstrengungen der Bergsteigerei in diesem unwegsamen Gebiet in viel milderem Licht.

«Du hast mal erwähnt», begann Ken, «daß du am John o'Groats River Gold vermutest?»

«Na ja, ich bin da wirklich nicht sicher», erwiderte Davie grinsend. «Da gibt es so ein Gerücht. Irgendwo flußaufwärts soll ein alter Prospektor gestorben sein, und der hat angeblich sein Gold in einem Marmeladentopf aufbewahrt! Ob das stimmt oder nicht, entzieht sich meiner Kenntnis, aber oft gibt es in solchen Legenden ein Körnchen Wahrheit.»

«Wo ist dieser John o'Groats River?» fragte ich, denn jetzt war mein Interesse geweckt. «Der einzige Fluß dieses Namens, den ich kenne, ist in Nordschottland. Dort soll es übrigens auch Gold geben», fügte ich nachdenklich hinzu.

«Zwischen Milford Sound und Martins Bay», antwortete Davie. «Verdammt unangenehme Gegend, in jeder Hinsicht.»

Am nächsten Tag machten Ken und ich uns wieder auf den Weg zum Homer-Tunnel, durch den die Hauptstraße nach Milford verläuft. Der Tunnel ist ein erlesenes Beispiel alpiner Ingenieurkunst. Kens Vater besaß unweit von dort eine Hütte, die während der nächsten Tage unsere Basis sein sollte. So meinten wir jedenfalls ...

«Der John o'Groats River interessiert mich, Ken», bemerkte ich und rückte die Trageriemen meines Rucksacks zurecht. «Wie wär's mit einem Ausflug dorthin?»

«Daran hab' ich auch eben gedacht», gab er zu. «Ich kenne den Tunnelwärter. Er hat einen Geigerzähler; den könnten wir uns ausleihen. Von einem Freund, der Pilot ist, habe ich gehört, daß es weiter flußaufwärts sehr interessante Stellen gibt, die offen zutage liegen.»

Vor meinem geistigen Auge erschien das Bild eines Skeletts, das einmal, eine leere Whiskyflasche in der knochigen Hand, bei Glencoe gefunden worden war. Konnte ein ähnliches Skelett am John o'Groats River vielleicht einen Marmeladentopf umklammert halten?

«Wir sollten zusehen, daß wir rasch nach Milford kommen», meinte Ken. «Bill Bragg, ein Freund von mir, könnte jetzt gerade mit seinem Boot dort sein; er würde uns zur Flußmündung mitnehmen.»

Ausgerüstet mit Kens Gewehr, Proviant für fünf Tage, dem Geigerzähler und natürlich unserer Kletterausrüstung brachte uns der Tunnelwärter am folgenden Morgen zum Hotel in Milford hinunter; der Höhenunterschied beträgt vom Tunnel aus neunhundert Meter auf einer Strecke von rund achtzehn Kilometern. Als wir abgestiegen waren und er seinen Lieferwagen wendete, rief er:

«Vergeßt nicht: Wenn ihr Uran findet, krieg ich fünfzig Prozent, meine Herren!»

«Vergessen wir nicht», lachte Ken. «Du schacherst einem wirklich das Fleisch von den Knochen!»

«Sieh mal, ich glaube, das ist Bills Boot – das zweite neben der Mole.» Ken deutete zu der Stelle hinüber. «Vielleicht haben wir Glück.»

Südlich der Meerenge erhebt sich aus dem tintenblauen Wasser des Fjords der Mitre Peak, ein 1694 Meter hoher Granitkeil, dessen eindrucksvolle Form an das Matterhorn erinnert. Die Nordwand fällt mit leichtem Schwung geradewegs in das an dieser Stelle gut vierhundert Meter tiefe Meer ab. Es war eine schwierige Wand, aber eine Besteigung schien möglich; das Problem war eher, wie man dort landen sollte. Ehe ich mich mit Ken zusammentat, hatte ich, nicht allzulange zuvor, den Mitre Peak schon über die normale Route bestiegen. Der alte Berndtson hatte mich am Morgen mit dem Hotelboot hinübergebracht. Das Wetter war fabelhaft gewesen, doch machte ich mir ein wenig Sorgen, ob ich es bis zum Gipfel und wieder zurück in einem Tag schaffen konnte. Die Rekordzeit war bis dahin neun Stunden gewesen, wobei die Spitze allerdings erst dreimal bestiegen worden war. Nach dem ersten Teil war es tarzanartige Kletterei durch vertikale Vegetation gewesen. Dann wurde das Buschwerk dünner, und ich erreichte einen gratartigen Kamm, an dem sich ein Wildpfad entlangschlängelte. Auf diesem mit dichtem Moos bewachsenen Pfad ging es sich wie auf Schaumgummi. Unter mir konnte ich das Wasser der Bowen Falls in einer anmutigen Kurve hundertsechzig Meter tief abstürzen sehen; von meinem hochgelegenen Aussichtspunkt aus wirkte es wie ein weißes Band. Auch ein Fischerboot hatte ich beobachtet, das zur Mündung des Sunds fuhr, und ich hatte fast den Eindruck, als könnte ich darauf hinunterspukken. Der letzte Teil des Anstiegs war kinderleicht, und deshalb hatte ich mein Seil an einer flachen Stelle des Kamms gelassen, ehe ich die letzte, steile Stufe zum Gipfel nahm. Von der Küste bis hierher hatte ich viereinhalb Stunden gebraucht. Das Gestein war ausgezeichnet, dem Granit der westschottischen Insel Arran vergleichbar, und die Kletterei wenig schwierig, wenn auch stellenweise exponiert. Auf dem Gipfel hatte ich unter einer kleinen Steinpyramide eine Flasche mit den Einzelheiten von J.R. Dennisons Erstbesteigung im Jahre 1912 entdeckt und außerdem sein Taschentuch!

Nachdem wir an der Mole angekommen waren, hatte Ken seinen Maori-Freund, den Fischer Bill Bragg, bald gefunden. Bei einer Tasse Kaffee erklärten wir ihm und seinen beiden Matrosen Cessie und Leo unser Problem.

«Wir wollen zum John o'Groats River, verstehst du», erläuterte Ken zwischen zwei Schlucken heißen Kaffees. «Kennst du den?»

«Oh, den kennen wir», antwortete Bill. «Den kennen wir gut. Aber wir müssen euch südlich der Mündung an Land setzen, denn die Klippen dort haben Zähne wie Haifische. Und was meintet ihr mit ‹Geld machen›?»

«Gold!» erwiderte Ken. «Könnte sein, daß es dort welches gibt, und wir wollen mal nachsehen. Einen Geigerzähler haben wir auch dabei. So können wir unsere Forschung diversifizieren!»

«So ist das also!» war Leos Kommentar. «Ich fragte mich schon, was die Drähte auf Hamishs Rucksack sollen.»

«Die sind für einen Hilfsgenerator», erläuterte ich.

«So? Ich dachte schon, ihr wolltet damit Sandflöhe elektrisieren!» lachte Bill.

«Daß es dort Gold geben soll, hab' ich noch nie gehört», ließ sich Cessie, der ruhigste der drei, nachdenklich vernehmen. Er war schon viel in der Gegend herumgekommen und hatte auch selbst nach Gold gesucht. Wir erzählten ihm also die Geschichte, die wir von Davie Gunn gehört hatten.

«Na, vielleicht ist was dran», gab er widerstrebend zu. «Aber wie wollt ihr denn wieder zurückkommen?»

«Das haben wir uns schon überlegt», antwortete Ken und rollte sich eine Zigarette. «Entweder über Land zu Harrison's Cove oder entlang der Küste zur Martins Bay.»

«Da stehen eure Chancen nicht gut», sagte Leo. «Der Busch ist dort einfach abscheulich; da gibt es kaum ein Durchkommen.»

«Ein Krug voller Gold!» murmelte Bill und spuckte mit großer Zielgenauigkeit auf eine im Wasser schwimmende Konservendose, wodurch er besser als mit bloßen Worten seine Verachtung für die Fischindustrie ausdrückte. «Ja, Jungs», fuhr er fort, «der Busch ist dort scheußlich. Da muß man schon 'ne Buschratte sein, um damit fertigzuwerden!»

«Na ja, wir versuchen's halt mal.» Ken zuckte die Achseln. «Aber vielleicht haltet ihr nachsichtigerweise ein bißchen die Augen offen, wenn ihr uns dort ausgesetzt habt. Vielleicht werden es die Sandflöhe sein, die uns die ganze Tour vermasseln.»

«Na gut, heute abend laufen wir aus», sagte Bill. «Wir setzen euch dann am Morgen ab. Und jetzt kommt mit runter und eßt 'ne Portion. Sagtest du nicht Koteletts und Bratkartoffeln, Leo?»

«Stimmt, und es gibt für jeden genug.»

Es waren noch zwölf Einkaufstage bis Weihnachten, und eine frische Brise wehte von der Tasman-See herein, als wir unter der hochaufragenden Wand des Mitre Peak den Sund entlangfuhren. Die breite Stirn des Mount Pembroke auf der anderen Seite war weiß von Schnee; auf der Steuerbordseite echoten die Stirling Falls. Die Stirling- und die Bowenfälle sind über hundertsechzig Meter hoch, aber die großen Klippen von Milford ragen so weit aus der See empor, daß diese Fälle im Vergleich winzig erscheinen.

Man nimmt an, daß Milford seinen Namen von John Grono, einem walisischen Walfängerkapitän bekam, der bis 1823 in diesen Gewässern segelte. Der Name Sutherland ist es jedoch, der am engsten mit dem Milford-Sund verbunden ist. Donald Sutherland, ein eisenharter Schotte, ließ sich 1887 hier nieder und führte mit seinem Hund Groatie das Leben eines Einsiedlers. Er hatte ein Boot und ein paar Werkzeuge und hielt nichts davon, zur Martins Bay zu rudern und dort Freunde zu sehen! Er suchte nach Gold und anderen Mineralien und entdeckte die Fälle und den Sund, der nun seinen Namen trägt. Mit eigenen Händen baute er zwei kleine Hütten, die er «John o'Groats Hotel, Milford City» nannte. Bald stellte er allerdings fest, daß er außer Groatie auch noch andere Gesellschaft brauchte, und 1890 heiratete er in Dunedin eine Witwe. Sie war eine unternehmungslustige Dame, die in der Folge ein Gästehaus plante, baute und leitete. Der Sund wurde so zu einem beliebten Ziel. Sutherland selbst starb 1919.

Als sich der Sund jetzt verengte, konnten wir vor uns die weißen Wellenkämme der Tasman-See erkennen. Am dunstigen Horizont türmten sich unheildrohende Wolkenberge auf.

«Seht euch dieses verdammte Wetter an», rief Bill aus dem Steuerhäuschen. «Wir müssen die Krabbenreusen einholen, bevor wir euch absetzen, Jungs.»

«Ist schon recht», sagte ich. «Wir helfen euch.»

Wir fuhren ein paar Meilen die felsige Küste entlang bis zu einer Stelle, wo gelbe Markierungen auf dem Wasser schwammen. Alle Mann an Deck, hieß es jetzt. Nach zwei Stunden Knochenarbeit hatten wir etwa fünfundzwanzig Reusen eingeholt, während Ken, dem das Wetter inzwischen übel mitgespielt hatte, in ein Stück Wachsplane eingehüllt auf Deck lag.

«Ein Köder für die Krabben», rief Bill und machte eine Kopfbewegung zu Ken hinüber.

«Noch nicht», erwiderte ich. «Ich glaube, er lebt noch; wenn das Deck unter Wasser steht, sieht man Bläschen vor seinem Mund.»

Sechs Tage scheußlichen Wetters machten uns zu unfreiwilligen Gästen der Fischer. Wir richteten uns in einer kleinen Bucht an einem der Fjorde ein, beschäftigten uns mit Angeln und wagten uns gelegentlich, wenn sich das Wetter ein wenig beruhigte, in die Fischgründe hinaus. Der Regen war wolkenbruchartig; es fielen fast drei Zentimeter pro Stunde, und schwere Wolken hüllten die Gipfel ein. Immerhin waren Vogelstimmen aus dem Busch zu vernehmen, und in unserer verhältnismäßig geschützten Bucht schaukelte die *Kotahi* zufrieden an ihrem Anker. Die offene See hingegen war eine Hölle von Schaum und Gischt.

Als sich das Unwetter schließlich legte, umfuhren wir die Spitze des Sunds und folgten eine kleine Strecke der Küste. Durch das Fernglas beobachtete Bill die sich an den Klippen brechenden Wellen. Bei so unruhigem Wasser war es nicht leicht, einen geeigneten Landeplatz für uns zu finden, und schließlich nahm Bill sogar das Echogerät zu Hilfe.

«Ich glaube, ich setze euch bei dem Felsen dort drüben ab», sagte er. «Sieht nicht gar so schlecht aus.»

«Großartig», erwiderte ich mit allem Mut, den ich aufbringen konnte; im stillen fand ich das ganze Unternehmen verdammt idiotisch. «Tut mir leid, daß wir dir solche Umstände machen, Bill.»

«Seht zu, daß ihr rechtzeitig zum Weihnachts-Dinner zurück seid», lud Leo uns ein und wischte seine großen Hände an einem öligen Lappen ab. «Da gibt es in Milford ein herzhaftes Essen.»

«Abgemacht», sagte Ken und warf noch einige Ausrüstungsgegenstände in das Beiboot, das Cessie zu Wasser gelassen hatte.

Bill ruderte uns an Land. Zunächst schien alles gutzugehen; die See hob und senkte sich in langen, langsamen Wogen. Plötzlich erfaßte uns dann die Brandung, und ich hatte eher den Eindruck, in einem Cocktail-Shaker zu sitzen, als in einem Boot.

«Schöpf schneller mit deiner Milchdose», brüllte Bill, «oder wir gehen unter!» Die Aufgabe, das Boot mit dem Heck voran auf den Felsen zuzusteuern, nahm ihn völlig in Anspruch. Mit der rechten Hand das Gewehr umklammernd, wartete Ken auf eine günstige Gelegenheit zum Sprung, aber die bot sich nur alle paar Minuten. Dann war er mit energischem Sprung auf dem Felsen und hüpfte über die gischtumsprühten inneren Klippen an die Küste.

Ich balancierte halb aufgerichtet im Heck. Nach einer Weile, die mir wie eine Ewigkeit vorkam, sprang ich – gerade als eine große Welle zurückfiel und das schwarze Massiv des Felsens freigab. In der aufgewühlten See schlingerte das Boot fast zwei Meter auf und ab.

«Das war knapp, Ken!» keuchte ich, als ich ihn eingeholt hatte.

«Für jemand, der einen Saufabend hinter sich hat oder seekrank ist, wäre das nicht gerade das richtige», stimmte er mir grinsend zu, «aber es ist ein schönes Gefühl, Mutter Erde wieder unter den Füßen zu haben!»

Winkend verabschiedeten wir uns von Bill. Bald sahen wir sein Boot nur noch als kleinen, hüpfenden Punkt auf den Wellen.

Unsere Schritte waren schwankend, als wir die Küste hinaufstiegen – nicht wegen des Gewichts unseres Gepäcks, obwohl das schwer genug war, sondern wegen der Länge unseres Zwangsaufenthaltes an Bord der *Kotahi*.

«Schön, seine Beine wieder gebrauchen zu können.»

«Wunderbar», sagte Ken, «obwohl ich mir vorkomme wie eine Puppe mit einem Uhrwerk im Bauch.»

Vom Meer wehte eine steife Brise herein; der Himmel war jetzt klar, und das Donnern der Brandung hatte einen angenehmen, kräftigen Klang. Hoffnungsfroh hatte ich den Geigerzähler angeschaltet. Der Strand erinnerte mich an meine Paua-Muschel-Expedition; Stürme hatten Geröllberge aufgetürmt, auf denen sonnen- und salzwassergebleichte Walknochen lagen wie Überreste einer Zyklopenmahlzeit. Ein paar Schopfpinguine beäugten uns neugierig, als wir vorbeistampften, und auf meinem Rucksack landete ein Buschrotkehlchen, ein wunderbar freundlicher Vogel, der aber mit dem englischen Rotkehlchen nicht verwandt ist. Am Horizont war ein Frachter zu sehen, der Rauch ausstieß wie ein schwelender Ast am Rand eines Lagerfeuers.

Zwei sehr müde angehende Prospektoren setzten ihr Gepäck schließlich an der Mündung des John o'Groats River ab. Auf dem Wege dorthin hatten wir einige schwierige Kletterleistungen vollbringen müssen, denn häufig ragten steile Felsnasen in die See hinaus, und um diese Hindernisse führte kein Weg herum.

«Das ist ja ein jämmerliches Flüßchen, Ken, trotz all des Regens», mokierte ich mich, als ich mich umgesehen hatte.

Wir spannten eine Zeltplane zwischen zwei nahe beieinanderstehenden Bäumen auf und hatten bald ein komfortables Lager am Ufer des Flusses errichtet.

Viel Gold war im Fjordland nicht gefunden worden. In Martins Bay und Big Bay und bei Preservation Inlet hatte man nach dem gelben Metall geschürft, aber da dort alles Schwemmland ist, ist es einem Dorado nicht ganz vergleichbar. Bei Wilson's River und Te Oneroa waren außerdem zwei Quarzadern entdeckt worden, aber sie waren sehr stark verworfen, und nach Kens Aussage waren um 1900 die meisten Prospektoren wieder verschwunden.

«Große Hoffnungen sollten wir uns da wohl nicht machen», murmelte ich, als ich mit meiner Suppe fertig war. «Wenn es hier irgendwo ein Skelett gibt, dann klappern die Knochen sicher vor Lachen.»

«Vergiß nicht», sagte Ken, dem ein Gerücht einfiel, das früher einmal umgegangen war, «Sutherland soll in der Gegend von Milford Diamanten gefunden haben, und er ist ziemlich häufig an diese Küste hier gerudert.»

«Gut», sagte ich. «Wir werden das im Gedächtnis behalten. Dieser Sutherland muß wirklich ein bemerkenswertes Mannsbild gewesen sein!»

Am nächsten Morgen weckte uns wunderbares, vielstimmiges Vogelgezwitscher, aber auch heftiges Jucken: Wo es Sandflöhe gibt, wird selbst der trägste Prospektor zum Frühaufsteher. Die Luft war voll von den kristallklaren Tönen des Bell Bird und des Tui. Ein Kaka, ein großer, grünlicher Buschpapagei, grüßte uns aus dem nahen Gestrüpp; seinem faszinierenden Ruf ist keine andere Vogelstimme in Neuseeland vergleichbar. Keas indessen sahen und hörten wir keine; diesen wundervollen Papageienvögeln wird nachgesagt, sie seien die Wiederverkörperungen toter Bergsteiger. In den Zentralalpen sind sie jedoch sehr häufig, und ich habe ihren Späßen schon stundenlang zugeschaut. Sie haben einen besonderen Sinn für Humor: Einer meiner Freunde fotografierte einen der Vögel dabei, wie er eine Zeltplane aufrollte. Aus Dachnägeln die bleiernen Unterlegscheiben herauszuziehen, machte ihnen ebenso viel Spaß wie das Zerreißen eines Autoverdecks. Wenn man als Kletterer in einer Biwakschachtel Schlaf zu finden versucht, ist es eine ihrer Lieblingsbeschäftigungen, vor Vergnügen kreischend über das Wellblechdach herunterzupurzeln. Bei einer anderen Fahrt hatten wir einmal ein paar Keas mit schnapsgetränkten Brotstücken gefüttert, und betrunken waren sie noch komischer als nüchtern. Manche wurden streitlustig und griffen einander an, während die friedfertigeren einfach einschliefen. Letztere hatten allerdings Pech und wurden von uns verspeist. Später hatte ich ein kannibalisches Gefühl im Magen!

Der John o'Groats ist nicht breiter als ungefähr fünfzehn Meter, und zu jenem Zeitpunkt war er nur etwa eineinhalb Meter tief. Am folgenden Tag untersuchten wir das Flußbett auf Spuren von Gold. Wir wuschen bis zum Abend Gestein, wobei wir uns langsam flußaufwärts bewegten. Wegen des dichten Buschs war ein Vorwärtskommen nur im Flußbett selbst möglich. Mein Rücken schmerzte, als wäre ein Raupenschlepper mit seinen Ketten darübergerollt. Die einzigen Kreaturen, für die das Unternehmen sich lohnte, waren die Sandflöhe, und wir feierten sie mit einer verzweifelten Adaptation von «The Blue-tailed Fly»:

In der Bucht am blauen Meer
Lebt' ein alter Goldgräber,
Und seine Hütte war so warm,
Daß jede Nacht der Sandfloh kam.

Refrain:
Tucker ist fort, doch das ist mir gleich,
Tucker ist fort, doch das ist mir gleich,
Tucker ist fort, doch das ist mir gleich,
Sandfloh, lebe wohl.

Schließlich kriegt' der Alte die Wut:
Zu lange säufst du schon mein Blut!
Wenn ich hungere, gehst du ein –
Dann werd' ich ohne Sandfloh sein.

Und dann war der Alte tot;
Sie begruben ihn beim Abendrot.
Auf seinem Grabstein, da stand bloß:
‹Ein Opfer des Sandflohs.›

In dieser Nacht drang das sonore Brausen der Brandung nur gedämpft an unser Ohr; zur Verteidigung gegen die Sandflöhe hatten wir uns die Schlafsäcke über den Kopf gezogen.

Am nächsten Tag nahmen wir Biwakausrüstung mit. Ein Stück weiter flußaufwärts fanden wir die Reste einer alten Hütte, die aus den Stämmen der großen Farnbäume gebaut worden war.

«Sieht aus, als ob sie benützt worden wäre», sagte ich.

«Ja. Könnte 'ne gute Idee sein, hier ein bißchen Gold auszuwaschen.»

«Marmeladentöpfe sind keine zu sehen.»

«Gerippe auch nicht», lachte Ken.

Am folgenden Tag konnten wir trotz intensiven Bemühens keinerlei Goldspuren finden.

«Was zum Teufel machen wir jetzt?» fragte Ken.

«Keine Ahnung. Mit unserem Gepäck kommen wir auf diese Weise jedenfalls nicht weit. Sollen wir's an der Küste versuchen?»

«Sie ist ein Miststück, diese Küste», antwortete Ken heftig. «Aber sehen wir sie uns mal an. Ich fürchte bloß, daß es dort zu viele Klippen und Felsnasen gibt; bei manchen könnte es einen ganzen Tag dauern, bis wir sie hinter uns haben.»

Wir kehrten zur Küste zurück. Eine kurze Inspektion bestätigte unsere schlimmsten Befürchtungen.

«Hat keinen Zweck, Mann», sagte ich. «Nach Süden schaffen wir's nicht; nördlich von Milford sind kilometerweit senkrechte Wände. Nicht nur das, sie sind auch noch himmelhoch.»

«Am besten wäre es wohl immer noch südlich vom John o'Groats», meinte Ken resigniert, «wenn wir ein bißchen Glück haben, sieht uns da jemand. Zumindest könnte ein Fischkutter ein Boot zu der Stelle schicken, wo Bill uns abgesetzt hat.»

Auf unserem Weg nach Süden versuchten wir es am folgenden Tag in den verschiedenen Buchten. Seite an Seite schwenkten wir unsere Waschpfanne. Plötzlich war vom Geigerzähler Geprassel zu hören.

«He, Ken, hier gibt's Radioaktivität! Der Zähler reagiert!» Ken wandte sich von mir ab, um seine Pfanne wegzustellen, und das Geprassel verstummte. Als er sich mir wieder zudrehte, begann es von neuem.

«Tut mir leid», entschuldigte ich mich. «Das muß deine Uhr sein. Der Zähler reagiert auf das Leuchtzifferblatt!»

An diesem Nachmittag gelang es mir mit viel Mühe, einen Pinguin einzufangen. Ich beschloß, ihn zu einer Stelle mitzunehmen, die, wie ich mich erinnerte, einen besonders schönen Blick auf die Küste eröffnete.

«Der gibt einen tollen Vordergrund ab, Ken», freute ich mich. «Mit dem Foto läßt sich vielleicht Geld verdienen.» Ken, der diesen Optimismus wohl meinem überschäumenden künstlerischen Temperament zuschrieb, schüttelte nur mitleidig den Kopf. Der Vogel aber, so stellte sich bald heraus, war schwerer, als ich geglaubt hatte, und nach kurzer Zeit bedauerte ich meinen Plan bitterlich, gab es aber nicht zu.

«Du bist völlig bekloppt, MacInnes», sagte Ken, als der wütende Vogel, welcher so in meinem Rucksack verschnürt war, daß nur sein Kopf herausschaute, ununterbrochen auf meinen Nacken einhackte, als sei er ein Specht und ich ein Stück Holz. Meine mißlichen Gefühle erfuhren eine weitere Rechtfertigung, als ich nach acht Kilometern schwieriger Strecke den Pinguin herausholte, die Kamera in der Hand, um mein Meisterstück zu kreieren. Denn nun mußte ich feststellen, daß er seinem Protest durch eine beträchtliche Hinterlassenschaft in meinem Rucksack Ausdruck verliehen hatte; mein Schlafsack erholte sich nie von dieser Begegnung! Um das Maß voll zu machen, hüpfte das Vieh, als ich es – ohne übertriebene Sanftheit, wie ich zugeben muß – auf die fotografisch ertragreiche

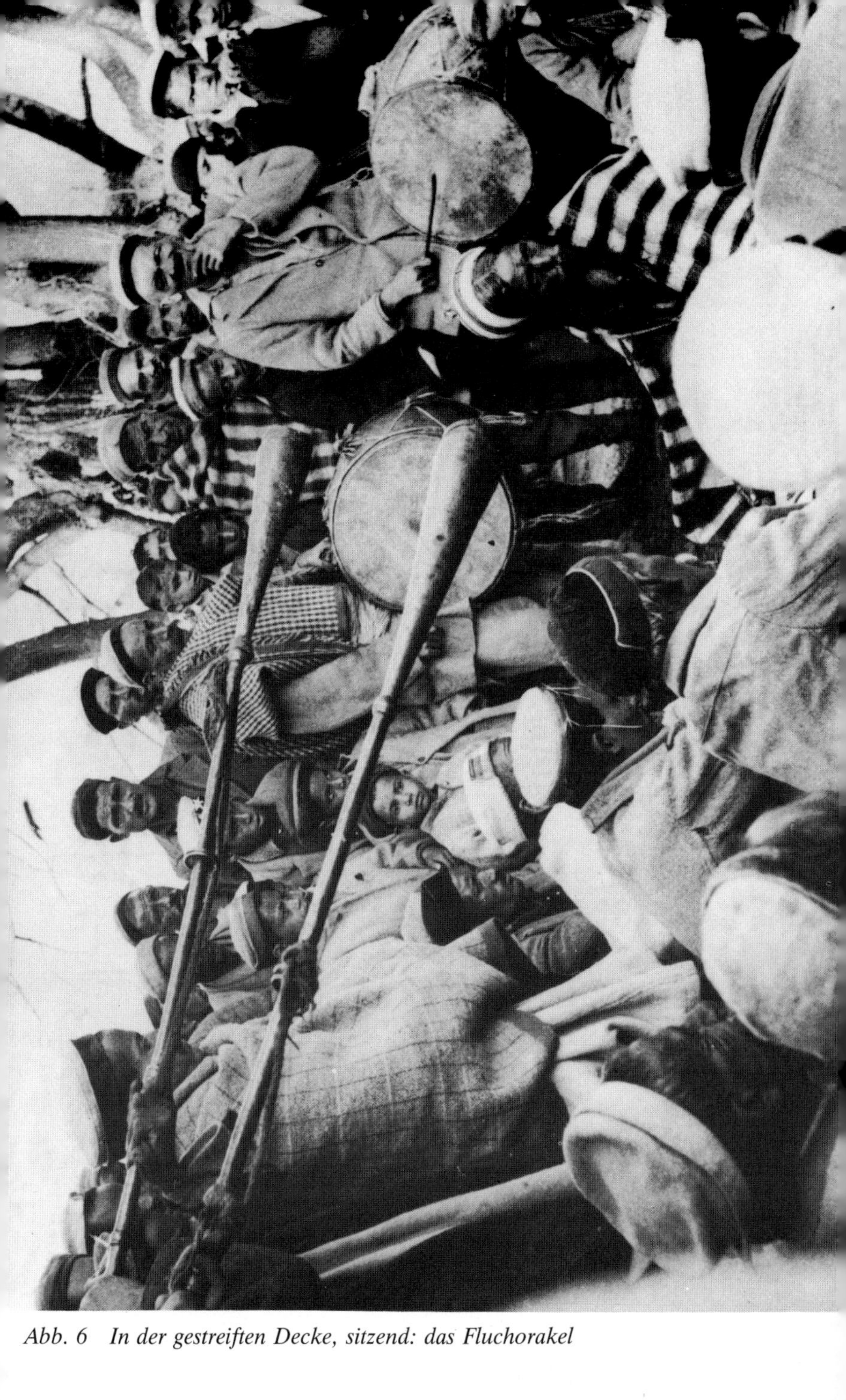

Abb. 6 In der gestreiften Decke, sitzend: das Fluchorakel

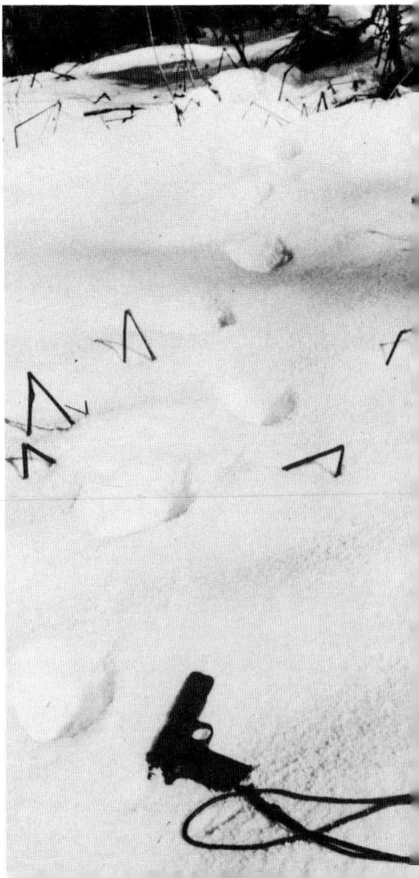

Stelle gesetzt hatte, mit einem empörten Krächzen sofort ins Meer. Ken hatte sich ein paar Schritte entfernt auf einem bequemen Sitzplatz niedergelassen und beobachtete, sich vor Lachen krümmend, die eben geschilderte Szene sowie meine ungeschickten und vergeblichen Versuche, den Vogel von neuem einzufangen; es dauerte fast eine halbe Stunde, bis er sich wieder beruhigt hatte.

«Macht wirklich Spaß, dir zuzusehen, Hamish. Ich dachte schon, du läufst dem Vieh bis in die Antarktis nach.»

Da jetzt Ebbe war, kamen wir besser voran, denn wir konnten viele der schwierigen Klippen umgehen, die wir auf dem Weg nach Norden hatten überklettern müssen. Schließlich deutete Ken auf eine kleine, überhängende Wand am Rand des Buschwerks: «Die eignet sich ganz gut für ein Biwak.»

Als ich an diesem Abend den fröhlichen Melodien lauschte, die Ken auf seiner Mundharmonika spielte, hatte ich den zweiten großen Einfall des Tages: «He, Ken, bauen wir doch ein Floß!»

«Phantastisch!» rief er und warf die Harmonika weg. «Alles was wir brauchen, haben wir; wir dröseln das Kletterseil auf und binden damit die Stämme zusammen.» Unsere Begeisterung war kaum zu bändigen und inspirierte uns zu ständig neuen Ideen.

«Großartig», stimmte ich ihm zu. «Und das Zeltüberdach verwenden wir als Segel.»

«Bis uns hier jemand abholt, können Wochen vergehen», gab er zu bedenken. «Bill Bragg ist jetzt weiß Gott wo; wahrscheinlich fischt er im Dusky-Sund.»

Es war ein Paradies für Floßbauer! Überall in der Bucht lagen große, trockene Stämme, und am nächsten Morgen beförderten wir die am besten geeigneten durch die nun ganz friedliche Brandung zu unserer Bucht. Am Abend war der Rahmen des Floßes fertig. In der Morgendämmerung des nächsten Tages bedeckten wir ihn mit kleineren Stämmen, wobei wir mein Beil aus Holzfällerszeiten dazu benützten, die Enden zurechtzustutzen. Aus Speerholz stellten wir zwei Masten her, die wie die Pfosten eines Fußballtors aussahen und zwischen denen wir das Zeltüberdach befestigen wollten. Aus einem großen Block bastelten wir zwei Ruder.

Abb. 7 Jeff Douglas auf Yeti-Suche
Abb. 8 Der Bräutigam war 29, die Braut 9 Jahre alt
Abb. 9 Spuren, die nach unserer Auffassung von einem großen Braunbären stammten

«Es sieht großartig aus, Ken.» Ich war verständlicherweise stolz auf unsere Arbeit. «Die zwei Rotkehlchen hier wollen wohl mitfahren!» fügte ich hinzu. Die Vögel hatten sich auf den Rudern niedergelassen, sanft von den Wellen gewiegt.

«Meine einzige Sorge ist, daß wir nicht viel Trinkwasser haben», meinte Ken.

«Mach dir deswegen keine Gedanken», erwiderte ich unbeeindruckt. «Ich hab' doch diese leere Whiskyflasche gefunden; die füllen wir, und dann warten wir einfach auf eine hübsche westliche Brise, stechen in See und segeln zum Milford-Sund.»

An diesem Abend lagerten wir zufrieden an unserem großen Feuer, halb dösend, da die Sandflöhe gerade Urlaub zu machen schienen. Ein Südwestwind hatte begonnen, seine Kraft zu erproben.

«Was zum Teufel treibt ihr Anfänger hier», tönte eine Stimme über das Wasser wie splitterndes Glas. Erschreckt, als hätte der Erzengel Gabriel das Wort an uns gerichtet, sprangen wir hoch. Es war die *Kotahi*; ein paar Steinwurf entfernt konnten wir die dunkle Silhouette des Schiffes erkennen, das friedlich auf dem Wasser dümpelte. Bill hatte den Handlautsprecher benützt.

«Komm endlich rüber, Bragg, und hol uns hier raus», rief Ken.

«Nur keine Aufregung, Jungs, bin gleich bei euch.»

Im schwachen Licht konnten wir sehen, wie ein Boot zu Wasser gelassen wurde. Rasch packten wir unsere Siebensachen zusammen und gingen hinunter zum Floß. Es eignete sich ausgezeichnet als Mole, und Bill hatte keine Mühe, das Beiboot heranzusteuern.

Beim Tee in der Kombüse erzählten wir unsere Geschichte.

«Ich will euch was sagen, Jungs. Vielleicht versteht ihr was vom Bergsteigen, und vielleicht sogar ein kleines bißchen vom Goldsuchen ... Aber vom Meer versteht ihr nicht das geringste!» erklärte Bill entschieden. «Ist euch klar, daß es euch wie ein Papierschiffchen in die See getrieben hätte, wenn ihr diese Prügel ins Wasser gelassen hättet?»

Wir starrten ihn ungläubig an.

«Nächste Haltestelle Australien», fügte Cessie hinzu.

«Stimmt», bestätigte Leo, der eben Schinken und Eier servierte. «Von Milford gehen starke Strömungen hinaus.»

«Und noch etwas», fügte Cessie hinzu. «Für morgen ist ein Sturm von Windstärke neun vorhergesagt. Das ist der Grund, warum wir zurückfahren.»

«Man lernt eben niemals aus.» Ich stocherte in meinem Essen herum. «Aber ihr Jungs seit immer wie aufs Stichwort zur Stelle, das muß man euch lassen!»

Am nächsten Tag war das Wetter auch in der geschützten Bucht von Milford recht rauh; kleine Wasserhosen wirbelten über den Fjord, als tanzten sie eine Tarantella.

«Kannst du dir vorstellen», sagte Bill, als wir in Ölzeug an Deck saßen, «daß mir so eine Bö einmal die Riemen aus der Hand riß, als ich im Bligh-Sund zum Schiff zurückruderte. Da kann einem wirklich mulmig werden.»

Während der nächsten paar Tage halfen wir bei den Wartungsarbeiten. Ken spleißte Taue, während ich beim Auswechseln eines Lagers der Schiffsschraubenwelle meine Dienste leistete.

«Morgen ist Weihnachten», sagte Cessie und drückte mir einen Schraubenschlüssel in die Hand. «Irgendwelche Ideen?»

Meine Gedanken wanderten zu den zwei gewaltigen Gänsen, die das örtliche Hotel als Touristenattraktion hielt. Ken war der Meinung, es handle sich hierbei um ein Unterfangen, für das ein Mann, der von einer langen Ahnenreihe von Wegelagerern abstamme, am besten geeignet sei, und fuhr in seinen Spleißbemühungen fort.

Eine nächtliche Bootsfahrt, eine entschlossene Aktion mit einem der Ruder, ein paar halberstickte Protestäußerungen unserer zukünftigen Festtagsbraten, und ich war schwerbeladen wieder an Bord. Unzweifelhaft war ich als Gänsemörder weitaus erfolgreicher denn als Prospektor!

Am nächsten Tag kämpfte die Sonne sich durch; das Deck trocknete ab, und die Wolken rollten sich wie Jalousien hoch und gaben den Blick auf die kahlen, frischgewaschenen Gipfel frei. Im Hinterschiff bliesen Ken und Cessie im Duett Maori-Weisen auf ihren Mundharmonikas. Bill lag bei der Ankerwinde, eine Flasche Bier in der einen Hand und einen Roman in der anderen. Ich saß auf einer Kiste und sah mir die Landschaft an. Aus der Kombüse drangen verlockende Düfte.

4 *Götter und Monster*

Schon immer haben seltsame Kreaturen auf den Menschen eine unwiderstehliche Faszination ausgeübt, seien es mythische Wesen wie Kobolde oder Elfen oder Grenzfälle in diesem Glaubensbereich wie das Ungeheuer von Loch Ness, riesige Kraken oder der «Yeti» genannte Schneemensch. Ich, der ich Zugang habe zu den Jagdgründen von mindestens zwei dieser Lebewesen, bringe natürlich Nessie und dem Yeti ein mehr als akademisches Interesse entgegen.

Selbst in Schottland ist das Ungeheuer von Loch Ness Gegenstand heftiger Auseinandersetzungen. Scharen von Touristen pilgern zu diesem «Loch» – die Kameras optimistisch im Anschlag, was zu ihrem erklärten Skeptizismus in interessantem Gegensatz steht. Jahr für Jahr wird Nessie gesehen; Tausende von Augenzeugen berichten davon. Schon vor 1400 Jahren wurde solches Geschehen verzeichnet: Es war Kolumban (der Ältere) selbst, der im Jahre des Herrn 565 auf dem Weg zum Palast von König Brude ein Wasserungeheuer – eine ‹bestia aquatilis› – im Fluß Ness sah.

Wer die Überfülle an Zeugenberichten studiert, muß beeindruckt feststellen, welches Maß an Übereinstimmung diese Aussagen aufweisen. Beispielsweise wurde all die Jahrhunderte hindurch niemals erwähnt, das Monster habe einen Laut ausgestoßen oder Geräusche verursacht, die nicht von seinen natürlichen Bewegungen im Wasser herrührten. Der eingefleischteste Skeptiker muß zweifellos die Möglichkeit einräumen, daß das über dreihundert Meter tiefe Loch Ness ein Geheimnis bergen könnte, vielleicht sogar ein monströses! Auch Loch Morar, der tiefste Frischwasser-See in Europa, weist eine eigene Spezies der ‹bestia aquatilis› auf; viele Zeitgenossen bezeugen, dieses liebevoll «Morag» genannte Ungeheuer gesehen zu haben.

Ein Ungläubiger mag fragen: Warum gibt es keine guten Fotos dieser Wesen? Die Antwort lautet: Es gibt sie, von Nessie zumindest, und sie sind so gut, wie es angesichts der Umstände zu erwarten ist. Man kann von Berufsfotografen nicht verlangen, daß sie Jahre ihrer Karriere damit verbringen, auf die seltene Gelegenheit einer Sichtung zu warten. Immerhin erstreckt sich das Gebiet, in dem Nessie sich zeigt, über etwa vierzig Kilometer, und es geschieht nicht oft, daß sie ihren elegant geschwungenen Hals gefährdet, indem sie ihn der Öffentlichkeit präsentiert. Gemeinhin ist es nur ein kleiner Teil ihrer Anatomie, der aus dem Wasser herausragt.

Ich mache diesen Exkurs, um darzulegen, welchen Problemen man sich gegenübersieht, wenn man sich auf die Suche nach dem Yeti, dieser so schwer zu fassenden Kreatur, begibt. Man stelle sich Hunderte von Quadratkilometern dichten Waldes vor, in den oft noch nie ein Mensch seinen Fuß gesetzt hat, wo die Sicht oft nur eine Armweite mißt und wo durch enge Schluchten schäumende Sturzbäche tosen, deren Ursprung die Gletscher der höchsten Berge der Welt sind. Wenn es sie gibt, existieren vielleicht viel mehr Yetis als Nessies, aber die Schwierigkeit, sie zu finden, ist hundertmal größer. Eine Suche im wilden Bergland von Spiti oder am Quellstrom des Choyang ist etwas ganz anderes, als wenn man, das Fernglas in der Hand, in seinem Auto am Loch Ness sitzt. Im übrigen gibt es wesentlich weniger verläßliche Berichte über den Schrecklichen Schneemenschen als über Nessie-Sichtungen, und viele davon scheinen Ausgeburten blühender Phantasie zu sein.

Einer der ersten, der Kunde von *Bun manosh* oder wilden Männern brachte, war B.H. Hudson, der 1832 britischer Resident am Hofe von Nepal war. Seine Bewegungsfreiheit in diesem damals verbotenen Land war zwar eingeschränkt, doch schickte er Eingeborene aus, die für ihn botanisieren sollten. Einige dieser Eingeborenen wurden von «wilden Männern» erschreckt.

1889 berichtete Major L.A. Waddell als erster von geheimnisvollen Fußspuren im Schnee. Man sagte ihm, es handle sich um Spuren des Yeti; er selbst glaubte allerdings, sie stammten vom Isabell-Braunbären, dem *Ursus arctos isabellinus*. Es entspricht unserer abendländischen Auffassung, Fußspuren als stichhaltige Beweise anzuerkennen; im Gegensatz zur bloßen Sichtung eines großen Untieres in einem See handelt es sich hier um handfeste Fakten.

Mehr als fünfzig Bergsteiger und Naturwissenschaftler haben Yeti-Spuren beschrieben. Wenn man sich diese Berichte jedoch genauer ansieht, tauchen immer wieder Zweifel auf. Nur eine oder zwei Fotoreihen gibt es, die unbestreitbar einen großen, in den Höhenregionen des Himalaya lebenden Zweibeiner darstellen; von diesen sind Eric Shiptons Fotos die überzeugendsten. 1951 überquerte Shiptons Gruppe den Min-Lung-Gletscher an der Grenze zwischen Nepal und Tibet; dabei fotografierte sie merkwürdige Spuren, die nicht hinreichend erklärt werden konnten. Diese Bilder einzelner Fußabdrücke zeigen eindeutig eine ungewöhnlich abstehende große Zehe; der Abdruck ist etwas länger als der eines großen Bergstiefels und zweimal so breit. Die Spuren waren noch frisch, möglicherweise erst wenige Stunden alt. Die Wahrscheinlichkeit, daß sie sich durch Sonnenbestrahlung verändert hatten, war somit gering.

Es gibt Berichte, wenn auch keine fotografischen Beweise, von unerklärbaren Fußabdrücken in den tausendsechshundert Kilometern der Himalaya-Kette zwischen Sikkim und dem westlichen Karakorum, und sogar aus Nordthailand und Burma. Beschreibungen, die auf Funden möglicher Yeti-Knochen beruhen, stimmen im großen und ganzen überein. Es gibt zwei Typen: einen kleinen und einen größeren, kräftigeren Yeti. Die kleinere Art soll ein kurzes, grobes, graubraunes Haarkleid tragen, zwischen einem Meter zwanzig und einem Meter fünfzig groß und schwanzlos sein. Der Kopf ist spitz und weist einen markanten, kammartigen Haarschopf auf; das flache, haarlose Gesicht sieht aus wie plattgeschlagen. Der Yeti soll ungewöhnlich lange Arme besitzen (freilich weisen auch andere Lebewesen diese Besonderheit auf, darunter der Autor und Rob Roy MacGregor, der notorische Gesetzesbrecher aus Schottland). Er geht aufrecht, kann aber auf Vierbein-Antrieb umstellen, wenn er in Eile ist. Die Füße sind, wie schon beschrieben, groß und haben Greifzehen. Dr. Wladimir Tschernezky, ein Zoologie-Dozent, den ich seit Jahren kenne, hat eine große Anzahl von Berichten über den Schrecklichen Schneemenschen ausgewertet und den Fuß eines Yeti rekonstruiert. Er kommt zu dem Schluß, daß er in vielerlei Hinsicht Menschen- und Gorilla-Füßen sowie dem im Kuk Koba gefundenen Neandertaler-Fuß entspricht. Zweifellos ist der Yeti kein Leichtgewicht; Tschernezky errechnete, daß die Flächen der Abdrücke etwa eineinhalbmal so groß sind wie die Füße eines eins neunzig großen Berggorillas. Das Gewicht eines solchen Gorillas beträgt etwa 225 Kilos. Der Yeti müßte also eineinhalbmal schwerer und nicht weniger als zwei Meter zehn groß sein: in der Tat ein furchterregendes Geschöpf!

Außer den Fußspuren kennt man auch verschiedene Yeti-Skalps, die vermutlich aus Klöstern des Everest-Gebiets stammen. Über diese Haarschöpfe streiten sich die Gelehrten seit Jahren. Der Khumjung-Skalp zum Beispiel, von dem Skeptiker vermuten, daß er aus der Schulter eines Serau, einer Waldziegenantilope *(Capricornis sumatraensis)*, gefertigt wurde, hatte Haare, die denen von Affen entsprachen. Als sich herausstellte, daß Parasiten aus diesem Skalp nicht den bei einem Serau gefundenen entsprachen, kamen neue Zweifel auf. Die Skalps aus dem Everest-Gebiet sind etwa dreihundert Jahre alt; in jedem Fall weist der Kopf die typische spitze Form auf.

Was für eine Art Lebewesen könnte der Yeti sein? Ist er eine Art Berggorilla? Nach einer Theorie von Dr. Bernard Heuvelmans könnte er ein entfernter Abkömmling des prähistorischen Riesenaffen *Gigantopithecus* sein. Der Gedanke ist wohl nicht abwegig. Das Tier scheint weder ein Hominide noch ein typischer Affe gewesen zu sein; Zähne und Unterkiefer wurden zwischen den Siwalik-Bergen von Indien und Südchina gefunden. Der Gigantopithecus trat erstmals vor etwa zehn Millionen Jahren auf und überlebte bis ins mittlere Pleistozän. Der Berggorilla könnte ihm ähnlich sein, obwohl dieser große Affe, soweit wir wissen, nur im Gebiet um die Vulkane von Virunga in Zentralafrika vorkommt. Wäre es möglich, daß so ein Tier – entweder der Gigantopithecus oder der Berggorilla – in einer der letzten Zufluchtsstätten überlebt, die es für solche Lebewesen auf der Welt gibt: in den einsamen Höhen des Himalaya?

Vor der Entdeckung des Berggorillas gingen viele Geschichten über ein wildes, menschenähnliches Tier um, das eingeborene Frauen raubte. Erst 1901 wurde dieses Tier dann identifiziert. Man nahm an, daß es in Höhen über 3000 Meter in den oberen Bambuswäldern lebte. Inzwischen hat man festgestellt, daß es in Wirklichkeit in den tiefergelegenen Wäldern lebt und sich selten in größere Höhen wagt, es sei denn, es fühlt sich vom Menschen gestört. Entsprechendes könnte, wie die meisten Naturforscher meinen, auch für den Yeti zutreffen. Wenngleich häufig Spuren oberhalb der Schneegrenze gefunden wurden, könnten sie von Yetis stammen, die von einem Tal in ein anderes zogen. In den höheren Regionen des Himalaya gibt es für so ein Tier wenig Nahrung, während beispielsweise die ausgedehnten Wälder des Arun-Tals so viel Futter und Deckung bieten, daß das Leben eines Yeti dort wenn schon nicht idyllisch, so doch immerhin möglich ist. Für den Menschen sind die Bedingungen sehr ungünstig; reiche Niederschläge erzeugen Wälder und Rhododendrengestrüpp von solcher Dichte, daß ein Vorwärtskommen außerordentlich schwierig ist. Sollte der Yeti jedoch dem Himalaya-Bären gleichen, dann wäre er in der Lage, wie ein Panzer in diesen Dschungel einzubrechen.

Was die Sache für den Amateur-Yeti-Jäger noch verwirrender

macht: Natürlich gibt es auch noch die Himalaya-Bären, und zwar nicht nur eine Art, sondern drei, nämlich den Tibetbären (*Ursus arctos pruinosus*), den Isabell-Braunbären (*Ursus arctos isabellinus*) und den schwarzen Kragenbär (*Ursus thibetanus*). Unter bestimmten Umständen hinterlassen diese Tiere sehr irreführende Spuren, die manchmal sogar aussehen, als stammten sie von einem Zweibeiner.

Die Verkettung von Umständen und Begegnungen, die mich schließlich im Winter 1958/59 zur Yeti-Jagd in den Himalaya brachte, begann während des vorhergehenden Sommers, als Dick Irvin und ich eine Karakorum-Tour machten. Die Geldmittel dafür stammten übrigens zum Teil aus unserer Paua-Muschel-Sammelaktion. Mit von der Partie waren der Kalifornier Bob Swift sowie Mike Banks, damals Marineoffizier. Wir versuchten, den rund 7800 Meter hohen Rakaposhi zu ersteigen, was aber mißlang.

Während die anderen nach Hause zurückkehrten, hatte ich das Glück, vom «Political Agent» in Gilgit die Erlaubnis zum Besuch des kleinen Königtums Hunza zu bekommen. Ich glaube nicht, daß seine Hoheit der Mir allzu beeindruckt war, als ich ankam. In einem Pyjama (so ziemlich der einzigen Kleidung, die ich damals besaß) schritt ich neben dem weißen Hengst her, den er mir als Reittier entgegengesandt hatte. Das Pferd war zum Packesel degradiert und trug mein schäbiges Gepäck und meinen Schlafsack! Die Atmosphäre war deshalb zunächst etwas kühl. Alsbald entwickelte sich jedoch ein sehr freundschaftliches Verhältnis zwischen mir, dem Mir und seiner Familie, und wenn ich von Seiner Hoheit auch nicht die einstmals traditionellen Geschenke in Form eines Korbs Aprikosen, eines Ponys und einer molligen Frau bekam, so erhielt ich doch von der Rani einen einzigartigen Pullover, den sie aus der Wolle von sechzehn Steinböcken gestrickt hatte.

Nach einem kurzen Aufenthalt in diesem friedlichen Königreich kreuzte ich schließlich in London bei Mike auf. Dort lernte ich Jeff Douglas kennen, einen ehemaligen Marinemajor und Offizierskameraden von Mike. Wie ich erfuhr, war er sogar einmal Admiral der jordanischen Seestreitkräfte gewesen, was ihm bei seinen Freunden den Spitznamen «Oberster Seelord des Toten Meeres und der Niedrigsten Marine der Welt» eingetragen hatte. Dieser geborene Abenteurer war ein sehr liebenswürdiger Mensch und zu jenem Zeitpunkt Rektor der «Ullswater Outward Bound School». Kaum kannten wir uns ein paar Stunden, sprachen wir schon von einer

Tour zum Rio Morte am Oberlauf des Amazonas; auch von einer Fahrt in ein Gebiet in Nordost-Bolivien, von dem ich gehört hatte, daß es sehr interessant sei, war die Rede. Prompt lud er mich zu weiteren Gesprächen nach Ullswater ein; wie er mir zu verstehen gab, hatte er noch weitere Pläne auf Lager.

Ein paar Wochen später fuhr ich also drecküberkrustet auf einem Motorrad bei Jeff vor. Was er im Sinn hatte, war eine Yeti-Fangexpedition; zu diesem Zweck wollte er im folgenden Jahr den Zentral-Himalaya aufsuchen.

Wir hatten uns in Jeffs Arbeitszimmer zurückgezogen, wo wir von dem Lärm, den ungefähr fünfzig tobende Schüler draußen erzeugten, recht gut abgeschirmt waren. Wie sich herausstellte, hatten wir, was Musik und andere gute Dinge betraf, den gleichen Geschmack: «Lucia di Lammermoor» lag auf dem Plattenteller, und zwischen uns stand eine Flasche Wein. Ich hörte von einem Schwadronführer namens Lester Davies, der Jeffs Nachfolger als Rektor der Schule werden sollte (Jeff hatte bereits gekündigt). Davies hatte eine Expedition nach Lahul im Zentral-Himalaya unternommen und war mit interessanten Fotos von unidentifizierten Fußspuren zurückgekommen; auch Rückenabdrücke hatte er aufnehmen können. Ihr abenteuerlustiger Verursacher hatte sich offenbar mit einer Rutschpartie auf einem Schneehang vergnügt und dort unverwechselbare Nachweise seines Zeitvertreibs hinterlassen. Als Jeff und ich die Fotos studierten, faszinierte mich immer stärker die Idee, nach dem Geschöpf, das die Abdrücke hinterlassen hatte, zu suchen. Jeff hatte mich rasch überzeugt, daß es besser war, meine Südamerika-Pläne zu verschieben und mit ihm auf Yeti-Jagd zu gehen. Ich überredete ihn meinerseits, nicht bis zum nächsten Jahr zu warten, sondern noch in diesem Winter ans Werk zu gehen. Schließlich mußte das Biest ja herumlaufen, wenn es keinen Winterschlaf hielt, und somit würde die Suche im Schnee wesentlich leichter sein. Da Jeff noch zwei Monate vertraglich an seine Schule gebunden war, erklärte ich mich bereit, in das Kulu-Gebiet des Zentral-Himalaya vorauszufahren und dort die beste Möglichkeit für eine Operationsbasis auszukundschaften. Zu jener Zeit war ich fast ständig in Geldnöten; dies war geradezu kennzeichnend für meinen Lebensstil. Großzügigerweise bot Jeff mir an, den größeren Teil der Expedition zu finanzieren. So vereinbarten wir alles Nötige und tranken auf unsere Expedition.

Wir tranken zuviel. Es war einer jener Abende, die sich heimtükkisch anschleichen und ihr Opfer unvorbereitet überraschen. Immer neue Flaschen kamen aus dem Nichts auf den Tisch, und Jeffs Opernplatten rotierten bei ständig gesteigerter Lautstärke. Es war wie in einem Gedicht von Robert Burns: «Die Nacht verbrachten mit Schwatzen wir, und immer besser wurde das Bier.» Die nüchterne Wahrheit ist, daß die Nacht an den Türen eines Wäscheschranks ein plötzliches Ende nahm. Der Schrank stand am Fuß einer Treppe, die wir beide hinuntergefallen waren.

Aus Fallschirmseide fertigten wir weiße Anzüge, strichen unsere Skier weiß, und vor dem Transport unserer Ausrüstung entwarf ich einen zusammenlegbaren Schlitten. Von der F.I.D.S. – jetzt bekannt als die Britische Antarktis-Forschungsgesellschaft – borgten wir Pyramidenzelte und Parkas, und um für alle denkbaren Fälle gerüstet zu sein, ließ ich mir von einem befreundeten Eierkopf ein großes Marmeladenglas voll starker Beruhigungsmittel geben. Unsere Bewaffnung schloß Jeffs Automatikpistole vom Kaliber .45 ein.

Sir Wavell Wakefield, jetzt Lord Wakefield of Kendal, besuchte häufig Jeffs Schule und interessierte sich mehr als nur beiläufig für unsere Pläne. Er hatte beträchtlichen Einfluß bei einer Luftlinie namens «Skyways», die für die Streitkräfte Ihrer Majestät Truppentransporte durchführte und aus dem Fernen Osten und Indien Affen für ein Impfprogramm anlieferte. Sir Wavell bot uns an, uns einen Freiflug zu verschaffen, bei dem wir als Besatzungsmitglieder figurieren sollten.

Mit Gepäck und Waffen beladen, erregte ich bei meiner Ankunft auf dem Londoner Flughafen einiges Aufsehen. Dem Pilot war das zusätzliche «Besatzungsmitglied» zwar angekündigt worden, aber er zeigte sich doch einigermaßen befremdet, als dieses bis an die Zähne bewaffnet erschien! Meine Ausrüstung wurde sofort beschlagnahmt und in einem abgelegenen Teil des «Hermes»-Frachtflugzeuges verstaut. Die Schußwaffen kamen in einen Schrank, dessen Schlüssel der Pilot an sich nahm.

«Die Vorschriften!» erklärte er lächelnd.

Nach dem Start bedeutete man mir, ich könne ein Auge voll Schlaf nehmen, sofern ich einen geeigneten Platz dafür fände. Mit einer solchen Möglichkeit rechnend, hatte ich meinen Schlafsack bei mir behalten und wanderte im Rumpf des Flugzeugs nach hinten. Zu meiner Überraschung fand ich ihn leer bis auf eine große Kiste, die in der Mitte des Frachtraums, auf dicken Holzbalken ruhend, vertäut war. Ich vermutete, daß sie irgendeine schwere Maschine enthielt, doch trug die Kiste keine Aufschrift. Da das blanke Metall des Flugzeugrumpfes noch weniger einladend war, breitete ich meinen Schlafsack auf der Kiste aus. Meine lange Erfahrung auf diesem Gebiet verhalf mir zu baldiger Ruhe. Wir waren bereits in Athen, als eine hübsche Stewardeß (sie war auf dem Weg nach Hongkong und sollte mit einem Truppentransporter wieder zurückkehren) mich schüttelte und fragte, ob ich etwas zu Essen wolle. Die Besatzung gehe ins Flugplatzhotel. Gähnend fragte ich, wo wir denn seien; dann wurde ich meines rasenden Hungers gewahr und folgte ihr willig aufs Rollfeld. Es gab eine kurze Verzögerung, bis der Pilot einen schweräugigen Soldaten bewogen hatte, das Flugzeug zu bewachen. Dies erschien mir weiter nicht ungewöhnlich, wußte ich doch, daß Westeuropa kein Monopol für Langfinger hat. In Bahrain ging ich jedoch meiner Bettstatt verlustig; von einem Trupp Soldaten bewacht, wurde sie mit großer Anstrengung aus dem Flugzeug gehievt. Wie sich herausstellte, enthielt mein «Bett» Goldbarren, mit denen Ölförderrechte bezahlt werden sollten! Zweifellos war dies das teuerste Bett, auf dem ich jemals geruht habe.

Wir waren damals nicht die einzigen, die sich für den Yeti interessierten. In Nepal war schon eine von dem texanischen Ölmillionär Tom Slick finanzierte Konkurrenzexpedition angereist. Eine der Teilnehmerinnen wurde von der Presse als «wohlgestalte kalifornische Erbin» geschildert. «Typischer Glückspilz: Ich muß mit Jeff fahren», dachte ich neidisch. Die Leningrader Universität suchte in den Gebirgsregionen der Sowjetunion nach dem Yeti, und die Expedition der «Daily Mail» von 1954 hatte beträchtliches Interesse erweckt. Bald nach meiner Ankunft in Delhi wandte sich «Time/Life» an mich, um sich die erste Option auf Yeti-Material zu sichern, falls meine Suche erfolgreich sein würde. Neben einem sehr willkommenen Fundus an Dollars stellte uns der Verlag auch Kameras sowie Karten mit Fundstellen und Literatur zur Verfügung. Je offizieller eine Expedition ist, desto mehr wird sie mit Bürokratie und Ausrüstung befrachtet, das ist wohl unvermeidlich. Damit ist für die größtmögliche Anzahl an Trägern und die geringstmögliche Geschwindigkeit der Fortbewegung gesorgt. Bis wir endlich Manali im Kulu-Tal erreichten, fühlte ich mich in meiner Rolle als unerschrockener Jäger recht überlastet. Allerdings tröstete ich mich damit, daß ich bald von hinderlichen Anhängseln wie Kisten mit Lebensmitteln und Waffen oder meinem Giftschränkchen befreit sein würde. Ich freute mich jetzt auf die Berge.

Die Berge waren weiß, als wir sie zum ersten Mal vom schönen Kulu-Tal aus sahen. An ihrem Fuß lagen Obstgärten, und der in vorteilhaftem Gegensatz zu den dürren Ebenen stehende Anblick wirkte verlockend. Ich hatte die Eisenbahnfahrt nach Bombay hinter mir, wo ich unsere auf dem Seeweg herbeförderte Ausrüstung abgeholt hatte, umd mein Bedarf an Reisen durch den Subkontinent war damit erfüllt. Jetzt war es Spätherbst; die Dattelpalmen waren reif, und ich hatte wirklich das Gefühl, im Garten von Indien zu sein.

Die folgenden sechs Wochen waren durchaus nach meinem Herzen. Auf Skiern erkundete ich das in nördlicher Richtung über dem Rotang La gelegene Gebiet und begleitete eingeborene *shikari* bei Jagdzügen in den Bergen. Alle diese Männer kannten den Zentral-Himalaya aus jahrelanger Erfahrung, jedoch hatte keiner von ihnen jemals einen Yeti gesehen; allenfalls wußten sie vom Hörensagen von ihm. Mit dem damals fünfundvierzigjährigen Renu freundete ich mich besonders an; er war groß und athletisch, und sein sonnengebräuntes Gesicht hatte beinahe klassisch-griechische Züge. Er trug einen elegant geschwungenen Schnurrbart und hatte zu verschiedenen Zeiten siebzehn Frauen gehabt! Außerdem war er der Trommler der örtlichen Göttin. Jedes Dorf hatte seinen Gott oder seine Göttin in Form eines aus einer kleinen Maske und reicher Stoffdrapierung versehenen Bildnisses. Das Ganze stand auf einem Holzgestell, das mittels zweier Stangen nach Art einer Bahre oder Sänfte herumgetragen werden konnte. Des öfteren besuchte ich den Jäger in seinem eigentümlichen zweistöckigen Haus, dessen Dach mit großen, dicken Schieferplatten gedeckt war. Zu jener Zeit hatte er nur zwei Frauen; die anderen waren verkauft worden. Sobald der Tritt meiner Bergstiefel auf der Veranda widerhallte, füllte die jüngere der beiden Frauen automatisch ein Glas mit *sharab*, dem dortigen Höllengebräu.

Die Familie des Dorfvorstehers, der in Manali Obstgärten gehörten, half mir ebenfalls sehr. John, der Sohn – er war etwa so alt wie ich – war ein begeisterter Jäger und begleitete mich häufig. Sein Vater, der mit der Lebensweise und Vorstellungswelt der Bergbewohner bestens vertraut war, besuchte mich fast täglich in dem Haus, das er mir freundlicherweise zur Verfügung gestellt hatte, und brachte die neueste Geschichte über den Yeti mit (oder über den *jungli admi* – den Dschungelmann – wie man ihn dort nannte). Sogar eine Geschichte über einen Dschungelmann, der im alten

Nagar-Palast in Kalu Sklave gewesen war, hatte er ausgegraben. Meine Vorstöße in die Berge wechselten mit kurzen, angenehmen Aufenthalten im Haus des Dorfschulzen ab. In dieser Zeit stieß ich auf viele Bären und fotografierte eine große Anzahl von Fußspuren. Manche davon waren dreißig mal zwanzig Zentimeter groß, und die Schrittlänge betrug fast einen Meter. Häufig, vor allem bei Fußabdrücken von Kragenbären, waren keine Klauenspuren zu sehen. Manchmal überlagerten auch die hinteren die vorderen Abdrücke, so daß der irreführende Eindruck eines Zweibeiners entstand.

Bären aufzuspüren war nicht ohne Gefahren; in Manali hörte ich von einem Mann, der Tatzenhieben erlag; es habe auch mehrere Schwerverletzte gegeben. Eines Tages fand ich bei einem Jagdausflug mit ein paar von Renus Freunden nicht identifizierbare Spuren. Sie maßen zwanzig auf elf Zentimeter und schienen von einem Zweibeiner zu stammen. Da aber in abgelegenen Tälern dieses Gebietes einige *Sadhus* lebten, schrieben wir die Spuren bedauernd diesen Einsiedlern zu.

Nur wer in nördlichen Regionen aufgewachsen ist, ist imstande, im Himalaya-Winter einen Sonnenstich zu erleiden. Genau das brachte ich auf einer unserer Jagdtouren fertig und mußte mich in einer Höhle erholen, während Renus Freunde geduldig warteten.

Bei unserer Rückkehr nach Manali – die Shikari trugen stolz ihre Jagdtrophäen zur Schau – erfuhren wir von Renu, daß am nächsten Tag eine Hochzeit stattfinden sollte. Man lud mich dazu ein.

«Es gibt jede Menge von deinem Lieblingsgetränk!» lachte er. Als ich jedoch am nächsten Tag die Braut sah, wandte ich mich erstaunt an Renu:

«Aber wie alt ist sie denn?»

«Neun Jahre», antwortete er lächelnd. «Der Bräutigam ist sechsundzwanzig; sie hat von ihrem Vater geerbt.» Die rote Kleidung der Braut bedeutete, daß sie im Begriff war, verheiratet zu werden; dieses spezielle Püppchen war reich mit metallenen Kurzwaren ausgestattet. An ihren Handgelenken baumelten schwere Ringe, die wie verstimmte Kuhglocken klangen, und ihre Nase zierte ein großer *blak* (ein Ring von etwa zwölf Zentimeter Durchmesser). «Ein Lamm, das man zur Schlachtbank führt», dachte ich.

«Eine Frau kostet etwa zwanzig Pfund, eine aus zweiter Hand nur zehn Pfund», fuhr Renu fort. Für Heirat und Scheidung gab es einfache Regeln. Wollte jemand die Frau eines anderen Mannes, oder war sie willens, ihren Gatten zu verlassen und mit ihm zu gehen, oder wurde sie des Ehebruchs verdächtigt, mußte der zukünftige Ehemann einen Preis bezahlen, auf den man sich nach langem Feilschen zu einigen pflegte.

Das Hochzeitsfest dauerte zwei Tage. Mit Ausnahme des Brautpaars betranken sich alle Teilnehmer. Das Ganze erinnerte mich an Besäufnisse in West-Neuseeland und auf den schottischen Inseln. Jetzt verstand ich auch, warum Sharab verboten war ... Das Getränk hatte die Wirkung eines Schmiedehammers, und die Nachwirkungen hingen über einem wie die vernichtende Wolke einer Atomexplosion. Als ich das Dorf verließ, um zu meinem Haus zurückzukehren, mußte ich über den örtlichen Polizeimann steigen, der in einem Graben lag und aussah, als sei er eben seinen tausendsten Tod gestorben.

Interessanterweise kamen mir immer wieder Hinweise auf seltsame Lichterscheinungen zu Ohren. Damals hatte ich noch nichts von Ufos gehört; die Eingeborenen nannten die Phänomene «Jauldrin-a-bauldrin». Zum ersten Mal wurde ich damit konfrontiert, als ich mit den Shikari in einer Höhle saß. Am Eingang der Höhle hatten sie ein loderndes Feuer entfacht, und die Schatten der Jäger hüpften über die Wände. Die Szene bildete einen sehr geeigneten Hintergrund für die Geschichte. Ich hatte gerade eine Mahlzeit Flughörnchen verspeist und war wohlig gesättigt, doch aufnahmefähig. Einer der Jäger, der etwas Englisch sprach, übersetzte, während ein Shikari seine Geschichte erzählte. Ein paar Monate zuvor war er auf dem Weg zurück in sein Dorf gewesen. Hinter einer Krümmung des Pfades sah er plötzlich fünf kräftige Lichter von der Helligkeit von Petromax-Laternen, die etwa in Brusthöhe über dem Boden schwebten. «Sie stiegen hoch» – dramatisch wies er zum Dach der Höhle –, «und dann waren sie verschwunden.»

Immer wieder, und ohne meinerseits das Thema erwähnt zu haben, hörte ich solche Geschichten, wenn ich die Eingeborenen über den Yeti befragte, den sie jedoch nicht gesehen hatten. Ich erinnere mich, in einem von Jim Corbetts Büchern gelesen zu haben, wie er und der Vizekönig von Indien solch merkwürdige Lichter an einer Felswand herumgeistern sahen, in der sich kein *homo sapiens* befinden konnte. Corbett wußte keine Erklärung; der Vizekönig ebensowenig.

Eines Tages, als die Sonne mühsam über dem schneebedeckten Rotang La hochkam, erschien der alte Dorfschulze mit einer interessanten Information bei mir. Er hatte von einer Höhle gehört, in der ein großes Skelett liege. Einem alten Jäger war ihre Lage bekannt, und der Dorfschulze zog den Schluß, es könne sich um kein Bärenskelett handeln, da der Shikari mit Bärenknochen vertraut sei. Das klang natürlich verheißungsvoller als alles andere bis dahin. Erwartungsvoll brachte ich die Lage des Dorfs in Erfahrung und gab meiner Absicht Ausdruck, es am nächsten Tag zu besuchen. Man versprach mir einen Führer zu besorgen. Mein Ehrgeiz, mir aus den Erträgen meiner Yeti-Forschung einen Mercedes 300 SL zu kaufen, erhielt neue Nahrung: von diesem exotischen Auto hatte ich schon lange geträumt, und es kommt ja vor, daß solche Wunschträume wirklich zum Bau von Schlössern oder Kauf von Limousinen führen. Mein Traum zerstob jedoch jäh, als wir erfuhren, daß der Shikari gestorben war; niemand außer ihm wußte, wo die Höhle lag.

Sechs Wochen vergingen so wie im Flug, und plötzlich stand Jeffs Ankunft bevor. Ich war mittlerweile zu dem Schluß gekommen, daß sich das Gebiet nördlich des Parbati-Tals am besten für unsere Suche eignet. Es war abgelegen und öde genug und wurde von Menschen nur selten aufgesucht.

Schwer und still lag nun der Winterschnee in Manali. Jeffs Ankunft fiel zeitlich mit einem interessanten Ritual in Renus Dorf zusammen: dem Fluch-Orakel. Aus diesem Orakel spricht die Göttin, und man versicherte uns, daß das Schauspiel fesselnd und von erzieherischem Wert sei. John bot sich als Dolmetscher an. Das Ritual fand in einiger Entfernung vom Dorf mitten in schneebedeckten Reisfeldern statt. Wir schlossen uns einer Gruppe kleiner Buben an, von denen jeder mit einer Weidengerte bewaffnet war. Die erwachsenen Bewohner des Dorfes hatten sich, ein paar Meter von uns entfernt, am Rande der Häuser versammelt.

Bald erschien das Orakel, ein dunkler, verdrießlich wirkender Mann von schwerer Gestalt; er sah aus, als handle er nicht nur mit Magie, sondern auch mit Depressionen. Gekleidet war er in das übliche Gewand aus selbstgesponnener Wolle, das zwar warm und zweckmäßig war, des eleganten Schnittes von Savile Row jedoch sichtlich entbehrte. Seinen Hut schmückte ein Blumenstrauß. Begleitet wurde er von zwei Männern, die eine Bambusstange trugen, und den Trommlern. Renu, der Cheftrommler, sah jetzt, da göttliches Wirken anstand, in angemessener Weise ernst aus.

Die Trommeln rollten, erst langsam, dann mit beschleunigten Wirbeln, und die Felswände warfen das Echo zurück. Erregte

Schreie ausstoßend und ihre Gerten schwenkend, begannen die Jungen, in einem großen Kreis um das Orakel herumzulaufen. Das rittlings auf der Stange sitzende Orakel wurde von den beiden Begleitern hochgehoben und langsam in Richtung des Dorfes getragen. Während dieser ganzen Zeit hüpften die Buben weiter im Kreis, hörten aber zu schreien auf, als das Orakel sprach. Der Mann stieß einen Schwall schrecklicher Flüche aus, welche die Jungen sogleich fröhlich wiederholten. Jede folgende Verwünschung war schlimmer als die vorhergehende; das Vokabular des Orakels schien unerschöpflich zu sein und sein Appetit auf Injurien unersättlich. Jeden neuen Fluch wiederholten die Buben mit schriller Stimme; viele der Ausdrücke waren Verballhornungen englischer Ausdrücke (immerhin haben wir auf diesem Gebiet das reichhaltigste Vokabular der Welt!). Mit der Übersetzung hatte John keine Mühe. Gemäß echter Kolonialtradition war er in Indien in einer guten englischen Schule erzogen worden.

Verschont blieb niemand; was über Jeff und mich gesagt wurde, war John offenbar peinlich, denn das meiste davon übersetzte er nicht. Wir nahmen alles gutmütig hin! Rascher und rascher kamen die Flüche; die Trommeln klangen wie endlos pulsierendes Pochen. Die Buben rannten schneller und schneller.

Schließlich erreichten wir das Dorf, und das Orakel konnte von seiner Stange steigen. Zweifellos war die unbequeme Beförderungsweise mit ein Grund für ihn, die Menschheit zu schmähen. Auf jeden Fall war so sichergestellt, daß sich das Vokabular des Unflats auf die kommende Generation weitervererbte. Jetzt traten zwei weitere, langhaarige Orakel hinzu. Nach einem rituellen Tanz hüpften sie zum Tempel, wo sie sich entkleideten und in einen Trancezustand zu fallen schienen. Sie saßen mit untergeschlagenen Beinen im Schnee, und ihre Augen rollten in furchterregender Weise, während sie komplizierte Verrenkungen mit ihren Armen vollführten. Ein paar auf langen *Narshingi*-Hörnern blasende Dorfbewohner wetteiferten mit den Trommlern. Dieser bewegte, verwirrende Zauber dauerte bis zum Anbruch der Nacht, wo die Orakel tönerne Scherben zerbrachen und die Ernte des kommenden Jahres vorhersagten.

Eine Woche später erkundeten wir auf Skiern die verlassenen Seitentäler des Parbati. Hoch über der Schneegrenze richteten wir Lager ein, zwischen denen wir nach Spuren suchten. Abdrücke fanden wir viele: Bärenspuren und Fußabdrücke des Schneeleoparden, der in der Nacht um unsere Zelte schlich. Anders als auf Skiern war eine Fortbewegung nicht möglich, der lockere Pulverschnee war zu tief. Über Nacht froren unsere Skispuren ein, so daß sie winzigen Skeletonbahnen glichen. Da wir recht mäßige Skifahrer waren, fürchteten wir uns vor Stürzen und Beinbrüchen.

Eine Gruppe von Spuren entdeckten wir in 4300 Meter Höhe zwischen ragenden Gipfeln. Dies schien seltsam, denn der Ort war für so einen Fund ungewöhnlich, und die Anzahl der Spuren belief sich nur auf fünfzehn. Ich nenne sie Spuren, aber in Wirklichkeit waren es eigentlich nur leichte Eindrücke im Schnee im Ausmaß von etwa zwanzig auf zehn Zentimeter. Sie kamen aus dem Nichts und führten nirgendwo hin: nur eine Gruppe von fünfzehn Spuren auf einem offenen Schneefeld. Dem Wesen, das sie verursacht hatte, schien Mutter Erde oder der Schnee, auf dem es gelandet war, nicht gefallen zu haben, so daß es seinen Besuch bald wieder abbrach. Unberührter Schnee umgab Anfang und Ende der Abdrücke. Schließlich sahen wir die Vergeblichkeit unserer Bemühungen ein. Zu Hause war gut über die besondere Eignung des Winters für die Yeti-Jagd zu theoretisieren; man mußte dem Yeti indes auch ein gewisses Maß an Verstand einräumen. Wahrscheinlich war er sogar wesentlich schlauer als wir und tummelte sich im gleichen Augenblick in den niedriger gelegenen Wäldern, wo es genügend Nahrung, Unterschlupf und Schutz vor neugierigen Blicken gab! Gestützt wurde diese Theorie später von anderen Naturforschern, die ebenfalls zu dem Schluß kamen, daß die Ödnis des Himalaya einem großen Tier zu wenig zum Leben biete. Nach zwei Monaten fruchtloser Suche kehrten wir zum Parbati zurück. Wir waren glücklich, wieder einmal den Anblick von Gras genießen zu können, und es war so erstaunlich grün, daß wir fast glaubten, in einem farbenfrohen Märchenland angekommen zu sein. Auch wenn ich bei späteren Himalaya-Expeditionen Wochen im Bereich des ewigen Schnees verbracht hatte, freute ich mich immer wieder auf den Abstieg in Regionen, wo üppigere Farben die Sinne erfreuten.

In Manikaran im Parbati-Gebiet gibt es heiße Quellen. Dort nahmen wir ein dringend nötiges Bad. Später am gleichen Tag machten wir uns auf den breiten Weg hinunter in die Zivilisation. Auf einem ebenen Stück des Pfades hatten wir eine Ruhepause eingelegt, als wir eine Menschengruppe herannahen hörten. Unsere Träger wurden sehr aufgeregt und schrien:

«*Deabta*, Sahibs!» Eine Gottheit näherte sich. Dann kam eine seltsame Prozession um die Wegbiegung. Männer und Frauen in ihren besten Gewändern – ein wildes Chaos von Farben – trugen Kessel und Dreizacke. Eine Zehn-Mann-Kapelle massakrierte auf höchst verwunderlichen Instrumenten, die jeden Blechschlosser in sprachloses Erstaunen versetzt hätten, ein offenbar populäres Stück. Das Ergebnis war eine endlose Kakophonie kreischender Trompeten und schmetternder Zimbeln. Das Gewand des Gottes oder der Göttin (das Geschlecht dieser Bildnisse habe ich nie feststellen können) war mit Borten und Blumen verziert, und getragen wurde die Gottheit von zwei Männern in der Mitte der Gruppe.

Es handelte sich nicht um einen gewöhnlichen Götter-Urlaub. Wie wir erfuhren, war die Gottheit auf dem Weg zu einem Bad in den heißen Quellen von Manikaran. Das Orakel hatte der «Versammlung» die Wünsche der Gottheit offenbart. Ein klapperdürrer Mann in der Gruppe befand sich bereits in Trance. Offenbar war er von einer Überdosis Götterkult «high» und rollte die Augen, als hätte er sie auf den Rand eines großen, rotierenden Rades gerichtet. Die Männer, die das Götterbild trugen, schienen ebenfalls unter dem Einfluß eines Zaubers zu stehen. Sie stießen den armen augenrollenden Kerl herum und warfen ihn mehrere Male zu Boden, wobei sein Gesicht sich vor Schmerzen verzerrte. Sie jedoch schienen eine andere Ursache zu haben, denn soweit man sah, fügten ihm die Gottesträger keine Verletzungen zu.

Einen Teil der Vorgänge filmte ich. Ich war fasziniert von der Art, wie die Gottheit hin- und herschwankte und manchmal, wie von anderen Kräften als denen der zwei Träger bewegt, regelrecht in die Höhe schnellte; sie wirkte dann wie eine an unsichtbaren Fäden hängende Puppe. Die Träger operierten offenbar mit sehr geschickten Kunstgriffen, durch die sie den Eindruck hervorriefen, als seien unbekannte Kräfte am Werk und als seien sie von ihren Armbewegungen selber überrascht. Das Ganze war ein verwirrendes Schauspiel; innerhalb von Minuten waren sie an der nächsten Wegbiegung, und man hätte meinen können, es sei alles ein Traum gewesen, wäre da nicht das verebbende Getöse der Musikkapelle gewesen, die mit neuer Inbrunst einen abgedroschenen Hit attakkierte.

Wir setzten unseren Rückweg in die Zivilisation fort. Ich hatte mich zu der Einsicht durchgerungen, daß der Yeti nicht existierte oder aber ausgestorben war. Daß ich zwanzig Jahre später in einem der entlegensten Gebiete des Himalaya erneut nach ihm suchen würde, ahnte ich nicht.

5 *Der kalte Kaukasus*

Ehe ich vom Kaukasus – jenem Gewirr eisiger, kantiger Spitzen zwischen dem Schwarzen und dem Kaspischen Meer – erzähle, sollte ich George Ritchie vorstellen. Dazu muß ich auf das erste Mal zurückkommen, als ich etliche Jahre zuvor per Anhalter in die Alpen fuhr.

Es war in der ersten Nachkriegszeit. Auf dem Kontinent konnte man Brotmarken verhökern, und Kaffee wurde wenn nicht mit Gold, so doch mit viel Extra-Taschengeld aufgewogen. Dank der Nachfrage nach Brotmarken und Kaffee kosteten mich meine sechswöchigen Ferien nur zehn Pfund, und da ich knapp bei Kasse war, lief ich, wenn mich niemand mitnahm, zu Fuß. In Richtung Zermatt war damals überhaupt kein Autoverkehr erlaubt. Auch heute dürfen nur Einheimische die Straße benutzen, und ich mußte meine Beine gebrauchen, um den ersten Blick auf das Matterhorn werfen zu können. Dies ist ein Verfahren, das ich bestens empfehlen kann, denn einem ersehnten Ziel, dessen man zum ersten Mal im Leben ansichtig wird, buchstäblich Schritt für Schritt näherzukommen, ist ein Erlebnis besonderer Art. Verfährt man so, heischt der Berg unweigerlich mehr Bewunderung, als es solch einem Steinhaufen zukommt. Man kann dann auch die Haßliebe verstehen, welche die ersten Bergsteiger angesichts der hoch aufragenden Massive empfanden. Natürlich hatte ich den Bericht über die Erstersteigung des Matterhorns durch Edward Whymper von 1865 wieder und wieder gelesen, und als ich müde nach der Jugendherberge suchte, beschloß ich, ebenfalls diesen Berg zu erklettern. Gekleidet war ich in meinen abgetragenen Kilt; naiverweise glaubte ich, Autofahrer würden mich so eher mitnehmen. Rückblickend muß ich einräumen, daß er wohl vor allem Zweifel bezüglich des Geschlechts des Trägers erregte. Während dieses Aufenthalts bezwang ich tatsächlich beim zweiten Versuch das Matterhorn. Um Hüttenkosten zu sparen, stieg ich in einem Tag von Zermatt auf und wieder zurück – eine sehr kräfteraubende Tour mit fast 3300 Meter Höhenunterschied.

Kurz zuvor hatte ich mich einer Gruppe britischer (hauptsächlich aus Wales stammender) Bergsteiger angeschlossen, die in einer Scheune außerhalb des Ortes residierten. Die Vorsehung verhinderte, daß ich dort schlief, als das Gebäude bis auf die Grundmauern niederbrannte. Später schloß ich mit einigen der angesengten Kletterer Freundschaft. Scotty Dwyer befand sich darunter, ein altes Mitglied des Creagh Dhu, das nun in Wales lebte, außerdem Dicky Mosely und Derek Haworth. Derek war äußerst extrovertiert und strahlte ansteckenden Enthusiasmus aus. In einem früheren Zeitalter hätte er ein Fahrender Ritter sein können. Wahrscheinlich war er einer der besten Kletterer seiner Generation, wenngleich er in Eis und Schnee wenig Erfahrung hatte. Auf seinem vierventiligen Rudge-Motorrad, das er stets in wahnwitziger Geschwindigkeit fuhr, war er illegal nach Zermatt gereist, wo er es in einem Heuhaufen versteckte. So entging es glücklicherweise dem Brand. Derek war Arzt; sein Begleiter war George Ritchie aus Edinburgh. George war mehr Bergsteiger als Klettergymnast und hatte schon überall in den Alpen Touren gemacht. Er war klein und dunkelhaarig, bewegte sich rasch und gewandt und besaß die Energie eines Terriers.

Kaum hatte ich die Bekanntschaft dieser beiden Experten gemacht, beschloß Derek, wir sollten sofort den Zmuttgrat, eine der schwierigeren Routen auf das Matterhorn, angehen. Er vergaß allerdings zu erwähnen, daß die Bedingungen dafür hoffnungslos ungünstig waren und in dieser Saison noch keine britische Gruppe den Berg erklettert hatte. Mehr von unserem Enthusiasmus als von vernünftiger Überlegung geleitet, machten wir uns auf den Weg zur Schönbiel-Hütte. Steigeisen hatte ich keine; sie lagen damals außerhalb des Bereichs meiner Möglichkeiten. Immerhin trug ich ein Paar schwerer genagelter Stiefel mit eisernen Beschlägen am vorderen Sohlenrand. Ich hatte sie günstig in den Glasgow Barrows erstanden; stürzte ich ab, so war dank dieser Stiefel sichergestellt, daß es mit den Füßen voraus geschah.

Wir erreichten gegen neun Uhr abends die Hütte. Der Hüttenwart, ein robuster, mürrischer Bergführer, begegnete unserem Vorhaben mit unmißverständlicher Antipathie. Die Route, sagte er, sei für erfahrene Bergsteiger, nicht für Kinder, und warf mir einen abschätzigen Blick zu.

«In dieser Saison», verkündete er auf deutsch, während George übersetzte, «sind die Wege noch vereist und unbegehbar.» Georges Versicherung, daß er die Gruppe bestimmt zurückführen werde, ehe eine Katastrophe passiere, konnte ihn nicht beruhigen. Verzweifelt versuchte er es noch in den frühen Morgenstunden, als wir im Begriff waren, loszugehen, mit Bestechung.

«Kommt lebend zurück, und ich geb' euch 'ne Flasche Schnaps.»

Wir sagten ihm adieu und betraten um 2.30 Uhr morgens den Gletscher, auf dem wir im schwachen Licht einer Kerzenlaterne Tritte hackten. Einen Führer hatten wir uns nicht gekauft – nur eine Postkarte (viele Jahre später übrigens, als Chris Bonington und ich die ersten Briten waren, welche die Eiger-Nordwand zu durchklettern versuchten, benutzte ich wieder eine Postkarte mit einer darauf eingetragenen Route – den «Führer» des armen Mannes). Da unsere Postkarte vom Matterhorn im Winter aufgenommen worden war, half sie uns in der kalten, grauen Morgendämmerung nicht viel. So kam es, daß wir zu weit hinüber in die Tiefmatten-Wand und damit in die Zange des berüchtigten Penhall-Couloirs gerieten. Ich war froh, meinen gutgelüfteten Kilt in Zermatt als Zudecke für Dereks Motorrad zurückgelassen zu haben, denn jetzt blies ein kalter Wind. Daß ich keine Steigeisen hatte, muß meine beiden Begleiter behindert haben, aber sie beklagten sich nicht; ich war so etwas wie ein Lehrling. Ich sah ihnen zu, wie sie abwechselnd in unseren steilen, eisigen Pfad Stufen schlugen. Dies verursachte einen ständigen Hagel von Eispartikeln, und von Zeit zu Zeit schälten sich kleine Schneelawinen ab, so daß eine schwärzliche Eisnarbe zurückblieb. Zusammen arbeiteten wir uns vorwärts; Zeit, uns mit Haken zu sichern, hatten wir nicht. Der Übergang schien endlos wie eine Tretmühle und wurde nach und nach immer steiler. Der Grund war klar, als wir oben ankamen: Offensichtlich hatten wir unseren Weg verfehlt. Wir waren auf eine Messerkante aus Schnee geraten, die zu einem Zackenkranz am Fuß der Gipfelpyramide führte, statt den Schneegrat an ihrem unteren Ende zu erreichen.

Unsere Ankunft wurde vom Kontrabaß-Orchester der Natur begleitet. Als wir uns umschauten, sahen wir, daß hinter der Dent Blanche Gewitterwolken emporquollen. Mir, der ich ein Neuling bei dieser Art von Kletterspaß war, sagte mein Instinkt, daß wir uns so schnell wie möglich in Sicherheit bringen sollten. Erleichtert stellte ich fest, daß die anderen meine Einschätzung teilten. Wie Seiltänzer am Zahltag hasteten wir den schmalen Schneegrat hinunter, als der Sturm zu toben anfing. Nicht daß er langsam damit begonnen hätte, uns mehr Flocken ins Gesicht zu treiben: er brach urplötzlich los wie eine Detonation. Am Ende des Grates angekommen, stellten wir fest, daß die Normalroute zur Hütte, über die wir eigentlich hätten aufsteigen sollen, wegen des lockeren Schnees für den Abstieg zu gefährlich war. Uns blieb keine Wahl: Wir mußten irgendwo Unterschlupf suchen und zusehen, daß wir überlebten. Aus dieser höllischen weißen Wüste hob sich wie eine Oase eine Gruppe von Felsblöcken ab. Derek sagte oder schrie vielmehr, was allen klar war:

«Hier biwakieren wir!»

«Biwakieren» war ein Ausdruck, den ich damals nur aus Berichten über Feldzüge kannte. Dieses erste Biwak meines Lebens – dem später noch viele folgten – sollte gleichzeitig eines der schlimmsten werden, denn der Platz, den wir gewählt hatten, war einer der exponiertesten an diesem ganzen Berg. Ein Schneeloch zu graben, erwogen wir nicht einmal. Damals war so etwas nicht in Mode, und auch wegen des erforderlichen Zeit- und Arbeitsaufwandes war gar nicht daran zu denken.

Es waren ein paar Spalten in diesen Felsen, die Derek und ich mit unserem starken Überlebensinstinkt sofort mit Beschlag belegten. George ging daran, einen kleinen Schutzwall zu bauen – eine schwierige Aufgabe, denn das Material mußte erst aus dem Schnee geholt werden. Ich hatte einige Mühe, richtig in meine Spalte hineinzukommen. Als ich mich ein paar Minuten später wieder nach George umdrehte, war er in schimmerndes Licht getaucht; jeder Wassertropfen auf der Kapuze seines Anoraks schien Funken zu sprühen. Es war ein unheimlicher Anblick. George hörte ein summendes Geräusch, wie er später erzählte, und begriff nun, daß es sich um Elmsfeuer handelte. Er warf sich hinter seiner Steinmauer nieder, wobei sich die elektrische Ladung auf den Felsen übertrug, unter dem ich lag. Das Phänomen begann mit kleinen Funken, die schließlich zu einem über vierzig Zentimeter breiten Bogen anwuchsen. Plötzlich entlud sich die über uns hängende Wolke mit einem grellen Blitz, begleitet von einem ohrenbetäubenden Krachen, als sei die ganze Welt in Stücke geborsten. Von meinem Unterschlupf aus sah ich dort, wo der Blitz eingeschlagen hatte, ein Stück Fels glühen – etwas, das mir seither nie wieder begegnet ist. Unsere Eisenwaren waren natürlich in gebührendem Abstand deponiert, doch hatte ich Sorge, daß meine superleitenden Stiefel mir Schlimmeres als kalte Füße eintragen könnten.

Als Kind hatte ich im Varieté die Nummer des großen Professor Body gesehen. An einen elektrischen Stuhl geschnallt, hatte er die Wirkung starker Stromstöße überlebt. Damals hatte mich das höchlich beeindruckt, und jetzt, in der Morgendämmerung am Berg, fühlte ich mich, wie sich der sooft von elektrischen Schlägen durchjagte Künstler nach seinem Auftritt gefühlt haben mußte. Freilich waren wir alle froh, noch am Leben zu sein, und machten von der Unbequemlichkeit unseres Biwaks wenig Aufhebens. Schon bald sollten uns neue Gefahren drohen. Nachdem wir das Eis von unserem Seil gekratzt und unsere Eispickel geholt hatten, machten wir uns auf den Weg, steif wie Spielzeugsoldaten. George entschied, es sei am sichersten, zur Hörnli-Hütte zu gehen. Diese Hütte liegt auf einem Grat gleichen Namens am Fuße des normalen Aufstiegs zum Matterhorn.

Schließlich gelang es uns, im tiefen Schnee eine breite Stufe im unteren Teil der Nordwand zu überqueren, und wir erreichten einen Punkt oberhalb eines großen Firnblocks. Hier war ein gut zwanzig Meter tiefer, senkrechter Absturz, der nicht zu umgehen war. Inzwischen hatte es etwas aufgeklart; über uns konnten wir die Hörnli-Hütte und die Reflexe von Ferngläsern sehen: Man beobachtete uns. Meine beiden Freunde sagten, daß wir uns abseilen müßten. Wir entrollten das Seil, legten es doppelt zusammen und warfen die losen Enden hinunter. Dereks befriedigtes Grunzen verriet, daß es fast bis zu dem leichten Hang unter uns reichte. Er schlug einen Eispoller, um es daran zu verankern. Ich ließ mich als erster hinunter und erreichte mühelos festen Boden. Die beiden anderen kamen rasch nach. Derek zog nun am einen Ende des Seiles – es war eines der damals neumodischen Nylonseile –, um es herunterzuholen, aber es bewegte sich nicht von der Stelle! Auch unsere gemeinsamen Bemühungen halfen nichts. Jetzt wollte Derek hinaufklettern, aber da ein Teil der Wand überhängend war, gelang es ihm nicht. Er ließ sich also wieder herunter und verkündete atemlos, daß ich als das jüngste und fitteste Mitglied der Gruppe wieder hinaufmüsse! Ich bat ihn – in allem Respekt, versteht sich –, sich zum Teufel zu scheren. So stiegen wir ohne unser Seil zur Hörnli-Hütte hinauf. Alexander Graven, der vom Sturm in der Hütte festgehalten worden war, hatte mit Verwunderung zugesehen, wie drei Gestalten vom Zmutt zurückkehrten, wo dieser entsetzliche Sturm getobt hatte. Ohne daß wir es merkten, hatten uns seine Kameraden gute Ratschläge zugerufen, während wir uns bei dem Firnblock abplagten.

Meine Alpenferien zum Preis von zehn Pfund hinterließen mir einen bleibenden Eindruck. Meine langjährige Freundschaft mit Derek und George nahm damals ihren Anfang. Allerdings kletterte ich erst 1962 wieder mit George. In der Zwischenzeit hatten wir beide auf Touren in den verschiedensten Teilen der Welt Erfahrungen gesammelt.

Eines Tages besuchte mich George in meinem Landhäuschen in Glencoe und berichtete mir, der Schottische Bergsteigerklub habe nach jahrelangen Verhandlungen eine Einladung erhalten, gemeinsam mit dem Alpinen Klub eine Gruppe in den sowjetischen Kaukasus zu entsenden. In drei Wochen wolle man aufbrechen. Ob ich interessiert sei? Ich war, fühlte mich aber verpflichtet, darauf hinzuweisen, daß ich kein Mitglied dieses illustren Klubs sei. George war der Ansicht, das sei eine Kleinigkeit und man werde sicher eine Regelung finden. Ich sei schließlich Schotte, erklärte er, und die Einladung sei an Repräsentanten Schottlands gerichtet. Als ich meine nächsten Bedenken wegen der Kosten vorbrachte, erklärte sich George großzügig bereit, für alles aufzukommen, was meine gegenwärtigen finanziellen Möglichkeiten überstieg. Damals machte ich gerade Fernsehfilme für Associated Rediffusion, und als John Rhodes, der Produzent der Serie, mir grünes Licht für einen halbstündigen Dokumentarfilm über den Kaukasus gab, konnte ich George mein Einverständnis erklären.

George war hocherfreut und stürzte sich sofort in hektische Vorbereitungen; wo er beteiligt ist, läuft alles mit doppelter Geschwindigkeit ab, und meist arbeitet er an zehn Vorhaben gleichzeitig. Das dritte Mitglied unserer Gruppe war Michael Vyvyan, ein Dozent der Universität Cambridge. Er war Mitglied des Alpinen Klubs, sprach Russisch, war schon in Rußland gewesen und kannte den britischen Botschafter in Moskau. Vyvyan sollte nach Moskau fliegen, während wir die Reise in Georges Mini machen wollten. Minis waren damals noch eine interessante Neuheit, und jeder Besitzer eines solchen Wägelchens fühlte sich wie der Fahrer eines kleinen Ferrari. George und ich waren da keine Ausnahme, und nach den üblichen Schwierigkeiten bei der Visa-Besorgung etc. begaben wir uns auf die Reise.

Als wir den Eisernen Vorhang durchquert hatten, hatten wir wirklich den Eindruck, in einer anderen Welt zu sein, in der das Leben eine metallisch-graue Farbe hatte. Selbst Gebisse wurden hier aus rostfreiem Stahl gefertigt. Es war gespenstisch, auf den leeren ostdeutschen Autobahnen auf Bombenkrater zu stoßen, unverheilte Wunden des letzten Krieges. Bei Brest überquerten wir die russische Grenze. Der grimmige Blick des Soldaten, der die

Brücke bewachte, ließ darauf schließen, daß er seit ein paar Wochen keine Wodka-Ration mehr erhalten hatte. Am ersten Abend suchten wir Zuflucht auf einem offiziellen Camping-Platz, erhielten aber dort den Bescheid, wir hätten nicht die nötigen Gutscheine. Erschöpft schliefen wir schließlich ein paar Stunden am Straßenrand, ehe wir weiterfuhren.

Drei Tage, nachdem wir London verlassen hatten, tauchten vor uns wie ein Trugbild die hohen Gebäude Moskaus aus der Ebene auf. Es war ein eindrucksvoller, unvergeßlicher Anblick.

Wir hatten auf der Fahrt nur wenig geschlafen. Jetzt, in der Hauptstadt, befiel uns ein Alptraum. Überall waren Verkehrsampeln, und es waren noch keine zehn Minuten vergangen, als Polizisten Handlautsprecher auf uns richteten und uns, wie es schien, wichtige Informationen zukommen ließen – wenn wir sie nur verstanden hätten! Retter in der Not war schließlich ein freundlicher britischer Tourist, der uns zum Hotel Leningradskaya brachte, wo wir uns melden sollten. Am Empfang lächelte uns eine hübsche, junge Dame zu, während sie sich mit einem stattlichen Amerikaner befaßte. Der Mann lamentierte über die hohen Preise und sagte, er könne wegen der Kosten nur einen Teil der ursprünglich geplanten Zeit bleiben. Ich fuhr mir mit der Zunge über die Lippen und warf George einen besorgten Blick zu. George hatte als echter Schotte ebenfalls aufgehorcht. Als die Reihe an uns war, von der charmanten Venus bedient zu werden, schalteten wir rasch in den Rückwärtsgang. Statt nach Zimmern zu fragen, erkundigten wir uns, wo es Gutscheine für den offiziellen Moskauer Camping-Platz gebe. Wir waren rasch zu der Einsicht gekommen, daß uns dies unzählige Rubel sparen konnte. Die taktvolle junge Dame verstand unsere mißliche Lage sofort. Mehrere tausend Kilometer in einem Mini hinterlassen selbst bei solchen Menschen unübersehbare Spuren, die die Reise in makelloser Verfassung antreten, was bei uns durchaus nicht der Fall war! Sie war aus Leningrad und sang wie alle Leningrader, die fern ihrer Heimat sind, das Loblied dieser Stadt. Wir nahmen auf dem Camping-Platz von Moskau Quartier.

In Rußland campt man luxuriös. Überflüssig, ein Zelt aufzustellen oder eine Luftmatratze prallzupumpen. Alles war da. Die Zelte hatten sogar Lattenroste über den Bodenplanen und waren mit Feldbetten und Stromanschluß ausgestattet. Das war alles nicht billig, doch trösteten wir uns mit dem Gedanken, dadurch, daß wir nicht im Hotel übernachteten, ein kleines Vermögen zu sparen.

Die Lebensmittelversorgung war schlecht. Eine Marktfrau gab uns jedoch zu verstehen, daß sie Eier für uns haben würde, wenn wir am nächsten Tag wieder kämen. Tatsächlich hatte sie dann ein halbes Dutzend unter dem Tisch beiseite gelegt.

Am auffallendsten war die völlige Selbstlosigkeit der russischen Menschen; nichts war ihnen zu mühsam. Zu Hause war eines meiner Hobbys der Besuch von Versteigerungen gewesen. Auf diese Weise war ich unter anderem in den Besitz eines über hundert Jahre alten englisch-russischen Lexikons gekommen. Wenn ich es hastig durchblätterte, um irgendein bestimmtes Wort zu finden, sammelte sich rasch eine kleine Menschenmenge um mich, denn mein Lexikon war eine Rarität. Nur ein kurzer Blick darauf, und die Russen schüttelten sich vor Lachen.

In mancher Hinsicht erinnerte mich Moskau an Glasgow, und deswegen fühlte ich mich dort rasch zu Hause. Außer der selben Vorliebe für Alkohol begegnet man dort auch der gleichen Hilfsbereitschaft für den Fremden. Wir brauchten nur jemand nach irgendeinem Platz zu fragen, und er fühlte sich sofort verpflichtet, uns persönlich dorthin zu führen. Am zweiten Tag nach unserer Ankunft suchten wir das Haus des Russischen Bergsteigerbundes in irgendeinem obskuren Gäßchen. Nicht genug damit, daß uns ein gewissenhafter russischer Bürger die fünf Kilometer persönlich hinführte; er bestand auch darauf, uns in den Lift, zur Empfangsdame und sogar ins Büro von Eugen Gippenreiter, unserem Kontaktmann beim Bergsteigerbund, zu begleiten. Erst als uns Gippenreiter begrüßt hatte, verbeugte sich unser Führer und ging.

Nun erfuhren wir, daß Michael Vyvyan seine Abreise aus England verschoben hatte, weil er nicht glaubte, wir würden mit dem Mini in drei Tagen Moskau erreichen. Gippenreiter teilte uns mit, um unsere Unterbringung habe man sich bereits gekümmert, und wies uns darauf hin, daß ein Aufenthalt in der Stadt ohne offizielle Anmeldung zu Schwierigkeiten führen könnte. Nachdem wir noch durch andere Vertreter des Bergsteigerbundes begrüßt worden waren, brachte man uns zum Hotel Metropol, in dem wir eine geräumige Suite bezogen. Orientteppiche, Goldlack, roter Plüsch, Springbrunnen, diskrete Zimmermädchen – die altertümliche Pracht wirkte wie frisch aus einem Roman von Agatha Christie, und das Ganze kostete nicht mehr als der Camping-Platz. Wir hatten Geschäftsvisa, aufgrund derer uns, wie wir jetzt feststellen konnten, Vorzugsbedingungen eingeräumt wurden.

Wie trockene Schwämme sogen wir den Luxus des Hotels in uns auf und warteten auf Michael. Nach seiner Ankunft verloren wir nicht mehr viel Zeit, sondern flogen am nächsten Tag mit einem TU-100-Jet nach Mineralnje Vody. Flugreisen sind in der Sowjetunion kaum teurer als Eisenbahnfahrten, was dazu führt, daß häufig Bauern aus Agrargegenden auf dem Luftweg nach Moskau reisen, um dort ihre Erzeugnisse feilzubieten. Bei unserer Abreise aus Moskau wurden wir bevorzugt behandelt; in diesem Land, in dem «alle Schweine gleich sind» (um eine Formulierung Orwells zu entlehnen), waren wir gleicher als fast alle andern. Wir wurden als erste an Bord geleitet und konnten uns unsere Plätze aussuchen. Eine kleine, aber gewichtige Abordnung von «Meistern des Sports» flog mit uns; sie sollten mehrere Monate in den Bergen verbringen, hauptsächlich als Berater. Mit von der Partie war noch ein Spezialreporter für Bergsteigerei, der uns während unseres ganzen Aufenthaltes begleiten sollte; seine Aufmerksamkeit galt vor allem Michael Vyvyan. Später tauften wir ihn die «Wespe», zum einen wegen des hellgelb-schwarz gestreiften Fußballtrikots, das er trug, zum anderen in Anerkennung der Emsigkeit, mit der er Michael umschwirrte.

Von Mineralnje Vody fuhren wir über einhundertfünfzig Kilometer weit durch Tabak-, Mais- und Sonnenblumenfelder; zuweilen sahen wir berittene Kuhhirten. Dann führten uns immer staubiger und holpriger werdende Straßen ins Herz des Kaukasus. Ich wurde an Kiplings Zeile «Wo alle Wege enden» erinnert. Für uns endeten sie im Spartak-Camp. Wir fühlten uns mehr wie eingerostete Klappmesser denn wie Bergsteiger, als wir aus dem Auto kletterten und unsere schmerzenden Glieder streckten. Über die Bäume ragten Berge hoch wie ein eisiger Traum. Das war es, wofür wir all diese Mühen auf uns genommen hatten! Die Luft war klar und vom Duft von Tannen und wilden Blumen erfüllt. Die Heiterkeit der Stimmung wurde abrupt durch das Lautsprechersystem unterbrochen, das zur offiziellen Willkommensparade für uns aufrief.

Wie andere Lager im Kaukasus ist Spartak Camp eine Gewerkschaftseinrichtung, die auch von Schulen und anderen Organisationen benützt wird. Das Hauptgebäude ist ziemlich groß und dient als Kursraum, Spielzentrum und Kantine, während die Mehrzahl der Gäste oder Schüler, die hier Bergsteigerkurse absolvieren sollten, in Zelten (wie wir sie in Moskau benutzt hatten), Schlafsälen und

Blockhäusern untergebracht waren. In einem müßigen Augenblick ging mir der Gedanke durch den Kopf, wieviele Millionen solcher Zelte wohl existierten. Bald zeigte man uns unsere Unterkunft in einem der Blockhäuser in der Nähe des Hauptgebäudes. Michael, angemessen in Empire-Building-Shorts gekleidet, verkündete, es sei Zeit für den Tee, holte einen Kocher, einen kleinen Kessel und ein Paket Darjeeling aus seinem Rucksack und ging daran, auf der Veranda das Gebräu zu bereiten – sehr zur Konsternation der Russen in den nebenan liegenden Häuschen. Dieses Verhalten entsprach offensichtlich nicht dem geltenden Kodex!

Bald war uns klar, daß hier strenge Regeln herrschten, die mich an meine Soldatenzeit erinnerten. Freilich war der Wehrdienst, den ich in Tirol ableistete, nicht besonders anstrengend gewesen. Pünktlich um sechs Uhr morgens echote in Spartak die metallische Stimme des Großen Bruders aus den Lautsprechern, forderte jeden einzelnen auf, fröhlich und munter zu sein und verkündete, wann die Körperertüchtigung begann. Von den Lagerinsassen wurde erwartet, daß sie, von Lebensfreude erfüllt, aus dem Bett sprangen und herumspurteten, Volleyball spielten oder auf andere Weise Energien entluden. Am ersten Morgen starrte ich aus schweren Augenlidern unwillig einen vor Gesundheit strotzenden jungen Mann an, der in der Badehose in unser Zimmer gestürmt kam und uns drängte, gemeinsam mit der Jugend der Sowjetunion das dortige Gegenstück der Göttin der Morgenröte zu verehren.

«Hau ab, Jimmy!» sagte ich so konziliant wie möglich. «Da, wo wir herkommen, ist sowas nicht sehr beliebt.»

Möchte ein Russe seinen Urlaub in einem der Lager im Kaukasus verbringen, bewirbt er sich bei der Gewerkschaft. Kommt er zum Zug, wird jede Woche ein kleiner Teil seines Lohns für den bevorstehenden Urlaub einbehalten. Urlaub auf Stottern. In gewisser Weise ähneln die Camps den Zentren des Sports Councils in England, wo das Hauptgewicht auf Unterricht liegt. Die Tutoren in diesen alpinen Camps sind qualifizierte Bergsteiger und gewöhnlich Meister des Sports. Sie kommen aus allen Berufen; um diesen Titel zu erreichen, sind Jahre harten Trainings und viele schwierige Besteigungen nötig. Die Meister des Sports verbringen mehrere Monate des Jahres in den kaukasischen Camps. Ihre Entlohnung ist geringer als die in ihrem normalen Beruf, doch betrachten sie ihre Zeit im Gebirge als bezahlten Urlaub. Es gibt Kurse verschiedener Schwierigkeitsgrade, beginnend bei einfacher Gletscherarbeit oder

Flußdurchquerungen bis hin zu Besteigungen schwierigerer Gipfel im Kaukasus. Ihre Ausrüstung besorgen sich die Bergsteiger bei einer Verkaufsstelle im Lager; nach westlichen Maßstäben ist sie sperrig und schwer, aber doch funktionell. Man geht noch in genagelten Stiefeln, die jedoch für diese Art von Gelände ganz gut geeignet sind, wenn auch im Tragen kälter als normale Kletterstiefel mit Gummisohlen.

Russischen Bergsteigern ist eine Disziplin anerzogen, die für westliche Besucher, die in den Bergen eher die Freiheit suchen, schwer verständlich ist. Für den durchschnittlichen Kletterer liegt ein Teil der Anziehungskraft der Berge gerade im völligen Fehlen jeder Bürokratie; sein Hobby eröffnet ihm die Chance, den Einschränkungen zu entkommen, die ihm Gesellschaft und Stadtleben auferlegen. In Rußland darf ein Bergsteiger nur Touren gehen, die seiner Erfahrung und seinen Fähigkeiten entsprechen, und für jede Route wird eine Kontrollzeit angegeben. Anders gesagt: Wenn man um die Erlaubnis nachsucht, das Camp verlassen zu dürfen, muß man seine Absicht möglicherweise vor einem Gremium Verdienter Meister des Sports rechtfertigen. Dieser bürokratischen Institution ist zu erläutern, wieviel Zeit man für die in Aussicht genommene Route veranschlagt, wobei man noch eine gewisse Sicherheitsmarge hinzufügen sollte, um dem häufig schlechten kaukasischen Wetter Rechnung zu tragen. Die Verdienten Meister des Sports sind meist ältere Tiger mit stumpfen Klauen. Sind sie mit dem vorgetragenen Plan und dem Wetterbericht zufrieden, erhält man Erlaubnis und Proviant. Kehrt man nicht innerhalb der angegebenen Frist zurück, wird am Ende der Kontrollzeit ein Rettungstrupp losgeschickt. Häufig gibt man auch die erreichten Positionen durch Entzünden von Fackeln kund oder übermittelt sie über Sprechfunkgeräte. Einem Bürger westlicher Länder mag so etwas übertrieben und seltsam erscheinen, aber trotz dieser Vorsichtsmaßnahmen gibt es eine nicht geringe Anzahl von Unfällen. Werden Berge von der Höhe und Schwierigkeit der kaukasischen Gipfel popularisiert, dann ist es unvermeidlich, daß es zu ernsten Unfällen kommt. Selbst während unseres kurzen Aufenthaltes in Spartak kamen dort sieben Menschen ums Leben.

Aber zurück zu unserem ersten Morgen. Einige Zeit, nachdem die Schreie der sportaktiven russischen Jugend verstummt waren, krochen wir aus unseren Höhlen und stapften beschämten Gesichts zum Speisesaal, um zu sehen, was sich für unser spätes Frühstück noch organisieren ließ. Aber mit Salat, Früchten und Dessert ähnelte die Mahlzeit eher einem richtiggehenden Mittagessen. An diesem Morgen fand eine Besprechung statt, in der entschieden werden sollte, wie wir die Zeit unseres Aufenthaltes am besten nutzen konnten. Ich erwähnte, daß ich einen dreißigminütigen Film machen müsse, um für die Kosten meiner Reise aufkommen zu können. Die Verdienten Meister des Sports hatten nichts dagegen einzuwenden; möglicherweise bemitleideten sie mich als Opfer des Kapitalismus. Sie versprachen sogar zu helfen. Als erstes, so wurde entschieden, sollten wir eine Trainingstour machen; anschließend standen uns dann schwierigere Routen bevor.

Zwei junge Meister des Sports wurden uns vorgestellt: Eugen Tur, ein Ingenieur aus Gorki, und Igor Bandurovski, ein Lehrer aus Odessa. Beide waren von ruhiger Wesensart: Eugen kurz und kompakt, Igor groß und schlank. Michael Vyvyan hatte etwas weniger ehrgeizige Pläne als George und ich. Er erklärte, ein Besuch der Bezingi-Region sei für ihn von besonderem Interesse und er wünsche sich die Begleitung eines dafür geeigneten Bergsteigers. Der offizielle Reporter, die «Wespe», trat sofort in Aktion und erbot sich, sehr zu Michaels Kummer, mit ihm zu gehen. Man machte den Vorschlag, daß George und ich als Trainingstour den relativ leichten und niedrigen Gipfel des Kubang Bashi angehen sollten. Weder Igor noch Eugen, die uns begleiten sollten, hatten ihn vorher bestiegen, und überdies war der Zugang nicht schwierig. Schließlich ging es zunächst darum, daß wir uns akklimatisierten, und dieser Berg schien gerade das zu sein, was wir brauchten. Am nächsten Tag verabschiedeten wir uns von Michael und der «Wespe» und machten uns unter einer wäßrigen Sonne auf den Weg.

Der Kaukasus schien zu jener Zeit mit schlechtem Wetter geschlagen, und der Tag, den wir auf dem Kubang Bashi verbrachten, bildete keine Ausnahme. Nebel quoll die Hänge herunter wie zäher Brei und verhüllte alles in seinem Grau. Umzukehren brauchten wir deshalb nicht, und wir hatten schon etwa drei Viertel des Weges geschafft; da jedoch George und ich unseren Bedarf an feuchten Klettereien bereits zu Hause gedeckt hatten, kamen wir zu dem Schluß, das bequeme Blockhaus in Spartak sei reizvoller. Die russischen Kollegen akzeptierten unsere Logik. Weil sie aber darauf gedrillt waren, nicht so rasch aufzugeben, wollten sie den Rückzug zunächst nicht antreten. Überzeugende Argumentationskunst unsererseits sowie das Versprechen guten Darjeeling-Tees und schmackhafter Schokolade-Biskuits hatten sie aber dann bald überzeugt. Der Rückweg war rasch bewältigt. Im Camp jedoch empfing man uns keineswegs freundlich. Es gehe nicht an, sich von bloßer Ungunst der Witterung abschrecken zu lassen, selbst wenn ein Schneesturm tobe, verkündete ein strenger Meister des Sports, der alt genug aussah, daß er mit Freshfield die Erstersteigung des Elbrus gemacht haben könnte. Eugen und Igor, unseren russischen Begleitern, sagte man sicher noch unverblümter die Meinung.

Nach einer weiteren Besprechung, in der unsere Routenvorschläge höflich, aber bestimmt abgelehnt wurden, entschlossen sich unsere Gastgeber, die Initiative zu ergreifen. Sie schickten Eugen, der vorschlug, wir sollten den Shkhelda, eine Kette steiler Gipfel von etwa 4300 Meter Höhe, überqueren. Das sei, sagte er, eine Tour vom Schwierigkeitsgrad V b; von Bergsteigern aus westlichen Ländern sei sie noch nicht unternommen worden. Trotz des wenig günstigen Eindrucks, den unsere Kubang-Bashi-Expedition gemacht hatte, wurde unser Antrag bezüglich dieser Traversierung gebilligt. Bei ungünstigem Wetter könne die Tour bis zu dreizehn Tagen dauern, erfuhren wir von Eugen. George und ich haben die Angewohnheit, mögliche Schwierigkeiten auf die leichte Schulter zu nehmen. Keck erklärten wir also, das Vorhaben werde wohl in drei oder vier Tagen zu bewältigen sein. Selbst einige der schwierigsten alpinen Begehungen dauerten weniger lang, dachten wir. Später sollten wir unsere Voreiligkeit bereuen.

Ein liebenswürdiger Brauch will es, daß Gruppen, die zu einer größeren Tour ausrücken, in Spartak von den Lagerinsassen mit lauten Rufen verabschiedet werden. Als wir uns mit all unserem Gepäck auf den Weg machten, konnten wir uns des Gefühls nicht erwehren, als stünde uns ein Kampf auf Leben und Tod bevor. So war es auch in der Tat. Kehrt man erfolgreich zurück, gibt es ein ähnliches Ritual: Man bekommt von den vielen hübschen Mädchen im Lager große Sträuße exotischer Kaukasus-Blumen. In unserem Gepäck befand sich aus England mitgebrachte Schokolade sowie Complan, eine pulverförmige Nahrung, die wie das Etikett versichert, alle lebenswichtigen Stoffe enthält; ihr Geschmack läßt freilich sehr zu wünschen übrig. Unsere Gastgeber, die diese Verproviantierung kopfschüttelnd zur Kenntnis nahmen, bestanden darauf, daß wir zwei kleine Aluminiumbehälter mit rotem und schwarzem Schwarzmeerkaviar mitnahmen. Unserer Schätzung nach hatten wir für vier Tage reichlich Verpflegung.

Auf einem Teppich von Tannennadeln stiegen wir zwischen den Bäumen hoch, bis wir den Rand des Shkhelda-Gletschers erreichten. Dieser Weg zu den Gipfeln des Kaukasus, der durch die idyllischen Wälder und die üppige Flora der Vorberge führte, ist meine dauerhafteste Erinnerung an dieses kalte Gebirge. Dort leben noch wilde Bären und Wölfe, und die Bäume nahmen sich vor den kalten Gipfeln im Hintergrund wie ein warmer Zufluchtsort aus.

Am ersten Tag erwarteten wir keine großen Schwierigkeiten. Wir hatten vor, am Rand der Moräne unterhalb des ersten Gipfels zu kampieren, und deshalb waren wir nicht in Eile. Der Shkhelda-Gletscher fließt vom Saum des großartigen Ushba herab. Der Ushba ist eine der schönsten Spitzen der Kette und braucht mit den Gipfeln anderer Gebirge kaum einen Vergleich zu scheuen. Der Gletscher mündet zwischen der Shchurovsky-Spitze (von ihr noch später) und dem anderen Ende der Shkhelda-Kette beim Shkhelda-Ostgipfel in einen steilen Eisfall und verläuft dann über den größten Teil seiner Länge am Fuße des Shkhelda, ehe er in nördlicher Richtung zum Spartak-Camp abbiegt. Wir hatten von den Russen zwei Zelte – wahrscheinlich die besten Ausrüstungsgegenstände, die sie besaßen –, die aus leichtem, wasserdichtem, aluminiumbeschichtetem Gewebe bestanden. Diese Zelte stellten wir in einer Vertiefung an der Südseite des Gletschers auf. Etwas Brennholz hatten wir mitgebracht, und noch ehe die Schatten der Gipfel über das Gletschereis wanderten, kräuselte sich eine kräftige Säule Tannenrauches nach oben.

Die Größenverhältnisse dieser Berge richtig einzuschätzen, war für uns nicht einfach. Unser Lager war am Fuß des ersten Gipfelmassivs. Eugen und Igor sagten uns, die Route führe von unserem Gletscher direkt zum Gipfel des West-Shkhelda. Wir hatten es abgelehnt, ein schweres Sprechfunkgerät mitzunehmen, hatten aber eine Leuchtpistole und einen Satz Fackeln. Letztere sollten wir, wie Eugen vereinbart hatte, in gewissen Abständen anzünden, um den Beobachtern im Spartak-Camp unsere momentane Position anzuzeigen. Nach dem Abendessen vernahmen wir überrascht, daß die Russen für den nächsten Morgen acht Uhr als Aufbruchszeit vorschlugen; wir wollten schon vor Anbruch der Dämmerung unterwegs sein. Wenngleich wir im Spartak-Camp eine gewisse Tendenz zur Faulheit erkennen ließen, gingen wir am Berg doch von anderen Grundsätzen aus! Zu einer Auseinandersetzung ließen wir es indes

Abb. 11 In der Shkhelda-Kette: Lager 7 über einem 1800 Meter tiefen Felsabsturz

Abb. 12 Abstieg über den Ushba-Eisfall: zu jeder Jahreszeit ein gefährliches Unternehmen

Abb. 13 Swanetische Frau spinnt die Wolle des Kaukasusschafs

Abb. 14 Eugen Tur und Vitali Abalakov

Abb. 15 Von unserem letzten Shkhelda-Gipfel aus gesehen: der Ushba; rechts George Ritchie

nicht kommen. Auf unserem Moränen-Lagerplatz züngelten Flammen aus einer steinernen Feuerstelle, und der Aufenthalt dünkte uns angenehm. Wir hatten angenehm warm, keinerlei Probleme und eine gute Mahlzeit im Bauch – was wollten wir mehr?

Am nächsten Morgen betraten wir zu der Zeit, da George normalerweise auf dem Weg zu seinem Büro in Edinburgh war, den Gletscher. Das Wetter war unentschieden, als sei sich der Himmel über seine Politik für diese Woche noch nicht im klaren. Später indessen fiel die Entscheidung in unmißverständlicher Weise! Als wir die steileren Hänge des Ersten West-Shkhelda erreichten, fielen Wolken auf die Berge nieder, als wollten sie sie ersticken. Später taten sie das auch, mit Schnee. Noch ehe wir angefangen hatten, unseren Lagerplatz für die Nacht herzurichten, begann es heftig zu schneien. Der Tag war anstrengend, aber ohne große technische Schwierigkeiten, und im ganzen eher ereignisarm gewesen. Jetzt hüpften Blitze herum, als spielten sie mit den benachbarten Gipfeln Fangen, und bald waren wir bis auf die Haut durchnäßt. Es gelang uns jedoch, aus einer vereisten Geröllhalde ein Sims zu schlagen, wobei ich «Die Botschaft», meinen Eishammer, zerschmetterte. Später fanden wir die Stelle zu exponiert. Wir verlegten unser Lager also seitwärts nach oben, um der Lawinengefahr zu entgehen, denn über uns häufte sich der Schnee in besorgniserregendem Tempo auf.

Der Shkhelda wollte offenbar Ernst machen. Daß Schotten die Stirn besaßen, die Gipfelkette zu unterschätzen und bei einer solchen Tour nur Proviant für vier Tage mitzunehmen, war in der Tat eine Beleidigung. Wir hatten drei Tage Zeit, diesen taktischen Fehler zu überdenken: so lange dauerte der Sturm. Ständig gingen Lawinen nieder, und der schwere Schneefall hörte nicht auf.

«Hier sollten die Politiker ihre Gipfelkonferenzen halten», bemerkte Eugen, «und man müßte sie sitzen lassen, bis eine Einigung erzielt wäre!»

Doch auch alles Schlimme nimmt einmal ein Ende, und als das Wetter aufklarte, stiegen wir weiter. Eine Umkehr gab es dieses Mal nicht, das war uns klar. Um den ersten Gipfel zu erreichen, bedurfte es beträchtlicher Anstrengungen. Auf einem recht steilen Hang, in den wir wiederum ein Sims schlagen mußten, errichteten wir unser drittes Lager. Dabei zerbrachen wir zwei weitere Eispickel – ein schlimmer Verlust.

George war die Stelle nicht geheuer. «Hier ist es nicht sicher, Hamish. Ich fürchte, das ganze Zeug könnte uns in der Nacht unter

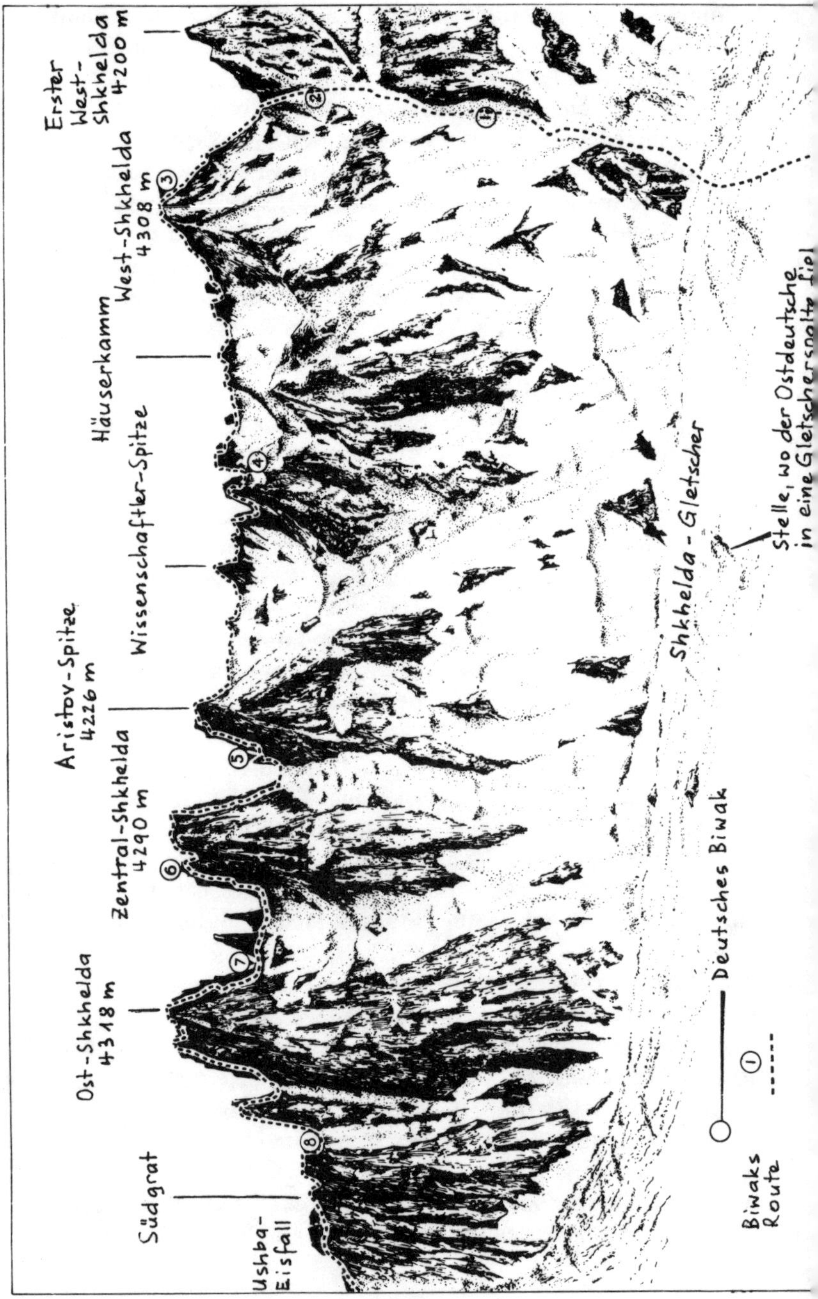

Abb. 10 Traversierung der Shkhelda-Kette

dem Hintern davonrutschen.» Er hatte recht. Unter dem Schnee lag instabiles Geröll. Es war, als kampiere man auf der Flanke einer steilen Kohlenhalde.

«Ich werd' dort drüben ein Seil festmachen.» Ich deutete zu einer unweit gelegenen Felsnase. «Das ist ein guter Verankerungspunkt.» Das andere Ende des Seils führten wir durch den Zelteingang und banden uns daran fest, ehe wir in unsere Schlafsäcke schlüpften. Während des Tages, der eine leichte Wetterbesserung gebracht hatte, hatten wir dann und wann ferne Stimmen gehört. Als wir uns für die Nacht einrichteten, kam eine Gruppe russischer Alpinisten daher. Sie waren von einem anderen Punkt aus gestartet und ebenfalls in den Schneesturm geraten; jetzt wollten sie in unserer Nachbarschaft ihr Lager aufschlagen. Wie sich herausstellte, waren sie Mitglieder einer Gruppe der Roten Armee, und die geschmeidige, leichte und doch kraftvolle Art ihrer Bewegungen ließ erkennen, daß sie gute Bergsteiger waren.

Am folgenden Morgen übernahm ich die Spitze, und die Gruppe der Roten Armee folgte uns. Der Tag versprach herrlich zu werden: Alles war so kristallklar, als wäre die Landschaft eben blankgeputzt worden. Der frische Schnee war nun hartgefroren. Vor uns ragte der Ushba wie das Doppelhorn eines Rhinozeros aus seinem Eisbett hoch, während im Vordergrund der zackige Kamm der Shkhelda-Kette wie eine riesige Säge in den blauen Himmel schnitt. Direkt vor uns war der Häuserkamm – gebrechliche «Häuser», wie wir entdeckten, die weitgehend vom Schnee zusammengehalten wurden. Hinter uns ragte, mächtig und doch auf seine eigene Weise elegant, der Elbrus (5633 Meter) auf, der höchste Gipfel in Europa. Die Elbrusregion ist jetzt ein beliebtes Skigebiet; zum Einschnitt zwischen den beiden Gipfeln führen Seilbahnen hinauf.

Der Häuserkamm hat seinen Namen zurecht erhalten: stellenweise erinnert er an die Silhouette von unorganisch mit Wolkenkratzern verbundenen Kathedralendächern. Zu beiden Seiten fällt der Grat atemberaubend steil ab, und an manchen Punkten kann man ihn buchstäblich zwischen Daumen und Zeigefinger nehmen. Solche Abschnitte bewältigten wir rittlings; das war schmerzlich für die Anatomie, aber vorteilhaft für die Gemütsverfassung. Es gab mehrere Türme oder «Gendarmen», die wir umgehen oder in einzelnen Fällen direkt übersteigen mußten. Auch abseilen mußten wir uns mehrere Male, manchmal über vierzig Meter tief. Die technischen Probleme der Traversierung des Häusergrats nahmen uns derart in

Anspruch, daß wir gar nicht wahrnahmen, wie rasch die Zeit verging. Obwohl wir die Russen schließlich davon überzeugt hatten, wie früh wir aufstehen konnten und unser Lager bei Anbruch der Dämmerung verlassen hatten, stellten wir plötzlich fest, daß es schon drei Uhr nachmittags war. Vom Kaspischen Meer dampfte, angekündigt durch Donnergrollen, eine Formation dicker Wolken herauf. Zu gesteigerter Eile angespornt, seilten wir uns ein weiteres Mal etwa vierzig Meter tief zu einem winzigen beschneiten Sims ab, das über einer atemberaubenden senkrechten Wand von etwa 2000 Meter Höhe hing. Die Steinplattform, die wir dort bauten, zementierten wir mit Eis, das wir mit Hilfe der einzigen uns zur Verfügung stehenden Warmwasserquelle gewannen. Während die ersten Schneeflocken matt herniedersanken, stellten wir rasch unsere Zelte auf.

Unsere Freunde von der Roten Armee hatten weniger Glück. An einer exponierten Kante wurden sie von der ganzen Wut des plötzlichen Sturmes gepackt. Noch schlimmer war freilich die Hochspannungsnummer. Wie in einer Horrorszene eines Science-Fiction-Films prallten die Blitze von den Gendarmen ab. Später erzählten sie uns, ihre Haken und Eispickel hätten buchstäblich blaue Funken gesprüht, und sie hätten befürchtet, jeden Augenblick geschmort zu werden. Von Treibschnee völlig durchnäßt, seilten sie sich schließlich zu uns ab und bauten ihr Zelt an der einzig möglichen Stelle auf. Es war dies eine winzige Schneezunge, die an eine wenig stabile Wächte angrenzte und deren bloßer Anblick mir Schauder über den Rücken jagte! Die Burschen hingen buchstäblich im freien Raum, denn es gab nichts, woran sie sich hätten festmachen können. Unsere Mahlzeit bestand an diesem Abend aus schwachem Tee, mit dem wir einen Löffel voll Complan hinunterspülten.

Am nächsten Morgen hatte sich das Wetter stabilisiert, und zwar zum Schlimmeren hin: ein Schneesturm tobte. Auf dem Grat kamen wir nur peinigend langsam voran. Immer noch war er sehr schmal, und unser Weg ähnelte dem des vorhergehenden Tages, wenn auch ohne die Festbeleuchtung. Der viele Schnee machte diesen Drahtseilakt, gelinde gesagt, gefährlich; ständig mußten wir auf der Hut sein. Unter George gab eine Wächte nach, doch konnte er sich gerade noch festhalten, ehe das Seil sich straffte und er ins Nichts fiel.

Die folgende Nacht verbrachten wir an einem steilen, in dicke Wolken gehüllten Schneehang. Zwei Tage später waren wir immer noch dort! Das Wetter hatte sich verschlechtert, und nach dem Verzehr unseres letzten Proviants hungerten wir uns mit winzigen Mengen Schwarzmeer-Kaviars allmählich zu Tode. Langsam wurde mir klar, daß ich der Tour keinen Reiz mehr abzugewinnen vermochte; irgendwie schien es nun zu sehr ums bloße Überleben zu gehen. Die anderen hatten sich über eine senkrechte Felsnase abgeseilt, die weiter unten in einen breiten Kamin mündete. Als ich abstieg, pfiff ein Stein vorbei und verfehlte nur knapp meinen Kopf. Weiter unten hatte er mehr Erfolg und traf Igor am Knie. Während ich am Seil hinuntertrudelte – die letzten zwanzig Meter hing man frei in der Luft –, konnte ich sehen, wie sich der Russe vor Schmerzen krümmte. Die anderen kauerten auf einem Sims von der Größe einer Kleiderschranktür. Viele hundert Meter unter uns lag der Schnee von Swanetien. Es war unmöglich, auf diesem geneigten Sims etwas für Igor zu tun, aber irgendwie schafften wir es, ihn zu einer besseren Plattform hinunterzulassen, die fünfundzwanzig Meter tiefer unter einer Reihe von Überhängen lag. Bei derart schlechtem Wetter war dies ein kompliziertes, zeitraubendes Manöver; wir brauchten ein ganzes System von Mauerhaken, um ihn so hinablassen zu können, daß er direkt am Zielpunkt ankam. Nach einer Zeit, die uns wie eine halbe Ewigkeit erschien, landete er schließlich auf einem eineinhalb Meter breiten Sims, unter dem senkrecht der Abgrund gähnte. Wir ebneten es ein, so daß wir die Zelte darauf aufstellen konnten. Bei der Untersuchung von Igors Verletzung stellten wir fest, daß er nur eine Fleischwunde hatte. Nach einer Ruhepause, so war anzunehmen, konnte er wieder weiter.

Wegen des endgültig zur Neige gehenden Proviants brauchten wir uns nun keine Sorgen mehr zu machen; bis auf ein paar Körnchen Kaviar und einen guten Löffel voll Complan war nichts mehr da! In der folgenden Nacht tobte der Schneesturm weiter. Wie wir wußten, lagen die Hauptschwierigkeiten noch vor uns: die beiden hohen Gipfel der Shkhelda-Kette. In Schottland oder in den Alpen wäre jeder von ihnen allein gut für eine überaus schwierige Tour gewesen.

Später stieß die Rote Armee wieder zu uns, konnte uns aber auch nicht aus unserer schwierigen Lage befreien. Wir erwogen, direkt über die Wand in das südlich gelegene Swanetien abzusteigen, ein wildes, isoliertes Gebiet mit einer Tradition, die derjenigen des schottischen Grenzlands vergleichbar ist. Aber die Lawinengefahr war zu groß. Die Kletterer von der Roten Armee gaben uns an diesem Abend zwei Dosen Fleisch – ein Geschenk des Himmels, obgleich uns ihre Großzügigkeit etwas peinlich war, denn auch ihre Vorräte gingen zur Neige, und sie mußten die letzten Tage ihrer Tour ohne Lebensmittel auskommen. Am folgenden Tag verließen sie uns; wir hatten uns entschlossen, Igor eine Ruhepause zu geben. Mit leichtem Gruseln sahen wir zu, wie sie durch wogende Wolken hindurch den Zentral-Shkhelda (4290 Meter) erkletterten.

An diesem Nachmittag stieß eine Gruppe aus Rostow zu uns und baute zwei Plattformen für ihre Zelte. An ebener Bodenfläche war nun nichts mehr übriggeblieben, und man konnte keinen Schritt tun, ohne sich anzuseilen. Die Neuankömmlinge waren ein fröhlicher Haufen, und trotz unserer mißlichen Lage hatten wir viel zu lachen. An diesem Abend luden sie uns zum Tee ein – es muß eine der merkwürdigsten Teepartys aller Zeiten gewesen sein. Ihre beiden Zelte standen einander auf einem schmalen Sims gegenüber; darüber wölbte sich ein Felsüberhang, darunter tobte der Schneesturm. Ich stattete meinen Besuch in Socken ab, wobei ich beinahe eher als vorgesehen in Swanetien angekommen wäre, denn ich rutschte an einer Stelle, wo jemand eine Warmwasser-Rutschbahn geschaffen hatte, auf der glasigen Oberfläche aus. Zu zehnt drängten wir uns in das winzige Zwei-Mann-Zelt. Beim Tee erschollen Gesänge ... George und ich stellten belustigt fest, daß unsere russischen Freunde Kipling gelesen hatten und ein Repertoire seiner imperialistischen Lieder zu bieten hatten. Ich konnte weniger bekannte Stücke wie die «Grand Trunk Road» beisteuern. Und meinen schottischen Landsmann Robert Burns kennt man überall in der Sowjetunion; von den Wänden der Shkhelda-Kette echoten «Auld Lang Syne» und «Scots, Wha Hae» wider. Ich brachte den Russen das «Kaviar-Lied» bei, das sie sehr gut fanden, genauso wie wir den letzten Mundvoll dieser köstlichen Speise!

Wo kommt denn der Kaviar her?
Kaviar kriegt der Mensch vom Stör.
Ohne Kaviar geht es nicht;
Kaviar ist mein Leibgericht.

Einer von den Rostower Bergsteigern nahm den Ball rasch auf; er beherrschte unsere Sprache sehr gut. Nachdem er drei von meinen Strophen gehört hatte, improvisierte er mit schöner Baritonstimme:

Dreiundneunzig ist Opa alt,
Trotzdem ist er noch nicht kalt.

Trägt ihm Oma Kaviar auf,
Jagt er sie den Baum hinauf.

Ein Glück, daß wir an diesem Abend keinen Wodka hatten (in den russischen Bergen wird er gar nicht gerne gesehen), sonst hätten wir die eisige Querung zu unserem Zelt nicht mehr geschafft; in Socken war sie zumindest «schwierig»!

Am folgenden Morgen hatte sich das Wetter noch weiter verschlechtert. Wir beschlossen, daß ich voraussteigen und das Seil festmachen sollte, an dem sich die anderen, einschließlich der Gruppe aus Rostow, sichern konnten. Wir standen nun vor einer wirklich ernsten Situation; daß wir bei solchen Wetterverhältnissen nicht lange durchhalten konnten, wußten wir alle.

In dieser Nacht legte sich Schnee auf unser Zelt, und die Temperatur fiel besorgniserregend ab. Selbst in unseren Schlafsäcken froren wir erbärmlich. Am Morgen waren die Zelte derart mit Eis verkrustet, daß es fast unmöglich war, sie zusammenzulegen. Eugens und Igors Zelt hatte noch mehr an Gewicht zugenommen als unseres.

Über den nächsten Abschnitt, die Besteigung des Mittelturms der Kette, heißt es im russischen Führer: «Steile Rinne an der Südseite des Kamms. Der Fels ist häufig vereist; Hakensicherung erforderlich.» Daß das Gestein vereist war, traf durchaus zu. Ich konnte, als ich mich zentimeterweise die steile Rinne hochschob, kaum damit in Kontakt kommen. Es war schottische Eiskletterei in vergrößertem Maßstab, und manchmal mußte ich weit nach der Seite ausweichen, um irgendwo Halt zu bekommen. Wenn ich keine Haken benutzte, dann aus dem einfachen Grund, weil ich nicht wußte, wo ich sie einschlagen sollte. George kletterte hinter mir her; die anderen hatten eine Route gefunden, wo sie dann und wann ihr Seil festmachen konnten, und hangelten sich hintereinander daran hoch. Das Schneegewirbel hatte die Sichtweite auf ein paar Meter verringert, und vom Norden her peitschte der Wind herüber. Schließlich brach ich nach links aus und kletterte dort etwa vierzig Meter die Kante hoch, ehe ich in die Fortsetzung der Rinne zurückkehrte und mich dort weitere fünfzig Meter hinaufkämpfte. Normalerweise ist das lose Gestein dort gefährlich; zu jener Zeit jedoch hielt das Eis alles zusammen. Wie eine Prozession von Ameisen auf einem Hochzeitskuchen verfolgten wir unseren unregelmäßigen Weg nach oben. In diesem oberen Abschnitt war die Kletterei ungemein schwierig, und als wir schließlich mit letzter Anstrengung den Gipfel erreichten, waren wir völlig erschöpft.

Eugen begann, im Schnee zu wühlen. Zunächst glaubte ich, er sei übergeschnappt; bei extremer Streßbelastung in großen Höhen sind Anfälle geistiger Verwirrung nicht ganz selten. Als er erklärte, daß hier Proviant vergraben sein könnte, war ich wieder beruhigt. Auf langen Touren wie dieser nehmen die Teilnehmer der Kletterkurse Lebensmittel mit auf den Gipfel, um dort für Notfälle Depots anzulegen. Das erste, was Eugen zutage förderte, war eine große, schwarze Wurst. Beglückt schnitten wir sie auf, um festzustellen, daß sie verdorben war – zumindest glaubten wir das. Und die Tschukas (Bergvögel), die mit dem Aufklaren des Wetters plötzlich erschienen waren, wollten sie auch nicht fressen. Außerdem fanden wir aber eine Dose mit Sprotten und eine mit Kondensmilch. Darüber höchst erfreut, stiegen wir auf der Suche nach einem Biwakplatz auf dem Gipfelgrat weiter, was nicht ganz einfach war. Einmal ließ George seinen Eispickel fallen (den einzigen, der noch intakt war), doch glücklicherweise landete er auf einem nur wenig tiefer gelegenen Sims, und ich war in der Lage, George am Seil hinunterzulassen, so daß er ihn bergen konnte.

Wir kamen an eine Stelle, wo wir uns vierzig Meter abseilen mußten. Als wir jedoch auf ein schmales Felsband stießen, das quer über den schneebedeckten Hang verlief, beschlossen wir, hier zu biwakieren.

Die Stelle war heikel und als Zeltplatz nicht unbedingt anheimelnd; solche Probleme nahmen wir jedoch inzwischen als selbstverständlich hin. Es heißt, man gewöhne sich an alles bis aufs Gehängtwerden; wir jedenfalls hatten fast das Gefühl, als hingen wir in diesen Biwaks! Sowohl die Gruppe der Roten Armee wie jene aus Rostow hatte sich entschlossen, die Route abzukürzen und über einen Seitenkamm nach Swanetien abzusteigen. Wir jedoch waren der Ansicht, daß wir, nachdem wir schon so weit gekommen waren, unser Vorhaben auch zu Ende führen wollten – wenn es uns nicht seinerseits ein jähes Ende bereitete! Wegen des schlechten Wetters war es nicht möglich gewesen, den getreuen Beobachtern in Spartak Fackelsignale zu geben. Zehn Tage hatten wir nun mit der Querung verbracht, und unsere Kontrollzeit von zwölf Tagen war nun bald abgelaufen. So baten wir die beiden anderen Gruppen, in Spartak zu melden, daß wir wohlauf seien.

Hunger und Kälte verlangten allmählich ihren Tribut. Ich fand den Kaukasus ebenso eisig wie den Himalaya und begann mich zu fragen, warum zum Teufel ich eigentlich hier sei. Nachdem ich einmal die Führungsaufgabe übernommen hatte, blieb sie mir auch, und während George ebenfalls stieg und das Seil nur zur Sicherheit und nicht als Klettertau benutzte, hatte ich bezüglich unserer beiden russischen Freunde, die sich ständig daran hochhievten, keine moralischen Skrupel. Immerhin sparten wir auf diese Weise Zeit, und wenn sich eine Tour so lange hinzieht wie diese, geht auch die Bergsteigerethik mal über Bord.

Einen oder zwei Tage zuvor hatten die Russen über die eingenähte Bodenplane ihres Zeltes Kondensmilch verschüttet, die dann gefror und zweifellos die Isolierfähigkeit des Materials verstärkte. Jetzt, da ständige Magenleere uns peinigte, fiel dieses Komfortattribut Igors Hunger zum Opfer. Durch das Schneegestöber hindurch sah ich ihn an diesem Morgen genüßlich das scheußliche Gemisch aus angetauter Kondensmilch, Wollfasern und Lederimprägnierschmiere auflecken. Seine deutliche Gelbfärbung verriet Igors mangelnde Sorgfalt im Umgang mit seiner Pißbüchse, einem in so eisigen Regionen notwendigen Accessoire.

Am nächsten Morgen seilten wir uns zu einem tiefergelegenen Verbindungsgrat ab. Wie gewohnt peitschte uns der Wind den Schnee in die Augen, und unsere Lungen quittierten die eisige Luft mit beißenden Schmerzgefühlen. Auf dem Verbindungsgrat zwischen dem Zentral- und dem Ost-Shkhelda standen zwei Gendarmen, die wir auf der Südseite umgehen mußten. Normalerweise wären diese Türme für uns kein Problem gewesen, doch bei diesem Wetter wurde es Biwakzeit, ehe wir den Ostgipfel, das letzte große Hindernis auf unserer Route, erreichten. Um die Zelte aufstellen zu können, mußten wir Stufen in den gefrorenen Schnee schlagen, und wir hackten drauf los wie eisverkrustete Pensionisten, die selbst ihre letzte Ruhestätte ausheben. Bestimmt gemahnte die Szene mehr an Napoleons Rückzug aus Moskau als an eine Unternehmung hoffnungsvoller Klettertalente, die ihre Kräfte an einem Berg messen. Und weniger als zwei Wochen zuvor hatte zumindest einer von uns geprahlt, er würde die Shkhelda-Tour in vier Tagen herunterreißen!

Diese Nacht war die kälteste der ganzen Expedition. Die eisige Temperatur ging uns durch Mark und Bein, und am Morgen ähnelte unsere Kleidung einer Sammlung von Ölfässern und Ofenrohren. Obwohl wir unsere Stiefel mit in die Schlafsäcke nahmen, waren sie völlig starr; da es einfache und keine modernen Doppelstiefel waren, hatten wir das Gefühl, unsere Füße steckten in Gußformen. Beim Zusammenlegen der Zelte glaubte man, Sperrholz in Händen zu haben; auf unsere Rucksäcke gepackt, nahmen sie sich geradezu lächerlich aus. Mich auf einer riesigen, furchteinflößend exponierten Platte von einem kleinen Griff zum andern kämpfend, arbeitete ich mich auf einen besonnten Fleck hin, der, obwohl abseits der Route, für uns so wichtig war wie Schnaps für einen Alkoholiker. Endlich ein schöner Tag. In der steilen Wand hoch oberhalb des Shkhelda-Gletschers schimmerte ein kleines Sims zu uns herunter, das uns wie das Gelobte Land erschien. Mit ruckartigen, unkoordinierten Bewegungen, wie das nach einem schlechten Biwak des öfteren vorkommt, kletterte ich hoch, eher einer Marionette vergleichbar als einem Bergsteiger. Solche Phasen sind äußerst gefährlich; man reagiert langsam, und die Hände können nicht richtig zupacken, weil die Handschuhe hart und steifgefroren sind.

Das Sims fiel leicht zu einer immerhin noch 1800 Meter hohen Wand ab. Aber dort schien die lebenserhaltende Sonne, und bald hatten wir uns alle gesichert und konnten die Stiefel ausziehen und unsere Füße massieren. Die Farbe unserer winddichten Kleidung ging langsam von mattweiß in eine schmutzig-feuchte Farbe über, und schließlich dampfte der Stoff. Wir wußten alle, daß wir Erfrierungen hatten, doch nicht, wie schwer sie waren; in einem so frühen Stadium ist das nicht leicht zu erkennen. Der Himmel war blau, und die bilderbuchschöne Kette der Kaukasus-Berge breitete sich vor uns aus. Der Anblick war großartig. Selbst in unserem erschöpften Zustand empfanden wir ein starkes Gefühl der Freude, dort oben zu sein.

Nach einer Weile stand ich auf und übernahm wieder die Führung. Für diese erhebenden Augenblicke hieß es nun zahlen; wir mußten wieder auf die Route zurück. Das erwies sich als äußerst schwierig. Es ging durch eine eisverkrustete, überhängende Spalte, die nur sehr dürftige Griffe bot, wobei das Eis ständig losbrach. Mit einiger Geduld überwanden wir die Passage und erreichten die Normalroute zum Ost-Shkhelda-Gipfel.

Oben angekommen, machten wir Fotos. Jenseits des Gletschers ragte majestätisch der Doppelgipfel des Ushba auf. Rechts von uns bog der abfallende Kamm nach Süden und Westen und erreichte gegenüber der Nordwestflanke des Ushba den Gletscher.

Wir biwakierten am Ende des Felsgrats. Es war eine angenehme, relativ ruhige Nacht. Am Morgen ging es über den Ushba-Eisfall nach unten – ein Abstieg, der immer gefährlich ist und damals noch risikoreicher als sonst war. Am Nachmittag dieses Tages erreichten wir Spartak und wurden mit großem Hallo begrüßt. Das ganze Lager war auf den Beinen und überschüttete uns mit Blumen. Das Willkommensmahl aßen wir unter einem prachtvollen Ölgemälde, das ein Künstler eigens für diesen Anlaß geschaffen hatte. Um das Bild rankten sich die russischen Worte: «Heldenhafte Eroberer». Dieses Festmahl hatten wir bitter nötig, denn jeder von uns hatte bei dieser Tour fast zehn Kilo Gewicht verloren.

Infolge dieser dreizehntägigen Expedition waren wir hinter dem Zeitplan zurück; ich hatte noch keinen Meter des Streifens gedreht, der die Kosten meines Urlaubs einbringen sollte. Die Russen hatten jedoch daran gedacht; Abalakov und Rotentaov, zwei ältere Meister des Sports, hatten rasch alle Vorkehrungen für den folgenden Tag getroffen. Das ganze Lager wurde uns zur Verfügung gestellt, und ich drehte den Film im Camp und auf einem nahegelegenen Gletscher. Er sollte Leben und Training in einem Ferienlager der russischen Gewerkschaften beschreiben. Später wurde er in Großbritannien gezeigt, wo ich einen russischen Kommentator fand, der ihn mit mir präsentierte: etwas sehr Ungewöhnliches und damals fast unerhört.

In Moskau zurück, holten wir uns unseren schmutzigen Mini wieder. Schmutzige Autos sind in dieser Stadt nicht erlaubt! Da der Wagen so lange am Platz der Revolution gestanden hatte, war die Batterie natürlich fast leer, und der Mini wollte nicht starten. Es zeigte sich indes, daß Moskauer Taxifahrer nicht weniger hilfsbereit sind als Moskauer Fußgänger. Bald schob uns eine gut gelaunte Schar von ihnen über den Platz, wozu sie irgendein Revolutions- oder Spottlied sangen.

Während Michael auf dem Luftweg nach London zurückreiste, fuhren wir über die endlos geraden russischen Straßen in Richtung Polen. Es war Erntezeit, und das Land strahlte golden. In Brest klappte der Schlagbaum hinter uns zu, und wir waren im Land der gastfreundlichen Polen. In der Nähe von Warschau verließ uns an einem Samstag das Glück. Ein Radfahrer verfolgte in Schlangenlinien seinen Weg, wie das Betrunkene auf der ganzen Welt tun, und scherte plötzlich aus der unbefestigten Fahrbahn aus, die in vielen osteuropäischen Ländern parallel zu den Hauptstraßen läuft. George, der am Steuer saß, hatte keine Chance: Fahrrad und Radfahrer wurden in die Luft geschleudert. Wir fuhren eilends zurück, um zu sehen, ob er noch lebte ... Er lebte – und seine Flüche (die sind in jeder Sprache erkennbar) klangen herrlich. All seine Besorgnis galt seinem Drahtesel, dessen Hinterrad zusammengedrückt war! Bald hatte sich eine kleine Menschenmenge versammelt, die in zwei Lager gespalten war. Die einen plädierten für, die anderen gegen die Ausländer. Daß der Radfahrer selbst betrunken war, war offensichtlich. Jemand hielt sein Auto an und riet George auf englisch:

«Zahlen Sie ihm dreißig Pfund und vergessen Sie's!»

«Kommt nicht in Frage», erwiderte George, wie es sich für einen guten Anwalt gehörte. Er hatte das Kleingedruckte in der Police der Staatlichen Versicherung gelesen, die wir an der Grenze gekauft hatten. Also ließ er die Polizei holen, eine von den Pro-Schotten durchweg beifällig aufgenommene Strategie.

Eine halbe Stunde später kam ein Polizeiauto, dem sich ein Versicherungssachverständiger, ein Richter, ein Dolmetscher und ein Polizeibeamter entwanden. Auf der Straße wurde Gericht gehalten.

«Wieviel Schaden ist an dem Auto entstanden?» fragte man George.

«Für etwa dreieinhalb Pfund», antwortete mein Freund, der das Fahrzeug mit kritischem Auge betrachtet hatte. Der Schaden am Fahrrad belief sich auf ungefähr siebzig Pence. George zeigte sich jedoch großzügig: Da der Radfahrer, verglichen mit ihm, offenbar ein armer Mann sei, stifte er ein neues Hinterrad. Als ihm dieser Vorschlag übersetzt worden war, sprang der Betrunkene auf George zu, packte ihn bei den Schultern und küßte ihn auf beide Wangen. Unverkennbar hielt er diese Regelung für sehr günstig! Inzwischen waren mehrere Pferdefuhrwerke aufgefahren, deren Insassen heiteren Blicks den Vorgang verfolgten. Wir schüttelten alle möglichen Hände und stiegen, vielstimmig verabschiedet, in den Mini. Ich bedauerte, den Eisernen Vorhang wieder durchqueren zu müssen, denn wir hatten viele Freunde gewonnen. Die Erneuerung meiner Kletter-Partnerschaft mit George im Kaukasus hatte zumindest in mir viele Erinnerungen an Zeiten zurückgerufen, da ich bergsteigerisch noch in kleineren Schuhen steckte. Als ich George kürzlich in Edinburgh besuchte, war ich überrascht, zwischen den Büschen in seinem Garten einen alten Bekannten wiederzusehn – den Mini. Inzwischen hatte er freilich Rost angesetzt und diente Georges Kindern als Spielzeug.

6 *Man o'Hoy*

Wir saßen alle im kleinen Schulhaus von Rackwick, in dem das Lachen der Schulkinder längst verklungen war. Jetzt hallte es von der rauhen Fröhlichkeit erwachsener Leute wider. TV-Mac, alias Ian McNaught-Davis, bescherte uns Lachkrämpfe. Er war auf dem Höhepunkt seiner Eloquenz:

«Hier auf der abgelegenen Insel Hoy, die bekanntlich zu den Orkney-Inseln gehört und vor dem dunklen, weiten Atlantik einen phallischen Vordergrund bildet, versuchen sechs Kletterer ihre schwachen Kräfte an dieser majestätischen, hundertvierzig Meter hohen Säule aus Sandstein, dem Old Man of Hoy.» So ungefähr lauteten jedenfalls seine Worte. Er imitierte Chris Brashers Kommentar bei der Probesendung vom vergangenen Tag, wo die Superlative ein wenig mit Chris durchgegangen waren. Im Kamin des kleinen Raumes brannte ein Torffeuer, um das sich etliche der besten Bergsteiger Großbritanniens drängten. Wir stimmten überein, daß Macs improvisierter Vortrag einer der komischsten war, die wir jemals gehört hatten. Mac wollte mit Joe Brown eine neue Route an der Ostseite der Nadel versuchen, während Dougal Haston und Peter Crew die Aufgabe hatten, einen weiteren neuen Aufstieg an der Südostkante zu finden, der dem Land zugewandten Ecke, die viele Überhänge aufwies. Chris Bonington und Tom Patey sollten die «Touristenroute» begehen, die sie bei der Erstbesteigung der Nadel gewählt hatten.

Ich glaube nicht, jemals vom Old Man of Hoy gehört zu haben, ehe ihn Tom Patey 1962 mir gegenüber erwähnte. Niemand dachte damals an eine Besteigung. Erst 1966 erkletterten Tom, Chris Bonington und Rusty Baillie, ein transplantierter Rhodesier, diese Sandsteinsäule zum ersten Mal, wofür sie drei Tage benötigten. Tom Patey war damals praktischer Arzt in Ullapool. Dieser Fischerhafen an der Westküste Schottlands ist im Sommer von Touristen überlaufen und leidet zu sämtlichen Jahreszeiten unter einer übereifrigen Praxis des Christentums. Selbst wenn er an Wochentagen klettern wollte, vom Sabbat ganz zu schweigen, pflegte Tom, wenn er aus der Stadt hinausfuhr, dies in gediegenes Schwarz gekleidet zu tun, wie es sich für einen Mann seiner Stellung gebührte. Im Kofferraum seines Autos ruhte seine abgetragene Bergsteigerkleidung, in die er dann auf irgendeinem abgelegenen Rastplatz schlüpfte. Toms Begabungen waren vielseitig: Er war ein guter Musiker, und sein altes Akkordeon begleitete ihn überallhin. Als produktiver Schöpfer satirischer Lieder verschonte er weder Freund noch Feind. Die einen wie die anderen stutzte er mit gut gewählten Worten und geeigneter Musikbegleitung zurecht. Auch als Autor war er ungemein komisch, wobei ihn die Fähigkeit auszeichnete, sein irrationales Verhalten stets in eigenen Vorteil umzumünzen. «Wer anders als Hamish MacInnes konnte es sein, der zu dieser unmöglichen Nachtstunde mit einem derart albernen Vorschlag anrief», schrieb er zum Beispiel. In Wirklichkeit war *er* es, der *mich* zu jeder beliebigen Nachtzeit mit scheinbar hirnrissigen Plänen behelligte, wenngleich sie sich später meist als weniger abwegig herausstellten, als man zunächst hatte glauben müssen. Ein anderes Mal bekam ich zufällig mit, wie er erzählte, ich hätte nach einer schwierigen Passage meine langen Unterhosen als Abstiegshilfe benützt. «Hamish», schwadronierte er unter dem schallenden Gelächter seiner Zuhörer, «hatte bei einer Temperatur unter dem Gefrierpunkt seine langen Wollenen ausgezogen, um sie als Abseil-Schlinge zu verwenden.» In Tat und Wahrheit waren es *seine* abgetragenen Unterhosen, nicht meine, die ich benutzt hatte – sehr zu seinem Unwillen übrigens.

Vor der Sendung vom Old Man of Hoy hatte es schon vier direkte Kletterübertragungen gegeben: zwei in Wales und zwei in Frankreich, darunter die Begehung der Aiguille du Midi und die Besteigung des Eiffelturms. Allerdings hatte man es bei diesen etwas ungewöhnlichen Programmen nicht mit den technischen Problemen zu tun, denen wir uns nun gegenübersahen. Tom Patey hatte für eine mögliche Sendung über den Old Man of Hoy einen Entwurf angefertigt. Dabei hatte er allerdings kaum einen Gedanken auf die fast unüberwindlichen technischen Probleme eines solchen Unternehmens verwendet, sondern war von der Annahme ausgegangen, die Besteigung selbst sei der bei weitem schwierigste Teil eines solchen Unternehmens. Wenn wir heute eine solche Sendung planen, befassen wir uns nur wenig mit dem eigentlichen Vorgang der Kletterei; es gibt so viele ausgezeichnete Bergsteiger, daß das nicht nötig ist. Das Problem liegt vielmehr darin, wie man die elektronischen Signale in die ferne Zivilisation überträgt, daneben aber auch schlicht in den Kosten eines solchen Vorhabens.

Alan Chivers ist ein Mann, der als Prophet alpinistischer Sendungen in die Annalen des Fernsehens eingehen wird. Obwohl er nicht selbst klettert, läuft Chiv, wie man ihn liebevoll nennt, dabei mehr Risiken als seine Bergsteiger. Das Schicksal der enormen finanziellen Investition und das seiner Karriere liegt stets auf Messers Schneide, denn das Wetter ist in den Bergen oder an nördlichen Küsten stets unzuverlässig, und oft spielen auch die elektronischen Apparaturen die überraschendsten Streiche. Aber Chiv besaß genug Kühnheit und Weitsicht, eine Direktübertragung der Ersteigung des Old Man of Hoy zu versuchen. Als Tom Pateys Drehbuch auf Chivs Schreibtisch lag, war er sehr beeindruckt. Das Problem war nur, ob seine Ingenieure ein solches Vorhaben auch technisch realisieren konnten. Er gab die Frage an die betreffenden Instanzen weiter und wartete geduldig auf eine Antwort. Diese lautete uneingeschränkt «ja». Es ist nicht Chivs Art, die Fähigkeiten seiner Männer in Zweifel zu setzen; wer für ihn arbeiten will, muß ohnehin ziemlich gut sein. Darüber hinaus hat er immer ihr Wohl im Auge. Die Folge ist, daß ihm sowohl die Bergsteiger wie auch die Ingenieure vertrauen und ihm wegen seiner Belastbarkeit in schwierigen Augenblicken auch Respekt entgegenbringen. Niemand sei unersetzlich, so heißt es. Mir scheint allerdings, daß Chiv in seiner dynamischen Art und mit seinem Mut, den er braucht, um Sendungen zu versuchen, deren Mißlingen den Zorn von Millionen Fernsehzuschauern erregen würde, kaum zu ersetzen ist.

Unsere früheren alpinistischen Sendungen waren, verglichen mit dem Unternehmen am Hoy, Mickymaus-Abenteuer. Es gab an diesem abgelegenen Vorposten Britanniens, der von der nächsten Straße vierzig Gehminuten entfernt ist, keine Hotels. Das Personal der BBC mußte sein Quartier in Stromness auf der benachbarten Insel Pomona aufschlagen. Von dort aus fuhr man mit der Fähre zur Insel Hoy, dann mit dem Auto zum Ende der Straße in Rackwick, anschließend kam der erwähnte Fußmarsch – ein höchst umständlicher Weg, der nicht einfacher wird, wenn man auf ihm einen kleinen Berg von Ausrüstung zu der Landzunge gegenüber der Felsnadel schaffen muß.

Gewöhnlich sind die elektronischen Geräte in einem großen Übertragungswagen untergebracht, der das Nervenzentrum einer Direktsendung ist. In diesen Wagen werden die Signale der Kameras geleitet, und der vor einer Batterie von TV-Monitoren sitzende Regisseur muß das Bild auswählen, das über den Sender geht. Dazu sind die Qualitäten eines Argus nötig; es gilt, innerhalb Sekundenbruchteilen seine Entscheidung zu treffen.

Einen kompletten Übertragungswagen zu der dem Old Man gegenüberliegenden Landzunge zu bringen, erwies sich als unmöglich. Das ganze Gerät mußte also demontiert, auf einen Spezialschlitten gepackt und dann mit zwei großen Traktoren zu den beiden Zelten am Rand der Klippe gebracht werden. Im Lauf dieses Manövers war es erforderlich, den Schlitten mit Winden einen steilen Hang hinaufzuziehen, da die Neigung dort für die Traktoren zu groß war. Meine Aufgabe war, die schweren elektronischen Kameras in ihre Positionen auf der Landzunge und auf den hundertvierzig Meter senkrecht darunter gelegenen, mit Felsbrocken übersäten Küstenstreifen zu bringen. Außerdem sollte ich beim Aufstieg selbst mit einer Kleinkamera Aufnahmen machen. Das Seilzugsystem, das ich in Glencoe für Bergrettungszwecke entwickelt hatte, kam mir bei diesen Arbeiten gut zustatten. Dazu gehörte ein langes Seil, das in steilem Winkel hinunter zu der Felsküste am Fuß der Landzunge lief und dort festgemacht wurde. Daran wurden mit Hilfe eines separaten Flaschenzugsystems Kameras und Plattformen daran hinuntergelassen. Ausrüstung und Gewicht von mehreren Zentnern konnte auf diese Weise rasch, sicher und mit großer Präzision an ihren Einsatzort gebracht werden. An der Felsnadel selbst waren freilich enorme Anstrengungen nötig, um das Gerät nach oben und wieder herunterzuschaffen. Die damals gebräuchliche sogenannte Minikamera wog knapp über dreißig Kilo. Die ganze Operation erinnerte an eine Militärübung. Sie gemahnte mehr an eine Offensive gegen den Old Man als an eine Klettertour. Unsere Zuversicht, daß alles gelingen würde, war gedämpft – die Chancen schienen gegen uns zu stehen. Irgendwie erinnerte mich das Ganze an Alexanders Belagerung von Tyros. Eine Kompanie der Scots Guards hatte die Versorgung unserer Truppe übernommen, und ihre Ausrüstung sowie das gewichtige Gerät der BBC mit Landebooten vom Firth of Clyde nach Hoy herübertransportiert.

Plötzlich mischte sich die Natur ein; sie lauert immer, wenn wir eine Bergsteigersendung machen. Bei dieser Gelegenheit nahm sie die Form eines heftigen Regensturms an, der Zelte umriß und unserer Ausrüstung so arg mitspielte, daß die hartgesottenen Ingenieure einen Tag lang darüber fluchten. Außerdem gab es eine Familie Großer Raubmöwen, die am Rackwick-Pfad lebten. Eindringlingen gegenüber kannten sie keine Gnade, und sie bombardierten uns jeden Tag auf ihre Weise, wenn wir dort unterwegs waren.

Abb. 16 Alan Chivers am Old Man of Hoy

Abb. 17 Rusty Baillie an der Ostseite des Old Man, am Seil gesichert durch Syd Wilkinson

Abb. 18 Ian Clough bei der Benützung von Jümar-Klemmen am Old Man of Hoy

Nach der «Kostümprobe» bedeutete Macs schlagfertige Art eine Erholung für uns. Ohne Ausnahme hatten die Bergsteiger und «Sherpas» (eine Bezeichnung, die uns für Alpinisten eingefallen war, die bei diesen Programmen schwierige technische Aufgaben durchführen mußten) das Gefühl, das ganze Unternehmen könnte in einer Katastrophe enden. Schon bei der Probe war alles schiefgelaufen. Die auf der Felsnadel postierten Kameras – John Cleares und die meine – waren zur richtigen Zeit am falschen Platz; auch in den Sprechfunkgeräten der Kletterer und in zweien der anderen elektronischen Kameras trieben Kobolde ihr Unwesen. Das Ganze ähnelte mehr einem Kasperltheater als einer ernsthaften Felskletterei.

Rusty Baillie war der Assistent John Cleares, der die andere Minikamera handhabte; er hatte seinen Hund Puck mitgebracht. Puck war ein Suchhund, der von Lawinen verschüttete oder in Mooren untergegangene Menschen zu finden gelernt hatte. Rusty arbeitete als Lehrer in meiner Schnee- und Eiskletterschule in Glencoe und war in bezug auf die Dinge des Lebens ebenso unbefangen wie bei der Auswahl seiner Kleidung. Ich erinnere mich zum Beispiel an einen langen, voluminösen Anorak, den er aus einem Gabardine-Regenmantel umgebaut hatte. Statt Knöpfen und Knopflöchern verwendete er ein Arrangement von hölzernen Knebeln und hanfenen Schleifen. Mir half bei meiner Arbeit mit der Minikamera Ian Clough, ein naher Freund, mit dem ich schon viele Berge bestiegen hatte.

Um unser geistliches Wohl besorgt, auf unserer Gehaltsliste jedoch als Sherpa registriert, war Reverend Sydney Wilkinson, ein Geistlicher aus Aberdeen. Syd, ein guter Kletterer, hatte auf Baffin Island gelebt, wo er viele Alleinbesteigungen durchgeführt hatte. Der Lohn für seine Mitarbeit war für eine neue Waschmaschine bestimmt. Syd mißfiel die Apathie der Jugend in einer Zeit, da die Erforschung von Neuland mehr Menschen möglich war als jemals zuvor. Beim Mittagessen sägte er einmal ein etwa dreißig Zentimeter langes Stück eines Brettes ab und legte es zwischen zwei Kisten. Dann durchschlug er es glatt mit einem einzigen Karate-Hieb. Irgendwie war damit wohl auch gemeint, daß wir unsere Abende im Schulhaus mit nützlicheren Tätigkeiten als dem Absingen zweideutiger Lieder verbringen sollten. Erfüllt von einer mißlichen Vorahnung, sägte ich ein ähnliches Holzstück ab und legte es auf die Kisten. Meinem Gefühl nach würde ich eher meine Hand als dieses

Stück Oregon-Fichte brechen, da ich mich niemals in meinem Leben in diesem Kampfsport versucht hatte. Schaudernd starrte ich meine Handkante an; im Vergleich zu der des Reverends, die wie eine stumpfe Axtschneide aussah, wirkte sie einigermaßen gebrechlich. In meiner Not verfiel ich auf den Ausweg, das Holz mit geballter Faust zu zerschmettern. Sehr lange überlegte ich nicht, sonst hätte ich mich anders besonnen. Peng! Überrascht stellte ich fest, wie leicht meine Hand das Holz durchschlug, ohne daß ich mich verletzte oder auch nur den mindesten Schmerz empfand.

«Versuch's mal, Rusty», sagte ich leichthin. «Das reinste Kinderspiel. Ich glaube, ich werde in Zukunft ohne mein Beil auskommen, wenn ich zu Hause Feuerholz brauche.» Rusty ist zu jeder Untat bereit und wiederholte unsere Nummer ohne Schwierigkeit. Syd, über uns Amateure einigermaßen verblüfft, suchte in dem Haufen Bretter herum, bis er eines mit so vielen Ästen fand, daß er es kaum durchzusägen vermochte. Schweigend sah eine größere Gruppe von Bergsteigern und BBC-Technikern zu, die sich inzwischen um ihn versammelt hatte. Syd legte das Holz zwischen die beiden Kisten, und es geschah mit einer gewissen Feierlichkeit, wie wenn er ein heiliges Opfer darbrächte. Als er in die Konzentrationsphase trat, schien es, als wolle er das harmlose Holzbrett in Stücke sprengen, ohne es überhaupt zu berühren. Dann sauste seine Hand herab wie ein Blitz. Eigenartigerweise erschien es mir, als geschehe im kritischen Sekundenbruchteil nicht das geringste. Es gab einen unangenehmen, harten Knall; dann, als ich darauf wartete, daß seine Hand zerschmettert niedersinken würde, brach das Brett auseinander – zu meinem Erstaunen wie in Zeitlupe.

Der Old Man of Hoy hatte die Aufmerksamkeit der Öffentlichkeit in Beschlag genommen. Im «Punch» erschienen Cartoons, und Tageszeitungen brachten lange Artikel. Das öffentliche Interesse war groß wie vor einem Fußball-Länderspiel. In unserer Zeit der Dosen- und Tiefkühlkost und der Fernseh-Konserven, in der alles programmiert und vorhersehbar ist, hat eine alpinistische Direktübertragung etwas Abenteuerliches an sich. Es ist wie bei einem Autorennen: Die Leute erwarten, daß etwas passiert, am liebsten etwas Schlimmes. Ich glaube, ich war der erste, der die Sendung vom Hoy einen Zirkus nannte. Und diese Bezeichnung traf zu – mit dem Unterschied, daß die Gladiatoren hier auf einer vertikalen oder überhängenden Fläche kämpften statt auf einer horizontalen und daß der Gegner ein Berg oder in diesem Fall eine verrottete

Felssäule war, wo jederzeit ein Griff wie ein überreifer Apfel abfallen oder ein Sturm das ganze Unternehmen vereiteln konnte.

Die Übertragung vom Hoy und spätere alpinistische Sendungen trugen viel dazu bei, der Öffentlichkeit die Kunst des Kletterns näherzubringen und sie auf das Vergnügen und die Befriedigung hinzuweisen, die diese Kunst dem Bergsteiger bereiten kann.

Im Rahmen meiner Tätigkeit bei der Bergrettung in verschiedenen Teilen Schottlands hatte ich, ehe ich nach Hoy reiste, Kontakt mit der in Leuchars auf der Insel Fife stationierten Hubschrauberstaffel der Royal Air Force aufgenommen; ich wollte wissen, ob sie einen Helikopter bereitstellen könne, falls dies für eine Rettungsaktion notwendig sein sollte. Damals wurden Hubschrauber zu solchen Zwecken noch nicht so häufig benützt wie heute. Ich erhielt eine Zusage mit der Maßgabe, das Wetter müsse geeignet und eine Tankmöglichkeit auf dem Festland vorhanden sein. Diese Anfrage sowie die umfangreiche Presseberichterstattung über die geplante Besteigung regten offenkundig die Phantasie der ebenfalls in Leuchars stationierten Jagdflugzeug-Piloten an: Ein- oder zweimal rasten sie, als wir dabei waren, Kamerapositionen festzulegen, im Tiefflug über uns hinweg.

Zur Erleichterung des Gerätetransports hatte ich zwischen der Festlandzunge und einem Punkt auf halber Höhe der Felsnadel ein dickes Tau gespannt. Am Abend holte ich es ohne besonderen Grund wieder ein, obwohl es eigentlich vernünftiger gewesen wäre, es an Ort und Stelle zu lassen, da wir es am nächsten Tag wieder brauchten. Als wir am folgenden Morgen bei den Zelten auf der Landzunge ankamen, sahen wir ein fast das Wasser streifendes Jagdflugzeug auf uns zuschießen. In Richtung Süden ist der Felsturm teilweise durch eine Landzunge verdeckt – ein Umstand, der frühere Tiefflieger zu einem Rest von Vorsicht bewogen hatte. Bei diesem war es indes anders: Schräg auf die Felsnase zuhaltend, auf der wir standen, machte er einen abrupten Schwenk, so daß er in Seitwärtslage eine zum Ufer parallele Linie flog, richtete dann mit einem Ruck die Maschine wieder gerade und schoß, noch ehe wir recht begriffen, was vorging, durch die Lücke zwischen der Felsnase und dem Old Man. Es war ein echtes Husarenstück und gefiel Chiv, der im letzten Krieg Testpilot gewesen war, sehr. Ich habe mir oft überlegt, was passiert wäre, hätte ich am Tag zuvor nicht das Seil eingeholt. Höchstwahrscheinlich wäre es bei einer Kollision wie ein Spinnfaden zerrissen. Andererseits wäre der Kurs der Maschine vielleicht gerade um die Kleinigkeit verändert worden, die die Katastrophe hätte bedeuten können. Wie Bergsteiger sind auch Piloten nicht risikoscheu; oft bleiben ja jene Erlebnisse, denen ein Moment der Gefahr eine gewisse Würze verleiht, als besonders denkwürdige Erinnerungen in unserem Gedächtnis haften.

Als der große Tag endlich da war, wirkte alles noch ziemlich chaotisch, obwohl wir es geschafft hatten, sämtliche Kameras in ihre Positionen zu bringen. Chris Brasher kaute noch an den Formulierungen seines Kommentars herum, und Chiv bellte vom großen Zelt aus Befehle, als stehe er auf der Kommandobrücke eines Zerstörers. Für Nachtaufnahmen hatte man an der dem Turm gegenüberliegenden Stelle der Landzunge große Scheinwerfer hinuntergelassen, die den passenden Beinamen «brutes» (brutale Rohlinge) hatten. Ian Clough und ich sollten mit der Kamera die «Touristenroute» sowie Hastons und Crews Südostflanke einfangen, während es John Cleares und Rustys Aufgabe war, von der Spitze des Turms zu einem Punkt abzusteigen, wo sie Joe Brown und TV-Mac treffen sollten. Unglücklicherweise funktionierte Johns Kamera nicht, so daß Ian und ich noch mehr Arbeit hatten.

In Anbetracht der chaotischen Verhältnisse bei der Probe ging am ersten Sendetag alles überraschend gut. Das Wetter war mäßig, und um dem Unterhaltungsbedürfnis der Millionen von Zuschauern entgegenzukommen, sollten zwei der Gruppen auf dem Old Man biwakieren. Joe und Mac hatten im «Maul», einem klaffenden Loch in der senkrechten Mauer, eine etwas gestörte Nacht, denn irgendwie verschwand in den Stunden der Dunkelheit der Inhalt einer von Mac bewachten Whiskyflasche. Mac gab den Eissturmvögeln die Schuld, die sich am nächsten Morgen noch aggressiver gebärdeten als sonst. Dougal und Pete, die sich seit zwei Tagen unter ständigem Gehämmer, das an die Amboß-Polka erinnerte, die Kante hochgearbeitet hatten, verbrachten die Nacht wie geplant auf einem kleinen Sims neben der «Touristenroute». Ian und ich hatten die Aufgabe, zu diesem Sims zu klettern und uns dann, so gut es ging, mit Seilen zu sichern, denn Dougal und Peter nahmen diese einzige kleine Stufe in der ansonsten senkrechten Sandsteinwand voll und ganz für sich in Anspruch. Es war eine Spätshow nach dem Motto: «Werfen wir vor Sendeschluß noch einmal einen letzten Blick auf die Kletterer am Old Man of Hoy.» Die Beleuchtung kam von der an der Landzunge hängenden Scheinwerferbatterie und einer «Sonnenkanone», einer tragbaren Kameralampe, die wir mühsam hochgeschleppt hatten. Aber selbst in dieser entlegenen Ecke von Ultima Thule griffen die langen Arme des Gewerkschaftswesens nach uns.

«Wer wird die Generatoren abschalten?» hatten die Elektriker gefragt. Ihre Arbeitszeit endete um 23.45 Uhr. Bis Ian und ich wieder von der Nadel abgestiegen waren, würde es aber mindestens 0.15 Uhr sein. Ich konferierte über Sprechfunk mit Chiv und wies darauf hin, daß die Kletterer es sich auf den einzig verfügbaren Simsen in ihren Schlafsäcken gemütlich gemacht hätten, Ian und ich jedoch nur an Seilen hingen und das Licht brauchten, um wieder absteigen zu können. Alan Chivers ist ein sehr eigenständiger Mensch – einer seiner großen Vorzüge. Ineffizienz oder Einmischungen nimmt er nicht einmal von seinem erhabensten Chef oder einer Gewerkschaft hin.

«Keine Sorge, Hamish», sagte er. «Ich warte, bis ihr beide wieder unten seid, und schalte dann selbst die Generatoren ab.»

Bald danach seilten Ian und ich uns zum Fuß des Old Man ab, um im Zelt ein Auge voll Schlaf zu nehmen, denn nach Rackwick zurückzukehren lohnte sich nicht mehr.

Am nächsten Morgen mutete der Himmel wässerig an, und die gelben Streifen der Dämmerung ragten in den Atlantik hinaus. Ich dachte daran, wie König Haakon bei seiner tragischen Hilfsmission für die Leute von Skye an dieser Küste entlanggesegelt war und wie er später als geschlagener, sterbender Mensch zurückkehrte. Damals war der Old Man noch Teil des Inselmassivs. Sein zweites Bein hat er erst in neuerer Zeit verloren; auf alten Stichen ist er mit einem Bogen an der Basis abgebildet, der ihn mit der Insel verband. Eine im Entstehen begriffene Nadel gibt es nahe beim Leuchtturm von Cape Wrath an der Pentland-Förde, wo die ständig nagende See um ein Felssegment herum eine Spalte «gesägt» hat.

Bei der zweiten Sendung vom Old Man ereignete sich ein Zwischenfall. Ian und ich stiegen vor Tom Patey und Chris Bonington auf, die jetzt die Normalroute kletterten, und ließen sie in einem Augenblick, da wir nicht auf Sendung waren, an uns vorbei. Als ich den Sucher meiner Kamera auf die Spalte gerichtet hatte, die zu dem überraschend geräumigen Gipfel führt, fiel ein großes Stück Sandstein herunter, entweder ganz von selbst oder durch ein Seil ausgelöst; vielleicht aber war es auch der Old Man, der wie ein Eissturmvogel seine Galle auf uns Schänder herunterspie. Jedenfalls flog der Stein geradewegs auf mich zu, bis er das ganze Sucherbild zu füllen schien. Durch Gottes Gnade teilte er sich im letzten Moment, ehe er mich traf, so daß zu beiden Seiten ein Stück an mir vorbeisauste. Nach dem Anprall gegen das Sims, auf dem ich stand, weiter zerkleinert, verfehlten die Trümmer auch Ian, völlig entgegen den Gesetzen der Schwerkraft. Der stechende Schwefelgeruch, der sich anschließend bemerkbar machte, erinnerte mich an meine letzte Bestimmung. Schaudernd kletterte ich die Spalte hinauf und gesellte mich auf dem Gipfel zu den anderen. Die Sendung wurde ein voller Erfolg.

Damit war das Unternehmen also vorbei – bis auf den abschließenden Umtrunk. In Stromness wurde ein gewaltiges Gelage arrangiert. Chris Brasher versprach, es würde ein kolossaleres Besäufnis geben als bei einer irischen Totenwache. So kam es auch, und zwar nach einem üppigen Mahl, bei dem die unübertroffenen Meeresfrüchte dieser nördlichen Gegend im Vordergrund standen. Ich erinnere mich noch deutlich, daß es zu einem Ringkampf zwischen Joe Brown und mir kam. Hatte Joe einmal sein Mindestquantum von drei Halben Ale runtergespült, so geriet er unweigerlich mit mir aneinander. Irgendwie fielen wir hin, ich obenauf. Dabei verletzte er sich erneut am Rücken, mit dem er schon seit Jahren Probleme gehabt hatte, und konnte in den zwei folgenden Jahren ausgiebig über Vor- und Nachteile wilder Gelage auf den Orkneys nachdenken. Später wurde eine riesige Wikinger-Schüssel mit «Orkney Cog» aufgetragen. Das Getränk schmeckte wie ein Gemisch aus geschmolzener Lava und Salpetersäure. Rusty jedoch, den weder Geschmack noch Hochprozentigkeit abschrecken konnten und dessen andere Fähigkeiten zu diesem Zeitpunkt wohl schon gelähmt waren, nahm den Inhalt in einem langen und – für uns – atemberaubenden Zug in sich auf. Eine Woge des Beifalls ließ das Hotel erzittern. Die Bürger von Stromness waren duldsam in dieser Nacht.

Ich war wohl der erste, der bemerkte, daß Rusty verschwunden war. Besorgt um sein nach dem Konsum solch tödlichen Gebräus gefährdetes Wohlergehen fragte ich, wo er denn sei. Niemand wußte es. Erfolglos durchsuchten wir das Hotel. Puck jedoch, dem offenbar weder das lärmende Tohuwabohu noch die Abwesenheit seines Herrn etwas ausmachte, hatte sich nahe beim Feuer zusammengeringelt und träumte vermutlich von Kaninchen und begrabenen Bergsteigern. Da ich bei seiner Ausbildung zum Suchhund mitgewirkt hatte, konnte ich ihn jetzt einsetzen.

«Los, Puck, such dein Herrchen!» Puck spitzte – so gut er konnte – die Ohren, denn eines davon hing ständig wie eine welke Blume herunter. Er schaute mich an, als sei ich verrückt, begriff dann aber, als er mit raschem Blick die Abwesenheit seines Herrn registriert hatte, daß ich es ernst meinte. Knurrend lief er zur Tür, und ich folgte ihm. Hinter uns kam die ganze trunkene Gesellschaft. Es muß eine seltsame Prozession gewesen sein, als wir grölend hinter Puck herschwankten, eine Rattenfängerszene, in der ein grämlicher, bekümmerter Hund die Schar der Betrunkenen in die ungefähre Richtung des Hafens führte, vergleichbar einer Szene aus dem «Sommernachtstraum»:

Hin und her, hin und her,
Alle führ ich hin und her!
Land und Städte scheun mich sehr ...

Der Zug endete vor einem Lagerhaus, wo der Hund winselnd an der Wellblechwand des Gebäudes hochstarrte. Oberhalb der Stelle, wo Puck stehengeblieben war, befand sich eine offene Dachluke. Jemand kletterte hinauf und rief: «He, da drin schläft Rusty auf einem Berg Fischkisten.» Er war in seinen berühmten Gabardine-Anorak gewickelt; seine Kleider lagen sauber gefaltet neben ihm.

Dank der guten Dienste eines freundlichen Bürgers fanden wir später unser Hotel, wenn auch nicht unsere Zimmer; wahrscheinlich hatten wir gar keine. Etwa ein Dutzend von uns versuchte, auf Chris Brashers Bett Ruhe zu finden. Chris selbst war zu dieser Zeit noch nicht da. Vage erinnere ich mich daran, daß irgend etwas brach; ein Gelächtersturm folgte. Etwa zu diesem Zeitpunkt setzte bei den meisten von uns das Gedächtnis aus, und der Rest der Nacht wird für immer in den Schleier des Geheimnisses gehüllt bleiben.

Am nächsten Morgen war die Fähre nach Hoy voll mit Bergsteigern, die ihrerseits voller Vorsätze waren, dem Trunk abzuschwören. Der Marsch durch das Moor wirkte jedenfalls ernüchternd auf uns. An diesem Morgen achteten wir nicht einmal auf die Raubmöwen, die uns im Sturzflug attackierten. Eric Beard oder Beardie, wie man ihn nannte, fügte so ein Vogel eine beachtliche Kopfverletzung zu. Dies sollte unser letzter Tag auf Hoy sein, denn wir hofften, bis zum Abend den Abbau geschafft zu haben. Einige der Kletterer waren bereits abgereist, und Mac, der sich auf der *St. Ola* eingeschifft hatte, mußte bald am Old Man vorbeikommen. «Verabschieden wir Mac mit einem Feuerwerk», schlug Beardie vor.

«Hamish, du hast doch diese Signalraketen.» Das stimmte. Sie waren angeschafft worden, um bei einem eventuellen Ausfall der Sprechfunkgeräte eine notdürftige Verständigung zu ermöglichen.

«Meinetwegen», willigte ich ein, «aber keine roten. Ihr dürft nicht gleich eine ganze Seenotrettungsaktion auslösen, denn wir stehen uns gut mit den Jungs vom Rettungsdienst.»

Ich dachte dabei an den Rettungskreuzer von Longhope, der später mit sämtlichen Besatzungsmitgliedern unterging. Wir waren mit unseren Demontagearbeiten schon gut vorangekommen, als jemand rief: «Da ist die *St. Ola*!» Wir hetzten alle zur Böschung der Klippe und feuerten ein Dutzend unserer Raketen ab, die eine Höhe von mehr als dreihundert Metern erreichen konnten. Als sie hoch über der Felsnadel explodierten, bildeten sie eine Art grünen Baldachin, der dem Old Man ein surreales Aussehen ähnlich dem eines indianischen Totempfahls verlieh. Das Schiff gab Signal, schwenkte zum Old Man hinüber und stoppte dann. Mac, der an Deck stand, genoß das Schauspiel – bis er bemerkte, daß der Skipper offenbar auf etwas reagierte, das er für das gewaltigste Notsignal aller Zeiten hielt. Des Glaubens, es sei vielleicht besser, den Seemann wissen zu lassen, daß es sich nur um einen etwas übersteigerten Abschiedsgruß seiner Freunde handle, stieg Mac auf die Brücke, um den Kapitän aufzuklären. Als einer von uns weiß Mac, daß Bergsteiger sich nicht überall des besten Rufes erfreuen. Voll bekräftigt wurde diese Einsicht durch die Meinung, die der Kapitän äußerte, als er die *St. Ola* wendete und nach Süden abdampfte. Wir brachen in stürmischen Jubel aus, den wir mit unserer letzten Rakete, einem sehr kräftigen Exemplar, noch verstärkten. Als sie hoch am Himmel detonierte, riß sie die Seevögel aus ihrer Morgenbetrachtung, und in einem Gestöber von Federn schwangen sie sich in die Lüfte.

7 *Drei Weise Affen*

Mitglied der britischen Kaukasus-Expedition wurde ich durch den Ausfall eines anderen Teilnehmers. Denis Gray, ein bekannter englischer Bergsteiger, hatte sich ursprünglich bereit erklärt, dieses Unternehmen zu leiten, mußte aber aufgrund anderer Verpflichtungen und wegen der Unsicherheit des ganzen Vorhabens einen Rückzieher machen. Der Versuch, für den Kaukasus eine Klettergenehmigung zu bekommen, ähnelte dem Bemühen, das Große Los zu gewinnen. Paul Nunn und Tut Braithwaite, alte Bergkameraden, traten mit der Frage an mich heran, ob ich bereit sei, diese mehr nominelle Führung zu übernehmen. Sie hofften nämlich, daß ich meinen Einfluß bei den russischen Behörden verwenden könnte, so klein er auch war; mit ihnen hatte ich seit meinem letzten Besuch im Kaukasus (1962 mit George Ritchie) eine gute Verbindung aufrecht erhalten. Ich willigte ein, wenn auch widerstrebend. Die Vorbereitungsarbeiten waren bereits getan, und in Paul Nunns Garage lagerte ein supermarktwürdiges Sortiment von Gütern, angefangen von Bier bis zu einem Tischkegelspiel.

Die Expedition umfaßte sechs Teilnehmer. Paul Nunn, jovial, durch nichts aus der Ruhe zu bringen und eine Art Vaterfigur der Bergsteigerwelt wie Friar Tuck in der Legende von Robin Hood, bewältigte kniffligste Routen in unnachahmlich eleganter Manier. Er ist ein Ausbund an Wissen und könnte zum Beispiel jederzeit einen Vortrag über den Weizenanbau im Georgia des 16. Jahrhunderts halten. Richard MacHardy ist ein talentierter Felskletterer, der schwierige Alleinbegehungen liebt. Er hat einen bemerkenswerten Sinn für Humor und den Appetit eines Dinosauriers. Tut Braithwaite, ein Supermann, der aussieht, als befinde er sich seit zweihundert Tagen im Hungerstreik, ist wie eine Sprungfeder gebaut und hat die Energie eines Kernreaktors. Maler und Tapezierer ist er von Beruf, Unterhaltungskünstler aus Neigung. Sein bergsteigerisches Können stellt ihn in eine Reihe mit den besten Kletterern seiner Zeit. Chris Woodhall war das weitaus ruhigste Mitglied des Teams, ein bescheidener, starker und verläßlicher Mann mit dem ernsten Gesicht eines Schullehrers und dem Temperament eines Philosophen; er war damals Sportlehrer mit einer Vorliebe für extremes Klettern. Vor kurzem besuchte er mich in Glencoe, wo er das Wochenende verbrachte. Bergsteigerisch tue er nicht mehr sehr viel, sagte er. Dann jedoch kam mir zu Ohren, daß er in zwei Tagen den größten Teil der schwierigsten Touren in diesem Gebiet gemacht hatte. Peter Seeds, unser fleißiger Federfuchser, war Reporter beim «Sunday Mirror» und ein alter Bekannter von Paul Nunn. Er schaffte es, seine Zeitung dazu zu überreden, daß sie unsere Expedition unterstützte. Peter, der nur wenig bergsteigerische Erfahrung hatte, ist ein kleiner, geselliger Mann, der stets nach Neuigkeiten hungert, und sich seines Lebens zu freuen vermag. Jede Expedition sollte ihren Seeds haben; dieser geborene Geschichtenerzähler war es, der in der Weite Rußlands ein wenig von der Freiheit von Fleet Street ausstrahlte.

Ich hatte Chris Brasher, der damals für die BBC arbeitete, vorgeschlagen, wir sollten einen Film über die Begehung des Ushba, eines der schönsten Berge der Welt, drehen. Die Vorbereitungsmaschinerie war in Gang gesetzt worden, wobei meine begeisterten Berichte von der sehr kooperativen Haltung der Russen bei meinem seinerzeitigen Dokumentarfilm einen günstigen Einfluß ausübten. Ein paar Tage vor unserer Abreise erfuhren wir jedoch, daß die Russen so hohe Gebühren erheben wollten, daß wir das Projekt schweren Herzens absetzen mußten. Ned Kelly, der als Regisseur verpflichtet worden war, war bitter enttäuscht. 1975 genoß ich dann doch den Vorzug seiner Gesellschaft, als er bei dem BBC-Film über die Südwestflanke des Everest Co-Regisseur war.

Unsere bunt zusammengewürfelte Truppe traf sich in London. Die Firma Fiat in Mailand hatte uns zwei Fahrzeuge zur Verfügung gestellt. Das eine, ein 125 S, war ein sehr spritziges Werks-Rallye-Auto, dessen Motorkompression aber für das niederoktanige russische Benzin entsprechend verringert worden war. Das andere Auto war ein Campagnoli, das italienische Gegenstück des Land-Rovers, ein solides Arbeitspferd. Beide Fahrzeuge wurden mit Proviant und Ausrüstung vollgestopft, und ich fragte mich, wie wir Passagiere noch darin Platz finden sollten. Ich selbst hatte noch einige Ausrüstung nach London mitgenommen und wußte nun nicht, wo sie unterbringen. Als ich dann die Abdeckplane des Campagnoli hochhob, sah ich, daß der letzte halbe Meter unter dem Dach gerammelt voll mit Bierdosen steckte. Da ich kein Bier trinke, erklärte ich, dies sei überflüssiger Luxus. Um zumindest Raum für meinen Rucksack zu schaffen, schlug ich eine sofortige Party vor.

Schließlich traten wir unsere Marathon-Fahrt an. Der Weg in den Kaukasus führte uns durch Ostdeutschland und Polen. Hinter dem

Eisernen Vorhang stellte ich fest, daß sich seit meinem letzten Besuch vieles verbessert hatte. Seit meiner Mini-Fahrt mit George Ritchie war ich zwar nicht mehr in Rußland gewesen, aber 1969 hatte ich als Gast des Rettungsdienstes Horska Sluzba in der Tschechoslowakei geweilt, und die neue Freiheit, der sich die Tschechen damals erfreuten, hatte mich beeindruckt. Leider waren die menschlichen Erleichterungen nur von kurzer Dauer gewesen. Polen ist für mich ein Land, das einen sofort an sich zieht. Als wir abends zu später Stunde in einem kleinen Grenzdorf ankamen, wurden wir regelrecht von Einwohnern belagert, die uns willkommen hießen, uns Getränke anboten und in ihre Häuser einluden. Wir widerstanden jedoch der Versuchung allzu großer Gastfreundschaft und schliefen in dieser Nacht am Wegrand unter den Obstbäumen und Pappeln, welche zu beiden Seiten die stark gewölbte Pflasterstraße säumten. In der Nähe von Warschau war die Gegend für solches Nomadentum zu stark besiedelt. Richard, der einen vorbeikommenden Priester fragte, wo es einen passenden Camping-Platz gebe, erhielt in gutem Englisch die Antwort: «Follow me.» Wie bei einem Begräbnis folgten wir dem Gottesmann, denn in den Autos war kein Platz mehr für ihn. Er führte uns zu einem Seminar, wo man uns wie reuige Sünder willkommen hieß. Daß wir Sünder waren, stimmte natürlich, doch bezweifle ich, ob einer von uns Reue empfand! Man wies uns Betten mit sauberer Wäsche an und versorgte uns mit einer appetitlichen, wenn auch einfachen Mahlzeit. Unser Mangel an äußerer Gepflegtheit war vermutlich der Grund für den Vorschlag, ihr Schwimmbad zu benutzen. Eben dem Staub der polnischen Straßen entronnen, akzeptierten wir gerne, und eine Kongregation von zukünftigen Priestern strahlte uns wohlwollend an, als wir zu diesem Ort des flüssigen Luxus hinunterstiegen, den sie selbst angelegt hatten. Tut, der als erster in das Bassin sprang, stieß einen Schrei aus, als sei er eben in eine Schlangengrube gefallen.

«Heiland», kreischte er, «ist das kalt!» Da die meisten der Priester Englisch sprachen, hielten sie Tut zweifellos für einen frommen Gläubigen.

Wir hatten nur noch wenig polnisches Geld. Wie es schien, hielten wir immer nur bei geschlossenen Banken, während wir an den geöffneten stets vorbeifuhren. So verfielen wir darauf, im Schatten des Warschauer Kulturpalast-Wolkenkratzers illegal und vorteilhaft ein paar Dollar zu wechseln. Ein einigermaßen undurchsichtiger Pole ließ uns auf einer Bank an der Hauptstraße sitzen, während er sich auf die Suche nach «Mr. Big» machte, dem Gehirn hinter der Transaktion, dem Mann mit dem Geld. Bald schon bereuten wir unseren Mangel an Vorsicht; jeder von uns sah verstohlen in eine andere Richtung. Gerade als wir beschlossen, wieder auf den schmalen Pfad der Tugend zurückzukehren, kehrte auch unser Pole mit einem von weitem sichtbaren Banknotenbündel zurück. Er drückte uns die Scheine sofort in die Hand und verschwand mit unseren Dollars.

Die Fahrt war wie eine ständig fortlaufende Varieté-Nummer; Scherze und Gelächter nahmen kein Ende. Pauls lautes, bellendes Lachen übertönte noch das Scheppern des Campagnoli; Tut, der Rennfahrerambitionen verriet, ging ständig auf Kollisionskurs mit dem entgegenkommenden Verkehr, wich erst im letzten Moment aus, freute sich laut darüber und trug so auf seine Art zur gelockerten Stimmung bei. Unsere Fahrt durch Polen war mehr ein touristisches Vorspiel als eine Anreise zum eigentlichen Ziel, die man möglichst rasch hinter sich bringt. Wir hielten häufig, und nicht selten verfuhren wir uns.

Als es auf die russische Grenze zuging, saß ich bei Peter Seeds im Auto, der immer fuhr, als wäre es kurz vor Ladenschluß. Es war wie ein Rennen in der australischen Steppe. Eine Staubwolke erhob sich hinter uns, wenn wir von einem Schlagloch zum andern hüpften. Die Straße verwandelte sich in eine Piste, die schließlich in freies Feld führte. Vor uns lagen Hügel; von einer Autostraße keine Spur. Als wir anhielten, wurden wir von unserer Staubwolke überholt.

«Ich glaube, wir haben uns verfahren, Peter», sagte ich. Nichts geht über die klare Feststellung dessen, was offensichtlich ist.

«He, schau mal da rauf», sagte er. Etwas oberhalb von uns sah ich eine Pillendose auf Stelzen. Offenbar waren wir direkt an der russischen Grenze.

«Es ist wohl besser, wir fahren zurück», meinte ich. «Möglicherweise sind es die Russen nicht gewöhnt, daß Touristen querfeldein in Militärfahrzeugen anrollen.» Am offiziellen Grenzübergang fanden wir die anderen wieder.

«Das Problem mit dir ist, daß du die Wegweiser nicht lesen kannst, Hamish», rief Tut vom anderen Auto herüber. «Sie sind doch in völlig klarem Polnisch abgefaßt.»

Als am nächsten Morgen die flachsfarbene Dämmerung hochstieg, nahmen wir die langen, geraden russischen Straßen in Angriff.

Es gibt keine bessere Möglichkeit, einen Begriff von der schier endlosen Weite der Sowjetunion zu bekommen, als mit dem Auto zu fahren. Der Horizont scheint ohne Grenzen zu sein. Er vermischt sich im Dunst der Ferne mit dem Himmel und erweckt den Eindruck von Weiträumigkeit und latenter Macht. Für Leute, die an Platzangst leiden, muß dieses Land die Hölle sein.

Von nun an übernachteten wir auf den offiziellen Camping-Plätzen. Für wildes Kampieren am Straßenrand hat man in Rußland nichts übrig. Die Camping-Plätze waren jedoch gut organisiert und sauber und von russischen Studenten frequentiert, die es sich angelegen sein ließen, mit Ausländern ins Gespräch zu kommen. Stets wurde auch Politik diskutiert, und da die meisten von uns in politischer Theorie sehr beschlagen waren – vor allem Paul Nunn, der Wirtschaftsdozent –, kamen die Studenten immer wieder in Verlegenheit, weil sie bei jedem Streitgespräch unweigerlich den kürzeren zogen. Für ihre Verkündung des Leninismus suchten sie dann rasch fruchtbareren Boden. Es wurde nämlich eben der hundertste Geburtstag von Lenin gefeiert, und überall sah man Plakate mit dem Porträt des großen Mannes, von denen manche wirklich riesig waren.

Kiew, Charkow und Rostow lagen bald hinter uns, und nun donnerten wir in Georgien über die sonnendurchglühte Autostraße, ein von Pappeln gesäumtes Band aus weichem Asphalt. Die Hitze war drückend. Ich fand sie nicht weniger entnervend als in Indien; die Karosserien der Autos wurden so heiß, daß man sie nicht mehr berühren konnte. Auch auf die Verkehrspolizisten schien die Hitze ihre Wirkung nicht zu verfehlen. Seit der polnischen Grenze war an jeder Kreuzung einer gestanden, und in Baksan verkündete uns ein größeres Aufgebot von ihnen, wir könnten nun nicht mehr weiterfahren. Die Art, wie sie uns das eröffneten, war durchaus kategorisch zu nennen. Vier Stunden später fuhren wir dennoch weiter, doch unter beträchtlichen Schwierigkeiten.

Die Straße, die am Baksan-Fluß entlangläuft, windet sich durch tiefe Schluchten und angenehme Wälder. Plötzlich wurde die Landschaft alpin, die Luft frischer, und selbst die Leute schienen fröhlicher zu sein. Diese Region, ein großes Feriengebiet der Sowjetunion, wird von zwei Arten von Besuchern frequentiert: den begeisterten Bergsteigern und den Touristen. Viele von den letzteren sind ostdeutsche Urlauber, und sie kommen aus Moskau dorthin mit dem festen Entschluß, Spaß zu haben, wie es sich für Deutsche gebührt. Zumindest in den Bergen sind Kletterer aufgrund der Umstände ein spartanisches Leben gewöhnt. Auf der Straße zum Elbrus wurden wir jedoch einigermaßen erschreckt eines riesigen, schimmernden Hotels gewahr, das damals selbst nach westlichen Maßstäben ultramodern war. Es war das neue Intourist-Hotel Itkol, das während der nächsten paar Wochen unsere Wohnstatt sein sollte. Für uns bedeutete das einen beträchtlichen Rubel-Aderlaß; in einer Berghütte wären wir glücklicher gewesen. Sechs staubverkrustete Bergsteiger mit räudigen Bärten hievten sich aus den beiden Fahrzeugen und wurden in diesen verschwenderisch ausgestatteten Glaspalast geleitet. Wie von unsichtbaren Schnüren gezogen, nahm der in das traditionelle Kosakengewand gekleidete Portier Haltung an und salutierte mit grandioser Geste. Später entwikkelte dieser Mann eine Vorliebe für das Newcastler Bier, das ich in London nicht mit meinem Rucksack verdrängt hatte, und wir gaben ihm den Namen Iwan Bierschifsky. Er war, wenn auch mit uralten Dingern, bis an die Zähne bewaffnet und sagte uns gleich, wir sollten all unser Zeug verstecken, denn er sei unehrlich und könne für nichts garantieren.

Mit dem Know-how von Slumbewohnern gelang es uns, innerhalb von Stunden das Aussehen unserer Luxuszimmer merklich zu verändern. In London hatten wir über Intourist für Übernachtung und Frühstück im Hotel bezahlt; die anderen Mahlzeiten, so hatte es geheißen, konnten wir selbst auf den Zimmern kochen. Beklommen ließ ich meinen Blick über den Spannteppich und die schön furnierten Tische schweifen und fragte mich, wie bei unserem Abschied wohl alles aussehen würde.

Unweit des Hotels gab es bei der Talstation der Elbrus-Seilbahn mehrere Souvenirläden. An einem regnerischen Tag machten wir dort einen Schaufensterbummel mit einigen russischen Bergsteigern, die wir vom Sehen kannten. Paul erwähnte ganz unschuldig, daß ihm eine bestimmte feinbestickte wollene Mütze gefiel, die, wie er sagte, ein hübsches Geschenk für seine Frau Hilary abgeben würde. Einer der Russen ging hinein, kaufte sie und schenkte sie Paul. Die Großzügigkeit der Russen war uns oft geradezu peinlich; allerdings bereitete es ihnen offenbar beträchtliches Vergnügen, uns Geschenke zu machen. Geld hat in Rußland nicht den gleichen Wert wie anderswo. Der Staat sorgt für alles; wenn man in den Ruhestand tritt, bekommt jeder eine ausreichende Pension, die oft höher ist als sein Arbeitslohn. Geld spielt also in ihrem täglichen

Leben keine sehr wichtige Rolle. Luxusgüter gibt es nur selten, und das Krebsgeschwür der Werbung existiert dort überhaupt nicht.

Es dauerte ein paar Tage, bis wir uns von der langen Fahrt erholt hatten, aber die Unterbringung im Hotel Itkol trug sehr zu einem angenehmen Aufenthalt bei, und man gewöhnte sich daran wie an ein abendliches Glas Portwein. Das Frühstück nahmen wir in dem aquariumartigen Speisesaal ein, während wir uns die anderen Mahlzeiten in unseren Suiten oder auf der Veranda bereiteten. Ich traf Rotentaov wieder, den alten «Meister des Sports», der hier als Berater der Bergsteigergäste des Hotels fungierte. Von meinem letzten Besuch erinnerte er sich noch an mich, was wir als gutes Omen betrachteten. Wir hofften, dieser Umstand würde uns bei der Überwindung einiger der Hindernisse behilflich sein, denen sich «unbekannte» Kletterer in der Sowjetunion gegenübersehen. Rotentaov erkundigte sich bei uns, was wir vorhätten. Seit einiger Zeit war es mein Wunsch gewesen, das Tal von Swanetien zu besuchen. Acht Jahre zuvor hatten wir in einem kritischen Moment unserer Begehung der Shkhelda-Kette erwogen, einen direkten Abstieg dorthin zu versuchen. Ohne allzu große Hoffnung beantragte ich also eine entsprechende Erlaubnis. Früher einmal war Swanetien ein Hort der Anarchie gewesen, wo jedes Haus seinen eigenen Wehrturm hatte und auch heute noch haben soll. Wie es scheint, ist man in diesem Tal immer noch zu freiheitsliebend, als daß die russischen Machthaber das Risiko eingingen, Ausländerbesuche in dieser abgelegenen Gegend im Herzen des Kaukasus zu fördern.

Ein Besuch Swanetiens sei nicht angezeigt, eröffnete uns Rotentaov. Statt dessen schlug er eine Besteigung der 1200 Meter hohen Nordwand des Nakra-tau vor, die der große russische Alpinist Abalakov zum ersten Mal durchklettert hatte. Es war seine erste größere Tour gewesen, nachdem er durch Erfrierungen die meisten Finger und Zehen verloren hatte. Ich glaube nicht, daß meine Bemerkung gegenüber Rotentaov, zur Akklimatisation sei diese Route vielleicht ganz gut, sehr wohlwollend aufgenommen wurde; jedenfalls packten wir unsere Sachen und warteten auf das Wohlwollen des Wettergottes.

In der Zwischenzeit ließen wir aber die herrschende Schlechtwetterperiode nicht ungenutzt vorübergehen. Wir lernten die anderen Hotelgäste kennen und freundeten uns mit ein paar ostdeutschen Bergsteigern an, die in einem nahegelegenen Camp, dem Adul Suh, wohnten. Dieses Lager ähnelte dem in Spartak und gehörte der Eisenbahnergewerkschaft. Mein Freund Eugen Tur arbeitete während der Sommermonate dort als Instruktor. Ich freute mich sehr, ihn wiederzusehen, und er erzählte mir, daß Igor Bandurovski, der andere Meister des Sports, der mit George Ritchie und mir die Shkhelda-Traversierung gemacht hatte, eben abgereist sei.

Richard MacHardy, der stets die Augen für schwierige Touren offenhielt, erinnerte sich einer gefährlichen Wand in der Nähe von Tiernauz, die wir unterwegs bewundert hatten. Nachdem er von Rotentaov die Genehmigung erhalten hatte, machte er sich mit Peter Seeds auf, um sie zu durchsteigen. Die Wand enttäuschte sie nicht. Peter schaffte eine furchteinflößende, überhängende Spalte mit Hilfe eines Drei-Sterne-Griffs. An einer kritischen Stelle, als unser Gewährsmann drauf und dran war, Kontakt mit dem Fels zu verlieren, dröhnte eine übermenschlich gewaltige Stimme durch das Tal. Es war ein Trupp von Polizisten, die über ein starkes Lautsprechersystem auf russisch fragten, was zum Teufel sie dort trieben.

«He, Jungs», sagte Paul Nunn, als er eines Morgens nach einem Gespräch mit Rotentaov zurückkam. «Habt ihr das schon gehört? Wir sollen uns untersuchen lassen, bevor wir eine Tour machen.» Mit geübtem Griff schnappte er sich eine Dose Bier und riß, ohne seine Armbewegung zu unterbrechen, mit dem Finger die Verschlußzunge hoch. «Vielleicht glauben die, wir haben 'nen Klaps oder sowas», fügte er hinzu.

«Das ist kein Witz», sagte Richard, der sich gerade seiner zweitliebsten Beschäftigung, dem Kochen hingab – Essen war seine liebste. «Ich hab' die Ärztin gesehen», fuhr er fort. «Sieht fabelhaft aus.» Der Umstand, daß es sich um eine Ärztin handelte, vermochte die Proteste gegen die Beschneidung unserer Freiheit, in die wir schon hatten ausbrechen wollen, zu dämpfen. Nach der Untersuchung erzählte Tut, die Ärztin hätte ihm nicht geglaubt, als er sagte, der Grund für seinen rasenden Puls und für seinen hohen Blutdruck sei ihre Nähe; sie habe etwas von «heißblütigen Angelsachsen» gemurmelt.

Eine andere Dame, der unser Wohlergehen am Herzen lag, gehörte zum Hotelpersonal: ein blondes, sylphidenartiges Geschöpf mit einem Madonnengesicht.

Trotz allem, wir rissen uns vom Hotel los mit dem Ziel Nakra-tau. Als wir über grasbewachsene Hügel wanderten, sagte ich zu Chris Woodhall, unsere Expedition degeneriere zu einem Nymphen- und

Abb. 19 Chris Woodhall beim Deutschen Biwak, dahinter die Shchurovsky-Spitze und der Ushba-Eisfall

Abb. 20 Abschiedszeremonie im Spartak-Camp. Eine Gruppe nimmt die guten Wünsche des Lagerleiters entgegen

Abb. 21 Unser Fiat nach der Kollision mit einem tschechischen Bauernwagen

Schäfer-Picknick. Vor uns auf einem der Hügel weidete in der Tat eine Herde Schafe, behütet von einem freundlichen, klugen Hirten mit breitkrempigem Hut und der unerläßlichen Schippe. Er wäre gerne ein Stück mit uns gegangen, aber keiner von uns sprach Russisch. Peter Seeds hatten wir im Hotel zurückgelassen, denn er hatte nicht genügend Erfahrung für eine Tour wie die Nordwand des Nakra-tau. Er würde seinerseits auf Erkundung gehen, sagte er. Jenseits des Gletschers konnten wir jetzt unser Ziel sehen, einen Berg, dessen Nordflanke so durchfurcht war wie das Gesicht unseres Schafhirten.

«Sieht nicht besonders gesund aus», bemerkte Tut, der durch das Fernglas hinüberschaute.

«Nein», echote ich. «Guck dir nur mal diesen Eisbruch über dem unteren Teil der Wand an. Da stehen unsere Namen drauf.» Den anderen schien der große Gletschersturz ebensoviele Sorgen zu machen wie mir. Dennoch sprachen wir nicht mehr darüber und überquerten die Gletschermoräne, um einen Biwakplatz zu suchen, der uns am nächsten Morgen einen günstigen Start ermöglichen würde.

Das Lager erwies sich als recht ungewöhnlich, denn wir fanden in seiner Nähe einen abgestürzten Hubschrauber. Da nirgends menschliche Körper herumlagen, nahmen wir an, sie seien schon geborgen worden. Oder dann waren die Abgestürzten aus eigener Kraft in die Zivilisation zurückgekehrt. Hier verbrachten wir also die Nacht; es war, als schliefe man in einer Tiefkühltruhe mit Panoramablick.

Der nächste Morgen war nicht schlimmer als irgendwelche anderen Kaukasus-Morgen, an die wir uns inzwischen gewöhnt hatten. Nach einem aus Trockennahrung bestehenden Frühstück, das wie abgeschnittene Fingernägel aussah und ebenso schmeckte, schulterten wir unsere Rucksäcke, schalteten unsere Helmlampen an und machten uns auf den Weg.

Kurz zuvor hatte ich ein neues Eisklettergerät entworfen, den «Terrordactyl», der später in Klettererkreisen auf der ganzen Welt populär wurde. Den Namen hatte mein Freund Ian Clough erfunden, als er zum ersten Mal die aggressiv aussehende Schnauze des Dinges sah. Wir hatten «Terror»-Prototypen bei uns und waren begierig darauf, sie auf steilem Eis auszuprobieren.

Das erste Tageslicht sah uns auf einer steilen Schneerampe. Richard, der unter Kopfschmerzen litt (die Folge eines Absturzes bei einer Alleinkletterei), sagte uns, er wolle umkehren; er fühle sich nicht wohl. Uns tat das leid, doch konnten wir nicht viel helfen. Da es bis dahin keine großen Schwierigkeiten gegeben hatte, vor allem für jemand von Richards Fähigkeiten, wurde nicht einmal die Frage aufgeworfen, ob jemand mit ihm zurückkehren sollte. Jenseits des Tales fielen die Strahlen der Morgensonne auf die Kabel der Seilbahn an den unteren Hängen des Elbrus und ließen sie aufleuchten wie feine Spinnfäden. Ich weiß noch, daß ich besorgt nach oben schaute, als wir zu der steilen Passage kamen, die zu dem Eisbruch hinaufführte, der uns am Tag zuvor so viel Besorgnis eingeflößt hatte.

Ein Knirschen wie von zwei kollidierenden Schiffen war die erste Warnung vor stürzendem Eis; dann folgte der Donner fallender Brocken. Wir befanden uns direkt unterhalb. Soviel zu jener Theorie, die sagt, Klettern ohne Seil sei gefährlich. Wären wir mit Seilsicherung gegangen, hätte uns dieser Eissturz mitgerissen und ausgelöscht. So aber hetzten wir los, wobei uns unsere Steigeisen denselben Halt gaben wie einem Läufer die Spikesschuhe; unserer Leistung hätte sich kein Sprinter geschämt. Obwohl unsere Rennbahn eine Neigung von etwa fünfzig Prozent aufwies, stürmten wir unter Hintansetzung jeglicher Würde auf das obere Ende der Schneerampe zu, die wir kurz zuvor verlassen hatten.

Obgleich die Firnmasse wahrscheinlich nicht größer als ein Kirchturm war, riß er auch die Kirche in Form von noch mehr Schnee und Eis mit, so daß eine ansehnliche Luftlawine entstand. Dem Stoß eiskalter Luft folgte eine Wolke kleiner Schnee- und Eisteilchen, die sich nur zögernd auflöste.

«Richard!» stieß Tut atemlos hervor, als wir in Sicherheit waren. Der Gedanke traf uns wie ein Hammerschlag. Die Lawine war auf die Schneerampe unter uns gefallen und hatte sich über den Hang ergossen, den wir heraufgestiegen waren. Und über diesen Hang führte auch Richards Rückweg!

Szenenwechsel. Richard, der glücklicherweise die Rampe bereits überquert hatte, schoß es durch den Kopf: «Mein Gott, die Jungs!» Er hatte den ganzen Vorgang wie einen Horrorfilm in Zeitlupe erlebt. Daß wir wie gesengte Katzen zur Seite gehetzt waren, hatte er nicht gesehen.

Hatten wir uns hier wie gesengte Katzen verhalten, so kehrten wir wie Hunde mit eingezogenem Schwanz zum Hotel Itkol zurück. Rotentaov war nur wenig erfreut; vermutlich dachte er an den Tag in Spartak im Jahr 1962, als George Ritchie und ich beim ersten Anzeichen schlechten Wetters unsere Trainingstour abgebrochen hatten und in das wirtlichere Lager zu Tee und Schokoladenbiskuits zurückgekehrt waren. Wenigstens waren die Medizinerin und die kaukasische Nymphe froh, uns in einem Stück wiederzusehen. Am Abend gab es dann eine Feier. Ich weiß nicht, was wir eigentlich feierten, aber wir hatten genügend Material für eine Party. Peter Seeds war bei seinen Erkundungen nicht müßig gewesen. Eingedenk der Tatsache, daß Geistiges den Rahmen zu einem großen Entwurf liefert, hatte er von seinem Autoausflug einen reichlichen Wodka-Vorrat mitgebracht. Rudi, der Anführer der ostdeutschen Bergsteiger, war mit ein paar von seinen Freunden gekommen, und wir verlebten einen erstklassigen Abend, in dessen Verlauf wir einen Toast auf Lenin ausbrachten. In den Morgenstunden anerbot sich Tut, die Ostdeutschen zu ihrem Camp zurückzufahren. Aber er hatte nicht mit den Schutzleuten gerechnet, die stets vor dem Hotel auf Posten standen. Sie waren freundlich, aber bestimmt: In dieser Nacht würde nicht mehr gefahren. Rudi und seine Kumpel mußten zu Fuß gehen. Natürlich hatte die Polizei völlig recht, denn wir alle hatten zuviel getrunken, aber zu dieser Nachtstunde waren die einzigen Fußgänger auf jenen einsamen Straßen, wenn es welche gab, höchstens kaukasische Bären.

Damals waren im leichtgläubigen Westen James-Bond-Filme äußerst beliebt. Wir waren also der Meinung, daß in jedem Raum des Hotels – vom Klo bis zum Speisesaal – «Wanzen» montiert seien, obschon schwer vorstellbar war, welches Interesse die Russen an unserem Geplapper hätten haben sollen. Der Gedanke jedenfalls verfehlte nicht seine Wirkung auf unsere Phantasie.

«Hast du den Infrarot-Film gut versteckt, Paul?» fragte ich zum Beispiel, als wir uns zu Bett gelegt hatten.

«Ja, er ist in der zugelöteten Kaffeedose, auf der ‹coffeinfrei› steht.»

«Ah, gut», sagte ich dann, «aber wir müssen noch unser Funksignal senden.» Und so ging es weiter, wobei wir uns eines spionagegerechten Peter-Lorre-Akzents befleißigten.

Vielleicht bildeten wir es uns nur ein, aber in der Folge schien Peter Probleme damit zu haben, seiner Zeitung Manuskripte zukommen zu lassen. Eine weitere amüsante Fortsetzung dieser Posse ergab sich, als wir später bei einem Biwak eine der erwähnten Kaffeedosen öffneten und mehrere Dollar-Noten darin fanden. Ohne daß wir es wußten, hatte Peter die Dose als Tresor verwendet.

Wir alle warteten mit Ungeduld darauf, klettern zu können, aber das Wetter war stets gegen uns. Während wir so herumhingen, brachte ich es fertig, mir einen Sonnenstich zuzuziehen. Dies ist mir schon mehrere Male unter scheinbar unmöglichen Bedingungen passiert, das letzte Mal vorher, wie schon erwähnt, im winterlichen Himalaya. Wenn das Wetter auch im Hochkaukasus abscheulich war, so war es im üppigen Baksan-Tal tropisch. Dunkelhäutige Maiden legten ebenso dafür Zeugnis ab wie staubige Straßen. Schließlich erhielten wir die Erlaubnis, eine mögliche neue Route am Ushba zu versuchen, und gingen mehrere Male zum Deutschen Biwak, das als Basis für diese und ein paar andere Touren in diesem Gebiet dient. Stürme schlugen uns jedoch wieder zurück. Später gelang es uns allerdings, Proviant zum Ushba-Eisfall zu schaffen, aber es war ein riskantes Unternehmen, denn der Eisfall war von vielen gefährlichen Spalten durchzogen.

Bei einer der Exkursionen zum Deutschen Biwak sahen wir auf dem Ushba-Grat Kletterer, die offensichtlich in Nöten waren. Später erfuhren wir, daß es Rudis Gruppe war. Einer der Männer war gestürzt und mußte mit dem Seil die Wand heruntergelassen werden. Zwei Tage später erreichte sie ein Rettungshubschrauber über Swanetien, das auf der anderen Seite der Shkhelda-Kette liegt, und brachte den Ostdeutschen ins Hospital von Pjatigorsk. Obwohl in der Sowjetunion die Dienste der Bergrettung gratis sind, mußten die Ostdeutschen für den Helikopter bezahlen, was für ihre Finanzen ein schwerer Aderlaß war.

Die Zeit verging, und wir marschierten immer noch zwischen dem Deutschen Biwak und dem Hotel hin und her. Als alle Hoffnung auf eine Ushba-Tour dahin war, bahnte ich mir einen Weg zu Rotentaovs Tür und bat um die Erlaubnis, einen anderen, niedrigeren Gipfel angehen zu dürfen: die rund 4300 Meter hohe Shchurovsky-Spitze, deren Nordwestwand uns faszinierte. Soweit wir die Gegend kannten, war es die schwierigste Wand und, wie Tut bemerkte, «so verdammt steil, daß nicht mal der Schnee drauf 'nen Halt findet». In der Zwischenzeit hatten Tut und Richard um die Erlaubnis nachgesucht, vom Shkhelda-Gletscher aus, der dem Deutschen Biwak gegenüberliegt, die Direktroute auf den West-Shkhelda gehen zu dürfen. Es handelte sich dabei um eine 1800 Meter hohe Wand, die ihnen viel Vertikalität und Spaß versprach.

Von unserem geplanten Urlaub waren nur noch ein paar Tage übrig, und wir saßen wie auf glühenden Kohlen. Eines Morgens brachen Chris, Paul und ich zum Deutschen Biwak auf, in der Hoffnung, die Witterung würde besser werden. Tut und Richard hatten beschlossen, noch einen Tag im Hotel zu warten.

Das letzte Stück des Weges ging über den breiten Shkhelda-Gletscher. Der Gletscher sah durchaus harmlos aus, und doch sollte er ein paar Tage später einen von Rudis unglücklicher Gruppe verschlingen. Im Biwak herrschte lebhaftes Treiben; es war ein Wochenende, und mehrere Meister des Sports – Männer und Frauen – waren auf Arbeitsurlaub in den Bergen. Wir verbrachten einen angenehmen Abend mit ihnen. Die Sonne brach durch und jagte den Schnee in die entferntesten Ritzen, und wir tauschten Ausrüstungsgegenstände und Ideen aus. Die Russen haben zum Teil sehr gutes, selbstfabriziertes Titan-Gerät (viele ihrer Kletterer sind Ingenieure), doch die Grundausrüstung, die man in den Bergsteigerzentren bekommt, ist meist recht schwer.

Unsere geplante Route auf die Shchurovsky-Spitze lief parallel zu einer, die Abalakov ein paar Jahre zuvor geklettert war. In dieser Wand war zweifellos jede Route schwierig, und je länger ich im Kaukasus war, desto mehr Respekt empfand ich für das Können der sowjetischen Bergsteiger. Von meinem Standpunkt aus habe ich keine Einwände gegen die Beschränkungen, die sie den Bergsteigern auferlegen. Meiner Ansicht nach wäre eine Art von Vorfahrtsrecht auch und gerade in den Alpen von Nutzen, wo es vorkommen kann, daß ein Dutzend Gruppen auf eine Route losstürmt, sobald das Wetter aufklart. Wenn man dann das Pech hat, nicht ganz vorne zu sein, wird man unweigerlich aufgehalten oder dadurch bestraft, daß man wegen der Unachtsamkeit anderer von Steinen getroffen wird.

Die Shchurovsky-Wand hatte offenkundig keinen Massenzulauf; die russischen Bergsteiger im Deutschen Biwak bezweifelten sogar, ob sie auf unserer Route überhaupt zu durchklettern sei, wünschten uns aber alles Gute. Der Frost des folgenden Morgens steigerte noch unseren Bewegungsdrang, und wir gingen die kurze Strecke über das Eis, um die längst fällige Auseinandersetzung mit einem russischen Berg zu beginnen. Wie gewöhnlich verzichteten wir auf das Seil, bis es beinahe zu spät war. Jedenfalls war es zu diesem Zeitpunkt schwer, ohne Seil auszukommen, denn die Schneehänge waren sehr steil. Bis dahin hatten wir uns durch ein Labyrinth flacher Rinnen und steiler Schneezungen geschlängelt. Dann aber standen wir plötzlich am Fuß eines überhängenden Abschnitts.

«Wie wär's, wenn wir zuerst auf diese Eiszapfen zuhielten, Hamish, und dann nach rechts querten?» fragte Chris. Seltsamerweise schien er optimistisch zu sein. Den Grund dafür stellte ich bald fest: er erwartete, daß ich voraussteigen sollte.

«Sieht auch nicht anders aus als schottische Rinnen», fügte Paul rasch hinzu und unterstützte so Chris' Eröffnungsgambit. «Wird ein guter Test für die ‹Terrors›.»

«Na», sagte ich resigniert, «als ihr mich batet, an dieser Expedition teilzunehmen, glaubte ich, ich solle ihr Kopf sein. Jetzt stelle ich fest, daß ich ihr Dummkopf bin.»

Von diesem Überhang hatten wir natürlich gewußt, denn wir hatten die Wand schon öfter durchs Fernrohr studiert wie pflichtbewußte Generäle, die die Belagerung einer Festung planen. Aber jetzt, da wir unter ihm standen, sah er viel schlimmer aus, als wir vorher geglaubt hatten. Stunden später bemühte ich mich immer noch, einen Weg nach oben zu finden. Schließlich überwand ich die letzte Kante und stieg auf ein Sims, das jeder Adler mit einem Rest von Selbstachtung als Landeplatz weit von sich gewiesen hätte. Hier versammelten wir uns dann alle, wobei wir uns mehr oder weniger auf den Stiefeln standen.

«Weißt du, wie spät es ist?» fragte Chris.

«Schon ziemlich spät», vermutete ich, «und es wird Zeit, daß wir irgendwo einen Unterschlupf finden. Es schneit wie an Weihnachten.» Das stimmte, doch hatten wir es, durch den Überhang teilweise geschützt, nicht bemerkt.

«In weniger als einer Stunde wird es dunkel», doppelte Chris nach.

«Ein Drei-Sterne-Hotel ist das hier jedenfalls nicht», ließ Paul verlauten; sein Ton verriet, daß er nicht gerade das Gefühl hatte, in seinem Lieblingssessel zu sitzen, wozu die Tatsache, daß ich mich schwer gehen ihn lehnen mußte, sicherlich beitrug. Wir alle waren an einem in Kniehöhe befindlichen Felszapfen gesichert.

«Schau doch mal ein bißchen weiter oben nach, ob sich da eine bessere Absteige für dich findet, Hamish», sagte er. «Mit etwas Abstand bist du mir noch lieber.»

«Das werd' ich auch tun», antwortete ich und krabbelte schräg zu einer weiteren eisigen Stufe hinauf. Sie war in der ganzen Umgebung das einzige, was einem Sims halbwegs ähnlich sah. An diesem kargen Platz richteten wir uns für die Nacht ein. Für unsere Beine gab es nur zwei Möglichkeiten: entweder ließen wir sie über die

Kante hinabhängen, denn die Stufe hatte, sobald sie einmal vom Eis befreit war, nicht viel mehr als die Breite eines Kaminsimses. Oder wir nahmen die Position ein, die, wie ich hörte, für gläubige Mohammedaner nach dem Tod typisch ist: die Knie zum Kinn angezogen und die Arme um die Schienbeine geklammert. Obwohl wir nicht nach Mekka ausgerichtet waren, brachte diese Stellung zumindest Abwechslung in die Unbequemlichkeit, und so verbrachten wir die Nacht wie drei nicht sehr dekorative «Weise Affen» auf einem Kaminsims.

Diese Nacht war so kalt, daß selbst die legendären Messingaffen gefröstelt hätten. Als wir am Morgen weiterstiegen, hatten wir jedoch bis auf leichte Erfrierungen keinen Schaden genommen. Zu spät bedauerten wir, keine Schlafsäcke mitgenommen zu haben; der Kaukasus ist wirklich ein sehr frostiger Biwakplatz.

Nachdem wir das schwierige Hindernis des Vortages überwunden hatten, waren wir nun auf gemischtem, aber steilem Terrain. Die Kletterei machte Spaß, und über das Wetter war nicht zu klagen – jedenfalls noch nicht. Der schwere Schneefall der vergangenen Nacht war nicht in der Wand der Shchurovsky-Spitze hängengeblieben. Am frühen Nachmittag dampften leicht getönte Wolken von der Bezingi-Region herein wie die Goldene Horde und überfluteten die Gletscher unter uns. Dann fingen sie an zu steigen. Eine andere Wolke, die sich verstohlen über den Gipfel geschoben hatte, sank herunter, und schließlich befanden wir uns in einer Art Sandwich. Schwerer Schneefall begann. Chris übernahm nun die Führung, denn ich hatte mich am Tag zuvor ziemlich ausgegeben und zog mich ans Ende der Karawane zurück. Wir kamen immer mühsamer voran. Jetzt lag auch auf der festgefrorenen Unterlage Schnee, denn wir näherten uns dem Gipfel, und obwohl die Neigung immer noch stark war, war sie nicht mehr ganz so steil wie weiter unten. Zur Abwechslung begann es nun zu hageln, und um dorthin hinaufzukommen, wo Paul stand, mußte ich mir regelrecht den Weg freischaufeln. Chris' Kraft und Gewandtheit zeigte sich nun; ungeachtet des eisigen Infernos kämpfte er sich weiter, bis plötzlich der Berg zu Ende war. Die Sichtweite betrug etwa fünf Meter, und was wir sahen, war die Kante einer Wächte, die sich waagrecht von uns wegschlängelte. Wir standen auf dem Gipfelgrat wie drei desillusionierte Schneemänner, die auf baldiges Tauwetter hoffen, erleichtert ob des Umstandes, daß wir oben waren, aber bekümmert über die Aussicht, wieder hinunterzumüssen. Beim Klettern kann man einfach nicht gewinnen!

«Was jetzt?» rief Paul. «Sollen wir biwakieren?»

«Es ist noch ein bißchen früh», rief ich zurück. «Das wäre mehr wie eine Siesta. Wie wär's, wenn wir nach dem Kompaß den Grat entlanggingen?» Ich deutete auf die einzige, wenig einladende Alternative, die uns sowohl einen körperlichen Zusammenbruch als auch mögliche Lawinengefahr verhieß. Nachdem ich meinen Kompaß hervorgeholt hatte, zermarterte ich mein erstarrtes Gehirn nach einer ungefähren Marschzahl zum Ushba-Plateau, dem großen Schneefeld am Fuße des Berges. In der Hoffnung, in der richtigen Richtung zu gehen, stemmten wir uns gegen den Wind. Während wir uns in sicherem Abstand von der Schneewächte vorankämpften, fiel mir ein, wie Charlie Chaplin in seinem Film «Goldrausch» seinen Kompaß hervorholte – ein Stück Papier, auf dem Nord, Süd, Ost und West markiert waren.

Der Kamm fiel jetzt ab, und die Sicht wurde bald besser. Unter uns senkten sich Hänge zum Plateau, und nach kurzer Zeit stießen wir auf Risse. Es war fast anheimelnd, wieder gute, ehrliche Risse zu sehen, die uns wie alte Freunde angrinsten, und wir suchten uns einen Zickzack-Weg zwischen ihnen hindurch, bis es wieder Zeit für «bed und breakfast» war. Dieses Mal hatten wir es mit dem genauen Gegenteil der steilen Wand der Shchurovsky-Spitze zu tun. Hier war nur offener Raum, ein breites Schneefeld. Zweifellos waren wir jetzt auf dem Ushba-Plateau, aber unseren genauen Standort auf dieser weiten Fläche wußten wir nicht. Um uns herum schienen sich die Spalten vermehrt zu haben, ein Umstand, der es ratsam erscheinen ließ, an diesem Tag nicht mehr weiterzugehen. Wie um uns das beruhigende «Nur keine Panik»-Gefühl zu geben, das Scheuklappen einem Pferd verleihen, drückte die Natur jetzt wieder Wolken herunter, und jenes Gefühl des Losgelöstseins stellte sich ein, das häufig Menschen beschreiben, die kurz vor dem Erfrierungstod standen.

Paul war bereits erschöpft, und das war einer der Gründe, warum wir raschestens ein Lager aufschlagen mußten. Er sah bleich und erfroren aus und schien leicht desorientiert zu sein. Die Veränderung hatte sich plötzlich vollzogen, von einem Augenblick zum andern, und da es keine Geländeformation gab, die uns hätte Schutz gewähren können, hoben wir Schneelöcher aus. Wie ich schon zuvor einmal erwähnte, halte ich von Schneelöchern nicht viel. Diese Nacht bestärkte alle meine Zweifel. Der Schnee, den der jetzt stärker gewordene Wind vor sich hertrieb, drohte uns zuzudecken.

Obwohl wir uns in unsere Biwaksäcke gehüllt hatten, wäre Schlaf, sofern wir überhaupt einzuschlafen vermocht hätten, für uns sehr gefährlich gewesen, denn wir hätten ersticken können. Das Problem bei Sauerstoffmangel ist ja, daß man nicht so wach ist wie sonst und leicht in jenen Dämmerzustand sinkt, der das Vorstadium zu einem Schicksal sein kann, wie es Rip Van Winkle erlitt. Von Zeit zu Zeit stieß also einer von uns wie ein Muezzin Rufe aus, vergewisserte sich, ob die anderen noch wach und auf der Hut waren und entfernte dann den Treibschnee, der uns bedeckte.

Nun, auch diesmal wurde es wieder Tag. Auf einen Frühstart, wie er Bäckern und Milchviehhaltern gemein ist, verzichtend, ließen wir uns Zeit bis zur Dämmerung. Dann drangen von oben Rufe herunter. Wie sich herausstellte, hatte eine Gruppe russischer Kletterer ebenfalls biwakiert, allerdings in einem ihrer ausgezeichneten Zelte, das sie vernünftigerweise mitgenommen hatten. An diesem Morgen gab es kein Frühstück; die geschnittenen Fingernägel waren uns ausgegangen. Über den Gletscher strebten wir dem Deutschen Biwak zu, wie Brieftauben auf dem Heimflug. Wichtige Fähigkeiten dieser Vögel fehlten uns aber ganz und gar, was offenkundig wurde, als wir die Spalten des Eisfalls erreichten. Wir fanden das für die ausgefallene Ushba-Expedition angelegte Proviantdepot, waren aber zu mitgenommen, um essen zu können. Pauls Zustand hatte sich über Nacht etwas gebessert, obwohl die Umstände nicht gerade förderlich gewesen waren. Seine Spannkraft und Regenerationsfähigkeit waren jedenfalls bewunderungswürdig.

Der Ushba-Eisfall erinnerte mich an die Hindernis-Bahnen der Armee im letzten Krieg, auf denen man mit scharfer Munition an den Soldaten vorbeischoß, manchmal mit tödlichen Folgen. Dieser Gletschersturz verlangte ähnlichen Einsatz; brüchige Schneebrükken waren zu überwinden, und die großen Firnblöcke hingen über uns wie Fallen, die jederzeit zuschnappen konnten. Bei dieser Gelegenheit erforderte der Eisfall auch freies, fünfundvierzig Meter tiefes Abseilen, und auch der folgende Abschnitt war überaus schwierig.

Am späten Nachmittag erreichten wir das Deutsche Biwak. Richard war eben hier angelangt und kam mit bekümmerter Miene herüber.

«Einer von Rudis Kameraden ist in eine Spalte gefallen», sagte er. «Unten am Shkhelda-Gletscher.» Er deutete hinunter. «Auf dieser flachen, leichten Passage.»

«Verdammt», sagte Paul, «die Spalten dort unten sind doch alle zu.»

«Aber nicht die, in die er hinunterfiel», erwiderte Richard heftig. «Sie ist genau auf der Route, die wir zweimal in der Woche hierher genommen haben. Die Spalte ist nur knapp einen halben Meter breit, aber er ist fast fünfundzwanzig Meter tief abgestürzt und steckt bis zum Bauch im Wasser wie in einem überfluteten Schraubstock. Tut und Rudi und ein paar von den Russen versuchen ihn rauszuziehen, aber es ist nicht viel Hoffnung. Ich bin von dem Biwak dort gekommen, um Decken zu holen.»

Zusammen marschierten wir eilends über den Gletscher zu der kleinen, an eine Beerdigung gemahnenden Gruppe hinunter, die sich um die ziemlich harmlos wirkende Spalte versammelt hatte. Sie hatten den Abgestürzten bereits hochgeholt. Zweifellos war das sehr schwierig gewesen, und auf den ersten Blick glaubte ich, der Mann sei tot; sein Körper hatte die wächserne Blässe eines Leichnams. Während Paul ihn in Decken wickelte, fühlte ich seinen Puls.

Ich murmelte wenig Salonfähiges, während ich versuchte, mir klar zu werden, was jetzt zu tun sei. Nach kurzer Überlegung entschloß ich mich, das Risiko auf mich zu nehmen und ihm eine Cortisonspritze zu geben. Über die möglichen Konsequenzen war ich mir durchaus im klaren; sie waren politischer, nicht medizinischer Art. In Schottland hatten wir bei schweren Erfrierungen erfolgreich Steroide verwendet, und ich war mir sicher, daß der Mann sich ohne diese Hilfe nicht mehr erholen würde. Eine Rettungsmannschaft konnte nicht vor Ablauf von sechs Stunden hier sein, und einem Hubschrauber war die Landung wegen der starken Bewölkung nicht möglich. Überdies war es schon spät am Tage.

Als ich dem Mann die Spritze gegeben hatte, geschah minutenlang nichts; dann aber kehrten nach und nach schwache, aber unmißverständliche Lebenszeichen zurück. Wir entdeckten eine leichte Bewegung der Brust, und nach einer Viertelstunde registrierte ich einen schwachen, aber immerhin fühlbaren Puls. Viel mehr konnten wir im Augenblick nicht tun. Wir ließen ihn also, sorgfältig in Decken und Daunenanoraks eingehüllt, bei seinen Freunden zurück, verabschiedeten uns und gingen wieder über den Gletscher, wobei wir jetzt sehr sorgfältig auf das kleinste Anzeichen einer Spalte achteten. Am nächsten Morgen kam ein Helikopter zum Gletscher durch, und der Mann kletterte ohne Hilfe an Bord. Als ich das im Hotel Itkol hörte, atmete ich erleichtert auf, denn die

Aussicht, vor einem russischen Untersuchungsgericht peinliche Fragen beantworten zu müssen, erschien mir nicht sehr verlockend.

Russische Gastfreundschaft kennt fast keine Grenzen. Als unsere bevorstehende Abreise im Itkol mit einem Bankett gefeiert wurde, wurde für diesen Abend das Alkoholverbot offiziell aufgehoben, und wir brachten viele lange Trinksprüche aus. Mit vorgerückter Stunde kam es zu einer immer rascheren Folge der Toasts, und wir erhoben und setzten uns wie mechanische Puppen. Paul, der noch zum Adul-Suh-Camp hinüber mußte, um bei Rudi einiges Gerät zu holen, wurde in eine weitere Serie von Trinksprüchen verwickelt und lieferte später eine lebhafte Beschreibung dieses letzten Mahls, das der Verabschiedung eines Bacchus würdig gewesen wäre.

Über Mangel an Abenteuern hatten wir uns im Kaukasus nicht zu beklagen gehabt. Aber es sollten noch weitere kommen. Wenige Kilometer nach der tschechischen Grenze holte das Fatum uns ein. Oder vielleicht sollte ich besser sagen, daß Tut, der am Lenkrad saß, eine Begegnung mit den Mächten des Schicksals hatte. Tut ist, wie ich bereits erwähnte, ein liebenswürdiger Mensch und hatte eine entwaffnend direkte Art. Selbst wenn die Person, mit der er sich unterhält, zufällig im Fond des von ihm gesteuerten Wagens sitzt, dreht er sich um, wie es ihm seine guten Manieren vorschreiben, um die Konversation in Gang zu halten. Das Tempo unseres 125 S betrug etwa 110 Kilometerstunden und die Abenddämmerung senkte sich über das Land. Der Gegenstand unseres Gesprächs ist mir inzwischen entfallen; jedenfalls war Tuts Aufmerksamkeit für den Straßenverkehr infolge der Pendelbewegung seines Kopfes, die aussah, als verfolge er das Tennisendspiel in Wimbledon, ziemlich geteilt. Tuts Fähigkeit, eine solche Doppelrolle zu spielen, hatte mich Minuten zuvor zu der Erkenntnis gelangen lassen, daß seine Reaktionen viel schneller sein mußten als meine. Daß er bei zwei verschiedenen Anlässen angeblich Mauern mit seinem Auto demoliert haben sollte, stufte ich nun als unfaire Kritikasterei ein. Schließlich hatte er ja letztes Mal die Mauer des zornigen Farmers wieder aufgebaut! Vor uns sah ich auf unserer Straßenseite die schwachen Umrisse eines Pferdewagens. Ich hatte noch Zeit, mit einem vorsichtigen Räuspern dieser Wahrnehmung Ausdruck zu verleihen und so beiläufig wie möglich der Nachlässigkeit der Bauern Erwähnung zu tun, die mit unbeleuchteten Pferdewagen auf den öffentlichen Straßen der Tschechoslowakei verkehrten, ehe das

Ende meines Satzes in dem Krachen unterging, den unser Aufprall auf das hintere Ende dieses ländlichen Vehikels verursachte. Zu sagen, daß wir erschreckt waren, wäre ein Understatement; zu sagen, daß die Pferde und Bauern es nicht waren, eine glatte Lüge. Die Hölle brach los; der Kühler spuckte Gefrierschutz und Wasser aus, und Heufragmente schwebten im Zwielicht des Abends herab. Erstaunt konstatierten wir, daß wir nicht verletzt waren. Als nächstes galt es festzustellen, was dem Gegner passiert war. Die Bauern waren jetzt alle am Boden – ob aus eigenem, freiem Willensentscheid oder durch Tuts Angriff aus dem Hinterhalt dorthin befördert, mußte dahingestellt bleiben. Jedenfalls bemächtigte sich ihrer eine gewisse Erregung. Ihre Injurien, die wie ein Sturm über uns hereinbrachen, ähnelten auf unheimliche Weise jenen des betrunkenen Polen, den George ein paar Jahre zuvor aus dem Sattel seines Fahrrads befördert hatte. Natürlich ging es darum, daß sie keine Beleuchtung hatten und wir zu schnell gefahren waren, wobei aber unsere übersetzte Geschwindigkeit niemand beweisen konnte. Die beiden links und rechts von der Deichsel angespannten Pferde hatten keinen ernsten Schaden davongetragen, wenngleich ihre Kummete zweifellos etwas gedehnt waren und vielleicht eine permanente, durch die urplötzliche Beschleunigung ihres Wagens verursachte seitliche Biegung ihrer Hälse zurückbleiben konnte. Am meisten hatte der Fiat abbekommen; er sah abscheulich aus. Die Front des Wagens war eingedrückt, und wenn der Motor auch wenig gelitten zu haben schien, so waren doch Kühler und Karosserie stark gefaltet. Bis die Polizei auf dem Plan erschien und zur Vernehmung schritt, hatte sich eine beträchtliche Menschenmenge versammelt. Der Unfall war am Rand eines Dorfes passiert, dessen Einwohner, soweit wir verstanden, sich schon einige Zeit um eine Straßenbeleuchtung bemüht hatten. Da es Freitag abend war, hatte die Bevölkerung Zeit. Schließlich kam es nicht jeden Tag vor, daß ein kapitalistisches Auto in einen Pferdewagen hineinknallte. Überdies war es ein Auto, das über und über mit großen kapitalistischen Plakaten bepflastert war, die von der Kaukasus-Expedition des «Sunday Mirror» Kunde verbreiteten. Zweifellos glaubten die Leute, es handle sich um eine Kampagne zur Absatzsteigerung dieses Blattes im Herzen Rußlands. Plötzlich hatte ich eine Idee.

«Der Kaugummi, Chris, wo ist die Schachtel, die noch übriggeblieben ist?»

«Hinten im Campagnoli.»

«Die holen wir!» verkündigte ich enthusiastisch. «Ich habe eine Idee.»

«Herrgott, nicht schon wieder so eine verdammte Idee», stöhnte Tut. «Du bringst uns noch alle ins Grab.»

«Was das betrifft, mein Freund, so dürftest du nach Punkten in Führung sein.» Der Kaugummi wurde jedenfalls geholt. Ich öffnete die Schachtel und begann, den Inhalt an die Umstehenden auszuteilen wie ein Kämpfer gegen Armut und Not. Über einen jungen Burschen, der sich selbst zum Dolmetscher bestellt hatte, ließ ich mitteilen, alle sollten kräftig draufloskauen und den Gummi zurückgeben, wenn der Geschmack weg war. Dreißig kauende Tschechen! Was ein paar Minuten zuvor noch eine aufgeregt diskutierende Menschenmenge gewesen war, war nun ein malmendes Gremium, dessen Unterkiefer auf- und abgingen wie Pumpenschwengel. Das Grundmaterial für meinen Plan kam herein, zuerst in Form einzelner, gut durchgekauter Gummiplätzchen, dann in größeren Mengen. Ich gab Chris einen Stoß und sagte:

«Hilf mir mal den Kühler abdichten.» Eine halbe Stunde später war von dem Kühler nicht mehr viel zu sehen; er schaute aus, als sei er eingegipst worden. Als wir ihn mit Wasser füllten, stellten wir leider fest, daß im Flansch der Wasserpumpe ein Riß war; immer noch tröpfelte aus dem Motor ein Rinnsal hervor.

«Nun, den Versuch war es jedenfalls wert», verteidigte ich mich.

Tut schüttelte nur den Kopf.

«Nicht bloß, daß wir jetzt ohne Auto sind», schimpfte Chris voller Verzweiflung. «Jetzt haben wir auch keinen Kaugummi mehr.»

Paul, der stets eine Fundgrube an Wissen ist und vor allem Ausländern gegenüber wie ein freundlicher Buddha Wohlwollen ausstrahlt, hatte ein Gespräch mit einem hübschen Mädchen begonnen. Wie sich herausstellte, sprach sie hervorragend Englisch und hatte eine Schwester. Diese höchst wertvolle Information rückte sie freiwillig heraus, denn sie selbst wollte in zwei Tagen heiraten. Aufgrund ihrer kurzen Bekanntschaft stellte sie Paul die Frage, ob er ihr Trauzeuge sein wolle. Meine Gedanken überschlugen sich fast, als ich mir vergegenwärtigte, welche Vorschläge sie ihm wohl gemacht hätte, hätte sich ihre Bekanntschaft über zehn Minuten erstreckt. Paul glaubte nicht, daß es ihm möglich sein würde, ihr diesen Dienst, so ehrenvoll er auch war, zu erweisen. Da er jedoch gewisse Möglichkeiten hinsichtlich der Befriedigung unserer Grundbedürfnisse erkannte, sagte er, er brauche noch etwas Zeit, um sich den Vorschlag zu überlegen, und ob es für ihn und seine Freunde vielleicht derweil eine Übernachtungsmöglichkeit gebe? Sofort wurden uns das Haus der jungen Dame und dasjenige ihres Bräutigams zur Verfügung gestellt. Wir alle retirierten in ihr Heim; das ziemlich traurig aussehende Auto ließen wir am Straßenrand stehen. Was damit geschehen sollte, konnte später entschieden werden.

Die Nacht war großartig. Wann wir zu Bett gingen, weiß ich nicht mehr; am Morgen jedenfalls fühlten wir uns nicht sehr erfrischt, was immer ein gutes Indiz für die Vergnüglichkeit der vorangegangenen Stunden ist. Durch Befragung des Bräutigams wurde uns klar, daß keine Aussicht bestand, den Fiat repariert zu bekommen – in Prag vielleicht, aber mit Sicherheit nicht in der Ost-Tschechoslowakei. Bis zum Frühstück hatten wir uns also damit abgefunden, den Wagen bis Österreich ins Schlepptau nehmen zu müssen. Der Campagnoli war, wie wir wußten, dafür bestens geeignet. Mit einer unserer Kletterschnüre wurde der Fiat «angeseilt». Seine Passagiere erlebten bei stehendem Motor eine seltsam geräuschlose Fahrt.

Erst an der österreichischen Grenze unweit Wiens gelang es uns, das Auto reparieren zu lassen, doch sah es auch danach noch sehr ramponiert aus.

In Turin empfing man uns nicht gerade kühl, aber doch ohne Begeisterung. Fiats Großzügigkeit ging so weit, unser verschrumpeltes Auto durch ein anderes, früheres Modell zu ersetzen, und die Gerechtigkeit gebietet die Feststellung, daß wir mit größerer Freundlichkeit behandelt wurden, als wir verdienten. Wir waren Fiat zu großem Dank verpflichtet, denn die Firma hatte sehr viel für uns getan, und ihr Fahrzeug war allen Strapazen bis auf Tuts Kollision gewachsen gewesen. Auch den Russen, die den undisziplinierten Besuchern aus dem Westen soviel Geduld entgegengebracht hatten, waren wir dankbar. Für mich war es einer der denkwürdigsten Urlaube, denn eine solche Reise sollte man nicht «Expedition» nennen, vor allem, wenn sie einem Spaß gemacht hat: eine Expedition hat keinen Spaß zu machen.

8 *Das Matterhorn Live*

Der Erfolg der Klettersendung vom Old Man of Hoy hatte unsere kühnsten Erwartungen übertroffen, gleichzeitig aber einen Präzedenzfall geschaffen. Für diese Form der Unterhaltung gab es nun neue Maßstäbe, die bei weiteren Kletterschauspielen erreicht oder sogar übertroffen werden mußten. Wir sahen uns nach einer ähnlichen Szenerie um, doch keine der ins Auge gefaßten Stellen kam jener einzigartigen Sandsteinsäule an Attraktivität gleich. Viele Vorschläge wurden gemacht; allerdings waren unsere Arbeitsmöglichkeiten auf eine Höchstentfernung von eineinhalb Kilometern zwischen Kameras und Übertragungswagen beschränkt, und die Anzahl geeigneter Felsformationen innerhalb dieses Bereiches war leider sehr beschränkt. Aufgrund natürlicher Auslese blieb schließlich eine kleine Gruppe zurück, welche die Möglichkeiten ausloten sollte. Sie bestand aus Joe Brown, Chris Brasher, Alan Chivers, einem Ingenieur und mir selbst. Wir zogen andere Klippen in Betracht, zum Beispiel den Great Kame of Foula, eine über 200 Meter hohe Wand, die in dem Winkel in den Nordatlantik eintaucht, in dem Seevogelbotschaften ins Meer fallen. Diese Klippe wurde abgelehnt, weil der Zugang zu schwierig war. Tom Patey schlug den Trolltinder bei Åndalsnes in Norwegen vor, dessen Trollryggen genannte Wand von rund 1400 Meter fast senkrecht abfällt. Doch schon ein flüchtiger Blick auf die Karte hätte uns zeigen können, daß hier nichts lief. Tom hatte geglaubt, der Übertragungswagen könne wenn nicht direkt an die Wand, so doch bis auf die erforderliche Höchstentfernung von eineinhalb Kilometern herankommen.

Es war Frühling, als Joe Brown, Chris Brasher, Alan Chivers und ich in Åndalsnes ankamen, das südwestlich von Trondheim liegt. Noch lag hoher Schnee auf den Bergen, und die schattigen Täler waren noch nicht aus ihrem Winterschlaf aufgewacht. Eigentlich erwarteten wir fast, dort Trolle zu finden. Chris, der ein großer Befürworter des Skilanglaufs ist, stellte fest: «Also, Jungs, für diesen Job brauchen wir Langlaufskier; im Winter gibt es kein besseres Beförderungsmittel.» Er hatte es zu Joe und mir gesagt; für den schon in reiferen Jahren befindlichen Chiv schien die Anrede «Junge» nicht völlig angemessen.

«Scheiße», sagte ich inbrünstig. Für meine Begriffe ist der Skilanglauf schon immer eine Art betulicher Holzschuhpolka gewesen, mit der sich allenfalls Rentner die Zeit vertreiben. Jedenfalls dauert der Langlauf zu lang.

Es entspann sich eine ausgedehnte Diskussion, bei der Joe eine passive Rolle spielte. Er hatte Abfahrtslauf betrieben, aber keinen Langlauf. Chiv paffte lächelnd an seiner Pfeife, einem Instrument, das ihm später das Leben retten sollte. Chris setzte sich schließlich durch. Wir besorgten uns die langen, schmalen Bretter, und Chris trieb auch einen Langläufer auf, der uns als Führer begleiten sollte und Chris' Behauptung, der Langlauf sei die größte Errungenschaft seit dem Wikinger-Langboot, rückhaltlos unterstützte.

Aufbruch war am nächsten Tag bei Anbruch der Dämmerung, oder besser gesagt bei den ersten Anzeichen eines Morgengrauens, denn der Wechsel von Nacht zu Tag dauerte ungemein lange, und als die Sonne schließlich durchkam, waren wir schon auf halber Höhe des Berges. Jetzt war es Zeit, die Skier anzuschnallen. Da der Führer jedoch zur Erreichung eines direkt vor uns gelegenen Punktes einen langen Umweg machen zu müssen glaubte, wagte ich den Vorschlag, dieses Ziel zu Fuß über einen direkt vor uns liegenden Grat anzugehen. Der Norweger, der unbedingt langlaufen wollte, war dagegen, ebenso Chris. Joe und ich bevorzugten meinen Vorschlag und trugen unsere Bretter. Sehr zum Ärger der beiden anderen kamen wir vor ihnen an. Als sie in Hörweite waren, sagte ich wie beiläufig zu Joe: «Das war wirklich ganz einfach, Joe. Bloß schade, daß wir die Skier tragen mußten, sonst wären wir noch viel eher hier oben gewesen.»

In Åndalsnes hatten wir uns von der norwegischen Armee einen großen Entfernungsmesser geborgt. Wir stellten ihn auf dem Gipfel auf und lasen verschiedene Werte ab. Diese Troll-Berge waren freilich größer, als wir geglaubt hatten. Sogar wenn es möglich gewesen wäre, den Übertragungswagen die steile Piste hinaufzubefördern, die Tom Patey in Aussicht genommen hatte, wäre die Entfernung zwischen den möglichen Kamerapositionen und der Trollryggen-Wand selbst für unsere Mammut-Teleobjektive zu groß gewesen. Auf unserem Gipfel entfalteten wir auf Bitten unseres Hotel-Managers hin den Union Jack und die norwegische Flagge, denn das Land feierte seinen Unabhängigkeitstag.

«So», sagte Chris, als wir im Sonnenschein einen Imbiß verdrückt hatten. «Zumindest hinunter wirst du skifahren, Hamish. Das wird ein herrlicher Abfahrtslauf.»

«Ich glaube nicht», erwiderte ich ungnädig. «Ich halte nicht viel

Abb. 22 Bei den Vorarbeiten zur Klettersendung von der Insel Anglesey: Mit solchen Fiberglaskapseln wurden die Fernseh-Kameras zu schwer zugänglichen Positionen transportiert. Der Autor beobachtet den Vorgang

Abb. 23 Bei der Fernseh-Direktsendung zur Hundertjahrfeier der Matterhorn-Erstersteigung: Hamish MacInnes (links) und Rusty Baillie im Lager unter der Ersten Stufe

Abb. 24 Auf dem Matterhorn-Gipfel; mit der Kamera der Autor

von Abfahrtsrennen auf Langlaufskiern, vor allem mit meinen alten Kletterstiefeln. Da hätte ich so viel Kontrolle wie ein Besoffener in einem Autoscooter. Ich gehe zu Fuß.»

«Ich auch», echote Joe. «Mit meinen Abfahrtsbrettern und Skistiefeln wäre es natürlich was anderes.»

Erneut schulterten wir unsere nutzlosen Planken und gingen los, während Chris und unser Führer mit Freudengegröle auf dem Weg verschwanden, den sie gekommen waren.

Durch den Sonnenschein war der Schnee jetzt weich und unsicher geworden. Ich bemerkte, daß Joe etwas zurückblieb.

«Du willst wohl, daß ich zuerst eine Lawine abkriege?» fragte ich.

«Verdammt noch mal, du läufst auf Schnee rum, seit du nicht mehr im Kinderwagen liegst. Ich bin in den Felsen zuhause. Du weißt besser als ich, ob dieser Porridge dort bleibt, wo er hinfiel.»

Er tat es.

Ein Stück weiter unten wurde es flacher, und wir beschlossen, uns auf unsere Skier zu setzen und sie als Schlitten zu benutzen. So kamen wir wie Hochgeschwindigkeits-Nikoläuse am Fuße des Hangs an, sehr zur Verblüffung der anderen beiden, die ihre Spur eben gerade aus dem Wald herausgeführt hatte.

Spätere Erkundungen führten uns zum Hochland und den Inseln im Westen von Schottland, wo ich Chiv und die anderen auf die Möglichkeiten des Sgurr of Eigg hinwies, eines burgähnlichen Minigipfels auf einer Säule aus Pechstein-Porphyr. Auf seiner Westseite war der Sgurr einmal mit einer Mauer befestigt worden, damit der Gipfelblock bei Wikinger-Überfällen als Zufluchtsort dienen konnte, doch manche Historiker datieren die Befestigungen vor die Wikinger-Zeit. Unser Interesse galt der Nase des Sgurr, einer senkrechten Wand, die dadurch etwas erschreckte, daß man aus ihr kleine Pechsteinsäulen wie lose Orgelpfeifen herausziehen konnte. Wir beschlossen, die Orgelpfeifen zu lassen, wo sie waren.

Auch der gut 200 Meter hohe graue Gneisüberhang des Stron Ulladale in North Harris, der damals Sir Hereward Wake gehörte, war mit dem Übertragungswagen, wie sich erwies, nicht zu erreichen. Kilometer knietiefen Moorlandes trennten ihn von der dafür geeigneten Landestelle an der Küste. Als durchführbar erwies sich schließlich ein Programm auf der Insel Anglesey. In den Klippen bei North Stack waren drei gleichzeitige Besteigungen geplant: Wen Slab, Tyrannosaurus Rex und das Spinnennetz. Don Whillans war für die Wen-Slab-Route vorgesehen, während Joe Brown und TV-

Mac sich ins Spinnennetz wagen sollten, eine Route, die sehr knifflige Seilarbeit verlangte. Da Joe Brown in der Vergangenheit von der Boulevard-Presse «menschliche Spinne» tituliert worden war, war er für diese Route besonders geeignet.

Inzwischen hatte ich spezielle Geräte für Klettersendungen konstruiert, zum Beispiel eine Bergungskapsel aus Glasfiber, die aus dem Abwurftank eines Flugzeugs gefertigt war. Wir benutzten sie, um mit Hilfe des erprobten Kabelsystems Kameras in schwierige Positionen zu bringen. Von Reg Phillips, einem hervorragenden Hydraulik-Fachmann unterstützt, hatte ich eine hydraulische Winde gebaut, die demontierbar war und eine Kapazität von sechshundert Meter Stahlkabel hatte. Diese beiden Prachtstücke benützten wir auf Anglesey, aber die Übertragung endete dennoch fast in einem Desaster. In der Nacht vor der Sendung gab es einen (an Hoy erinnernden) Sturm. Zwar hatte ich die Kameras über jedes denkbare Risiko hinaus gegen Sturmwellen gesichert, aber die Tonausrüstung litt. Man hatte uns gesagt, daß ein Sturm nicht zu erwarten sei, und die Wettervorhersage war gut. Am Morgen nach dem Sturm herrschte noch eine gewaltige Dünung. An den dort festgemachten Seilen ließen wir uns über die Klippe hinab, um den Schaden zu inspizieren. Die auf hölzernen Gerüsten angelegten Plattformen waren von Wasser überspült. Eine davon war schwer beschädigt und verschwand schließlich vor unseren Augen mit Tonausrüstung im Wert von fünfzehntausend Pfund im Meer. Auf Ingenieure der BBC scheinen solche Mißlichkeiten geradezu als Ansporn zu wirken, und das Programm wurde pünktlich gesendet, obwohl zu Anfang nur zwei Kameras funktionierten.

Für Chiv muß es einer der schlimmsten Momente seines Lebens gewesen sein. Ich hatte zwei Kapseln gebaut, in denen die Kameras mit Hilfe von Winden die Wand hinuntergelassen wurden. Selwyn Cox, ein Kameramann der BBC, der auch Bergsteiger ist, und Mo Anthoine sollten die eine bedienen, Paul Nunn und ich die andere. Obwohl Joe und ich sie am Vorabend getestet hatten, betrachteten Mo und Selwyn die gebrechlich wirkenden Käfige mit gemischten Gefühlen. Uns hatte man mit Hilfe der beiden Winden nach unten gelassen, und wir wußten daher, daß für diese Operation eine halbe Stunde nötig war. Mo war der Ansicht, meine Kapseln seien besser für Kanarienvögel geeignet als für Kletterer. Er und Selwyn brauchten so lange, um hinunterzukommen, daß sie erst die Hälfte des Weges zurückgelegt hatten, als sie schon auf Sendung sein sollten.

Mittlerweile hatten Paul Nunn und ich unsere Kapsel auf Arbeitshöhe gebracht und begannen mit der Arbeit, zusammen mit einer oben auf der Klippe postierten Kamera. Ich hatte mir, gelinde ausgedrückt, große Sorgen gemacht, denn vor der Sendung war so viel zu tun gewesen, daß ich keine Gelegenheit gehabt hatte, mich mit der großen Studiokamera, die wir benutzten, vertraut zu machen. Zum Glück war sie viel leichter zu handhaben als die Minikamera; mit ihrem elektrischen Zoom-Objektiv und dem Stabilisator machte sie die Arbeit zu einem Vergnügen. Stabil blieb sie allerdings nur, wenn sich keiner von uns auf der Plattform bewegte.

Schließlich funktionierten sämtliche Kameras; John Cleare im Spinnennetz sowie Mo und Selwyn waren nun auf Positionen, die es ihnen erlaubten, an der zweiten Sendung des Tages mitzuwirken. Die Tonanlage war zwar verloren, aber die drahtlose Notübertragung, welche die Ingenieure eingerichtet hatten, funktionierte klaglos. Die Sendung wurde recht gut aufgenommen, und alle waren zufrieden.

Der Abbau ging geruhsam vonstatten, jedenfalls im Vergleich mit Hoy, und es gab auch keine Schlußparty. Mac wurde nicht mit Raketen verabschiedet; dem am nächsten kam noch die Verabschiedung meiner raketenähnlichen Kamerakapsel, die wir, nachdem sie ihre Aufgabe erfüllt hatte, vom Gipfel der Klippe aus starteten. Nach einer anmutig geschwungenen Parabolkurve, die einem dressierten Delphin alle Ehre gemacht hätte, verschwand sie in der kochenden Irischen See.

Einer der anregenden Aspekte einer Klettersendung mit Chiv ist der Umstand, daß wir immer das Unmögliche anstreben. Das Unmögliche, heißt es, dauert stets etwas länger, und für die Lösung scheinbar unlösbarer Probleme räumen wir unseren Ingenieurskollegen auch etwas mehr Zeit ein. So war es auch bei der Jahrhundertsendung am Matterhorn. Die Ersteigung dieser spektakulären, 4478 Meter hohen Felspyramide, die der großen Öffentlichkeit wahrscheinlich besser bekannt ist als selbst der Everest, sollte direkt übertragen werden. 1965 war die Hundert-Jahr-Feier der Erstbesteigung durch Edward Whymper. Der Unfall, der dieser ersten Besteigung folgte, war wahrscheinlich der dramatischste und tragischste in der Geschichte der Bergsteigerei. Die Tragödie, der Lord Francis Douglas und drei andere Männer zum Opfer fielen, verursachte einen Aufschrei allgemeiner Empörung, dem Vorschläge folgten, den Klettersport zu verbieten. Die «Times» fragte: «Ist dieser Sport das Leben, ist er Pflicht, ist er vernünftig, ist er zulässig, ist er ein Irrtum?» Selbst heute kann man nach Bergunfällen einen Widerhall solcher Empfindungen wahrnehmen. Unter dem Stigma dieser Affäre hatte Edward Whymper bis an das Ende seiner Tage zu leiden. Whymper dachte viel über diese Tragödie nach, die ihm so viel negative Publicity einbrachte, und schrieb später:

> *Klettere, wenn du willst, aber vergiß nicht, daß zu Mut und Stärke auch Vorsicht gehört und daß eine kurze Unachtsamkeit das Glück eines Lebens zerstören kann. Übereile nichts; sieh dich bei jedem Schritt vor und denke von Anfang an daran, was das Ende sein könnte.*

Vielleicht war es ganz gut, daß wir uns diese Worte nicht zu sehr zu Herzen nahmen, als wir darangingen, die Sendung am Matterhorn zu machen, denn Optimisten beziehen ein anderes als ein glückliches Ende nicht allzu ernsthaft ins Kalkül ein.

Eine so aufwendige alpinistische Sendung war bis dahin noch nie versucht worden. Selbst im Vergleich mit der Sendung von der Aiguille du Midi, wo eine Seilbahn die Vorbereitungen sehr erleichterte, war dies ein immenses Unterfangen, erst recht natürlich im Vergleich zu unserem Programm aus Großbritannien. Zum Gipfel des Matterhorns gibt es keine Seilbahn; die einzige, die damals existierte, endete in Schwarzsee, etwa sechshundert Meter vor dem Hotel Belvédère und der Hörnli-Hütte. Die Entfernung vom Gipfel des Berges zum Belvédère beträgt etwa tausendzweihundert Meter, und Chivs Ingenieure mußten feststellen, ob eine drahtlose Übertragung der Signale der Minikameras über diese Distanz möglich war. Nach einigen Tests erhielt Chiv von Chefingenieur Alan Roberts die Versicherung, die Kameras würden mit gewissen Einschränkungen funktionstüchtig sein. Allerdings wies Alan darauf hin, daß es ein Unterschied sei, ob man auf Meeresniveau oder in fast 4500 Meter Höhe arbeite. Dies und die Kälte könnten schon einige Probleme bereiten. Aber ein Blinzeln ist für Alan Chivers so gut wie ein Nicken, und er wandte seine Aufmerksamkeit anderen wichtigen Fragen zu. Das Programm nahm langsam Gestalt an. Ohne die Hilfe der Schweizer Militärhubschrauber hätte die Sendung freilich nicht steigen können. Von empfindlichen elektronischen Geräten bis hin zu großen Generatoren transportierten sie mit typisch schweizerischer Effizienz zehn Tonnen Ausrüstung zum Hotel Belvédère, und obwohl der Landeplatz nicht viel mehr als handtuchgroß war, verlief alles ohne Pannen.

Nennenswerte Planung gab es bis dahin nicht. Der Berg war in jenem Jahr noch nicht bestiegen worden; bei unserer Ankunft war er noch völlig von Eis und Schnee bedeckt. Mit unserer Arbeit kamen wir freilich gut voran; in Schwarzsee und auf dem Gornergrat wurden Kameras installiert. Die Gornergrat-Kamera war auf einem Eisenbahn-Tieflader montiert, denn es kam unter anderem darauf an, gute Teleaufnahmen zu bekommen. John Cleare und ich sollten wieder mit den Minikameras arbeiten; Rusty Baillie und David Crabb waren unsere Assistenten. David, einer meiner Instruktoren in Glencoe, war ein guter Kletterer, der, wenn es darauf ankam, nicht um den Brei herumredete. Eines seiner Hobbys war die Geologie, die er mit Eifer und Begeisterung praktizierte. Was er auch immer tat, geschah mit vulkanischen Entladungen von Energie, großzügig untermalt von guter, ehrlicher Dundeer Scharfzüngigkeit. Zum Glück war das, was er so vor sich hinfluchte, außer den wenigen Kennern seines Dialekts fast niemand verständlich. Im Grunde hatte er ein goldenes Herz; hinter der Hülle eines Mephistopheles verbarg sich ein wirklich menschenfreundlicher Samariter.

Eines Tages fuhren Davie und ich mit der Seilbahn von Zermatt nach Schwarzsee. Der einzige andere Passagier war ein gutgekleideter Mann, den mein Kamerad im Verdacht hatte, daß er ein Hochtourist sei. Das einzige, was für meinen schottischen Freund Davie schlimmer war als ein Hochtourist, war ein Engländer; eine Kombination gar war das Ärgste, das er sich vorstellen konnte. Dieser Mann war allerdings Schweizer; Davie machte zwei oder drei spitze Bemerkungen über das Äußere des Unglücklichen, angefangen von den blütenweißen Socken bis zu seinem schmucken Wilhelm-Tell-Hut. Später jedoch, als wir mit diesem elegant gekleideten Bergsteiger vom Schwarzsee zur Hütte hinaufstiegen, stellten wir fest, daß er sehr gut in Form war. Man stelle sich Davies Betroffenheit vor, als er die Identität unseres neuen Kameraden erfuhr: es war Michael Darbellay, der 1963 die erste Alleinbegehung der Eiger-Nordwand geschafft hatte! Auch er nahm im Hotel Belvédère Quartier und durchkletterte zusammen mit Hilti von Allmen während unserer Sendung die Matterhorn-Nordwand. Hilti kam leider später bei einem Skiunfall um.

Im Hotel Belvédère war man nicht nur mit den Vorbereitungen für unsere Sendung beschäftigt. Bei der benachbarten Hörnli-Hütte hatten Abbrucharbeiten begonnen, und da der Schnee in dieser Höhe eben geschmolzen war, war man fleißig am Werk. Von Zeit zu Zeit mußten Felsfundamente gesprengt werden, was mit den in der Nähe stattfindenden Bauarbeiten zum allgemeinen Durcheinander beitrug. Das Hotel war überfüllt; wo keine Geräte lagerten, drängten sich Bergsteiger verschiedener Nationalitäten, Ingenieure und die Mannschaft des Übertragungswagens. Jeder wollte in diesem Jahr auf das Matterhorn. Die Schweizer Regierung hatte 1965 zum «Jahr der Alpen» erklärt. Die Behörden versprachen, am hundertsten Jahrestag jener ersten, tragischen Besteigung den Berg zu «schließen». Wie aber, mag man sich fragen, schließt man einen Berg? Es geschah indes tatsächlich: man ließ an diesem Tag mit Ausnahme von offiziellen Gruppen niemanden auf die Hörnli-Route.

Wir vier – Rusty Baillie, John Cleare, Davie Crabb und ich – errichteten etwas oberhalb des Hotels unsere Behausungen aus Zeltleinwand. Hier waren wir außerhalb der Geruchszone des Hotel-Trockenklosetts und hatten einen herrlichen Blick auf die umliegenden Gipfel. Allerdings waren wir auch den Elementen ausgesetzt, und als wir eines Nachts erwachten, bot sich uns ein furchterregendes Hochspannungs-Schauspiel. Ein wildes Gewitter entlud sich, und des Schicksals zweier Bergsteiger eingedenk, die erst kurz zuvor bei Glencoe in ihrem Zelt vom Blitz getötet worden waren, schlug ich sofortigen Rückzug vor. Im Schutz eines überhängenden Felsblocks beobachteten wir das Feuerwerk der Natur, wobei ich mich über die Vorteile einer Firststange verbreitete; diese horizontale Verbindung der beiden senkrecht stehenden Zeltstäbe verhütet nämlich, daß der menschliche Körper zwischen letzteren zum Brennelement und damit unfreiwillig geschmort wird.

Chiv stand stark unter Druck. Unter den obwaltenden schwierigen Umständen war die Zusammenarbeit mit dem Schweizer Regisseur schwierig, und unsere Proben gingen ziemlich daneben. Bei der ersten verweigerten die Minikameras den Dienst. Bei der zweiten erreichten wir nach zermürbender Knochenarbeit die Solvay-Hütte, ein kleines Biwak auf halber Höhe des Hörnli-Grats. Auf dem eisigen Fels lag so tiefer Schnee, daß ein Weiterkommen unmöglich war. Diese letzte, gescheiterte Live-Probe gereichte David Crabb zum Ruhme. Wir waren auf einer exponierten Felsnase neben der eigentlichen Route. Seit wir vor Tagesanbruch losgezogen waren, hatten wir bereits eine Reihe von Problemen gehabt. Das ernsteste war der Transport unserer Ausrüstung. Obwohl wir beide je zweiunddreißig Pfund trugen, war für unsere beiden einheimischen Führer immer noch genug übrig.

An diesem Tag war Davie ziemlich mäßiger Laune, und da ich mit der Kamera zu tun hatte, bat ich ihn, eine Anfrage zu beantworten, die über das Sprechfunkgerät aus dem Hotel Belvédère kam. Davie, der nicht ahnte, daß wir auf Sendung waren, sprach seinen gewohnten irischen Dialekt, und sein Mißmut wurde über die europäischen Sendernetze verbreitet. Auch Amerika war über den Satelliten Telstar angeschlossen; allerdings habe ich nie erfahren, ob seine Ausführungen über Wetter, Bergführer und Fernsehsendungen in den Alpen die Neue Welt auch erreichten. An diesem Tag gab es beim Abstieg wieder einen elektrischen Sturm. Er war nicht besonders stark, aber dennoch furchterregend genug. Einer der Bergführer, der teure Batterien für die Kameras trug, spürte ein brennendes Gefühl am Rücken. Als er sich umsah, stellte er fest, daß sein Rucksack in Flammen stand. Ursache war nicht eine elektrische Entladung der Atmosphäre, sondern ein durch seine Steigeisen hervorgerufener Kurzschluß der Batterie. Erschreckt warf er den Rucksack weg; das Gepäckstück fiel die Nordwand hinunter und wurde vermutlich von einer breitmäuligen Spalte verschluckt. Vielleicht leistet er jetzt den Gebeinen des verunglückten Lord Francis Douglas Gesellschaft.

Wir schrieben den 10. Juli. Die Sendung war für den 14., das heißt für den Tag der ersten Besteigung geplant. Das ganze Unternehmen war jetzt ein Glücksspiel, vergleichbar einem Russischen Roulette mit drei Schüssen in der Trommel und dem Lauf an Chivs Schläfe. Eine leichte Erinnerungslücke bezüglich eines Toilettengangs muß man ihm deshalb verzeihen. Die Donnerbox, wie er die Hoteltoilette nannte, funktionierte nach dem Prinzip des freien Falls bei einem Höhenunterschied vom zweiten Stock des Hotels bis zum Keller. Alan Chivers beschreibt den Toilettenbesuch so:

Ich bin wohl einer der wenigen Menschen, die behaupten können, daß zumindest in diesem speziellen Fall Rauchen meiner Gesundheit zuträglich war. Der tägliche Besuch der Donnerbox war etwas, das wir alle so weit wie möglich hinausschoben. Ich war gerade unterwegs zu diesem winzigen Raum, der sich am Ende des Korridors befand und völlig frei über die Flanke des Berges hinausragte. Etwa zwanzig Meter unterhalb führten Schweizer Ingenieure, die eine neue Hütte bauten, in regelmäßigen Abständen Sprengungen durch. Bei diesem speziellen Besuch war ich fast an der Tür, als ich feststellte, daß ich keinen Tabak bei mir hatte.

Rauchgenuß hielt ich aber für unabdingbar; ich kehrte also in mein Zimmer zurück, holte den Tabak und war ungefähr zehn Meter von der Tür entfernt, als es eine viel heftigere Explosion gab als gewöhnlich; offenbar hatte ich die Warnung überhört. Die Klotür flog auf, und es dauerte einige Zeit, bis sich der Wirbel aus Staub, Glassplittern und Holzstücken gelegt hatte. Wäre ich zu diesem Zeitpunkt auf dem Throne gesessen, hätte ich bestenfalls einen äußerst peinlichen Augenblick erlebt. Schlimmstenfalls hätten die Folgen aber auch tödlich sein können.

Chris Brasher war als Kommentator der Sendung vorgesehen und sollte mit Heinrich Taugwalder aufsteigen, dem Urenkel des Bergführers, der mit Whymper die Erstbesteigung unternommen hatte. Chris jedoch hatte nicht mit jener Geißel der Bergsteiger gerechnet, die sich gerade in großen Höhen bemerkbar macht. Er litt unter Hämorrhoiden und war außer Gefecht gesetzt, so daß TV-Mac seinen Platz einnehmen mußte.

Als mehrere britische Kletterer in Zermatt erschienen, schlug ich Chiv vor, sie als «Sherpas» in die Lohnlisten aufzunehmen. Ich kannte sie gut. Einer von ihnen war Eric Beard, der mit uns am Old Man of Hoy gearbeitet hatte. Dann war auch Ian Martin alias Fred Crumb da, ein Mitglied des Rannoch Clubs; er hatte in einer feuchten, dunklen Schlucht unterhalb meines Hauses in Glencoe eine Hütte. John Wright gehörte ebenfalls dem Rannoch Club an. Ferner waren Chris Patterson, ein Freund John Cleares, dabei und Dr. Mary Stewart, eine in Glasgow lebende Amerikanerin und Mutter von fünf Kindern. Mary ist eine zähe, fähige Kletterin, die ebenso schwere Lasten tragen kann wie ein Mann. Sie alle waren bereit zu helfen. Jetzt, da wir zumindest die notwendige Mannschaft beisammen hatten, konnten uns nur noch das Wetter und unvorhergesehene Umstände aufhalten. Die Schneedecke war frisch und glatt. Die Witterung war inzwischen besser geworden; während des Tages kam die Sonne heraus, und unser Stimmungsbarometer stieg. Proben gab es keine mehr am Berg; sie waren zu deprimierend.

Mit guter Werbung kann man alles verkaufen: das Matterhorn-Jubiläumsprogramm fand in den Sendeanstalten von einem Dutzend Länder bereitwillige Abnehmer. Im Schwarzsee-Hotel wurde eine Pressekonferenz abgehalten, auf der sich die Reporter ungemein neugierig darauf zeigten, wie wir die Kameras den Berg hinaufbekommen wollten – genauso wie wir! Das werde im «Bocksprung-System» geschehen, erklärten wir ihnen. Wenn beispielsweise John anfangs an Whympers altem Biwak-Platz im unteren Teil der Wand filme, würde ich bereits in einer höheren Position warten und Taugwalder und TV-Mac aufnehmen, so lange sie in meinem Kamerabereich waren. Währenddessen sollten John und Rusty sie überholen und ihrerseits eine weiter oben gelegene Position einnehmen. Das war zumindest die Theorie. Yvette Vaucher, die damals in einem Genfer Geschäft arbeitete, sollte mit ihrem Mann die Nordwand durchklettern; die beiden bildeten eine der drei Seilschaften in dieser Wand. Gelang es, so würde sie die erste Frau sein, die diese Begehung meisterte.

Der große Tag brach an, und das Wetter war schön. Bei guten Bedingungen gingen wir an die Arbeit, und unser Bocksprung-System schien zu funktionieren. Davie und ich, assistiert von Mary Stewart und Ian Martin als «Sherpas», begegneten der schon auf dem Abstieg befindlichen Gruppe Madame Vauchers. Das Team hatte einen Frühstart gemacht. Yvette schwelgte noch im Gefühl des eben errungenen Triumphes, als wir ein Interview mit ihr machten. Alles was sie sich jetzt wünschte, war «ein bißchen Salat, viel Kuchen und eine anständige Frisur». Während der Besteigung hatte sie unter ihrem Schutzhelm Plastik-Lockenwickler getragen!

An Johns höchstem Übertragungspunkt auf dem Bergrücken gab seine Minikamera den Geist auf. Das war natürlich eine unerfreuliche Nachricht. Rasch kamen wir überein, daß er und Rusty mit meiner Gruppe zum Gipfel steigen sollten. Sobald ich dort meine Sequenz im Kasten hatte, sollten sie zur Kante zurückeilen (wenn man auf solchem Terrain überhaupt eilen kann), um den Abstieg zu übertragen, denn Chiv wollte in der letzten Sendung die ungefähre Stelle von Whympers Unfall zeigen. All dies war leichter gesagt als getan; John und ich hatten keine Atempause mehr. Jedes der angeschlossenen Länder wollte zehn Minuten Direktübertragung, und wir mußten einen Zehn-Minuten-Auftritt nach dem anderen abliefern. Daneben galt es noch, die Ausrüstung zusammenzupacken und, sobald das geschafft war, zur nächsten Aufnahmeposition zu «spurten», wobei wir Mac und Heinrich unterwegs überholen mußten. Unsere Bemühungen, die einzelnen Szenen rechtzeitig hinauszubekommen, hatten uns derart mit Beschlag belegt, daß wir gar nicht mehr auf das Wetter achteten, bis wir mitten im Nebel staken. Als wir auf die Gipfelfelsen kletterten, hüllten uns graue Massen ein. Wir kannten aber weder den genauen Kompaßgrad noch den exakten Neigungswinkel zum Hotel Belvédère, um unsere Sendeantennen genau ausrichten zu können. Ein paar Tage zuvor hatte ich mir in einer Schlosserwerkstatt in Zermatt Stangen anfertigen lassen, an denen die Sendeantennen der Minikamera befestigt und mit Hilfe eines Kugelkopfs in jede beliebige Richtung geschwenkt werden konnten. Diese mehrteiligen Stangen konnte man in den Schnee stecken oder in Felsspalten rammen. Meine Antenne auf dem Gipfel war nun sendefertig, doch bestand wie gesagt wegen des Nebels keine Möglichkeit, sie auf die Empfangsstation auszurichten. Wir versuchten es eine Zeitlang, wobei wir das Sprechfunkgerät zur Peilung benützten, aber es war wie ein Blinde-Kuh-Spiel. Zum Glück öffnete sich – knapp eineinhalb Minuten vor Sendebeginn! – ein Fenster in den Wolken, und wir sahen weit unter uns das Hotel wie einen dicken Zwerg auf dem Felsgrat hocken. Einer der Führer stieß einen Jodler aus, und ich schwenkte mit der raschen Bewegung eines Flak-Kanoniers, der von einer Bergspitze aus auf ein niedrig fliegendes Flugzeug feuert, die Antenne herum. Wir waren im Geschäft.

Die Gipfel-Show wurde uns jedoch von Mary Stewart gestohlen, die bei einem improvisierten Auftritt ihren amerikanischen Zuschauern Hallo sagte und nicht zu erwähnen vergaß, daß sie eine gut achtundzwanzigpfündige Last heraufgeschleppt hatte!

Für mich war diese Gipfelszene die weitaus schlimmste. Nach der Konzentration, die ich brauchte, um fünfzehn Minuten lang die Kamera halten zu können – und das entsprechend ruhig! –, verlor ich fast die Besinnung. Davie half mir, indem er mich stützte, und ich sagte über das Sprechfunkgerät verzweifelt zu Chiv:

«Du mußt auf eine andere Kamera schneiden, Alan. Ich bin fix und fertig.» Zum Glück tat er es. Als ich erschöpft in den Schnee sank, nahm John mir die Kamera ab. Ich erinnere mich, daß ich flüchtig an Geschichten von Freunden dachte, die tödlich verunglückten Bergsteigern angeblich die Stiefel auszogen.

Mit Rusty kletterten John und ich an den zu diesem Zweck festgemachten Seilen hinunter. Unterwegs überholten wir eine Anzahl der offiziell zugelassenen Gruppen, die ob dieses Verhaltens einigermaßen erzürnt waren. Zum Ehrenkodex anständiger Bergsteiger gehört es nämlich, auf einer Tour nicht zu überholen, es sei denn, man werde dazu aufgefordert. Tut man es dennoch und ohne Aufforderung, ist dies ein genauso schlechtes Benehmen, als schneuze man sich bei einem Festessen in das Tischtuch. Einmal kam es zwischen Rusty und einem der Führer fast zu einem Handgemenge, aber letztlich hatten wir unsere Arbeit zu tun: Millionen von Zuschauern warteten auf die nächsten Szenen.

Am kurzen Seil von dem ihm folgenden Taugwalder gesichert, sprach Mac gerade über den Unfall von 1865, als er plötzlich ausrutschte. Das war kein Gag für die Zuschauer, sondern ganz echt. Der Sturz hatte zwar nur eine Anfeuchtung von Macs Hosenboden zur Folge, bereicherte aber die Sendung ungemein. Dieses Element des Unvorhersehbaren ist es eben, was Live-Programme so interessant macht. John ging es nun auf einmal wie vorher mir; das lange Kamerahalten und -führen strengte ihn dermaßen an, daß er umzukippen drohte. Plötzlich sah ich, daß der Felsblock, auf dem er rittlings saß, sich bewegte. Ich stieg rasch hinab, um den Block von unten an Ort zu halten, bemerkte aber John gegenüber nichts davon.

Als die Sendung schließlich vorüber war, atmeten wir alle hörbar auf. Helfende Hände beförderten John auf den Grat hinauf, wo die «Sherpas» auf einem Primus-Kocher Tee brauten. Als ich meine stützende Position verließ, fiel der Felsblock, der ihm eben noch als Sitzgelegenheit gedient hatte, langsam vornüber und stürzte die Nordwand hinunter. Wir hofften zu Gott, daß ihm auf seiner 1000 Meter langen Reise keine Menschen begegnen würden.

Als wir spät abends in Zermatt ankamen, schien uns eine Antiklimax bevorzustehen. War bis dahin alles sehr gut verlaufen, so stellte sich nun heraus, daß niemand für ein Abendessen gesorgt hatte. Wie gestrandete Touristen standen wir um den Brunnen in der Hauptstraße herum. Chris Brasher nahm unser Dilemma als persönliche Herausforderung an: innerhalb einer Viertelstunde hatte er in einem der Hotels ein üppiges Festmahl arrangiert. Beardie lief zu seiner Bestform als Bergclown auf; wir ahnten damals nicht, daß dies seine letzte Klettersendung gewesen war, denn er fand später bei einem Autounfall den Tod. Der Abend, der zunächst zu mißraten schien, wie ein naßgewordenes Silvester-Feuerwerk, nahm einen gewaltigen Aufschwung und endete damit, daß Rusty einen Nachtklubbesitzer in den Swimmingpool warf, der sich zufällig bei dem Hotel befand, in dem wir feierten. Auf der Hauptstraße kam es dann später noch zu einem Ringkampf zwischen Rusty und der Ortspolizei. Zermatt zeigte indessen Verständnis; es war ein großartiger Tag gewesen, und der Werbewert der Sendung für die Schweizer war gar nicht hoch genug einzuschätzen. Ich weiß noch, daß mir durch die Nebel des Alkohols hindurch die Schlacht von Zermatt in den Sinn kam; sie lag lange zurück – damals hatte ich gerade zum ersten Male Bergschuhe getragen –, und Chris Lyons vom Creagh

Dhu Club hatte mir von ihr erzählt. Es war eine Geschichte von harten Männern in einer harten Zeit kurz nach dem letzten Krieg. Die örtlichen Bergführer hatten etwas gegen die in der rauhen Schule von Glasgows Clydebank aufgewachsenen schottischen Kletterer gehabt. Eine der Spannungsursachen war der Umstand, daß die Creagh-Dhu-Leute Touren ohne Bergführer machten. Außerdem hatte eine örtliche Schönheit, Madame Paulette, die mittellosen Kletterer an ihren üppigen Busen geholt und herabsetzende Bemerkungen über die jungen Nachwuchsbergführer gemacht. Die Verschiedenheit der Meinungen wurde manifest, nachdem einer der Führer einem der Burschen aus Glasgow einen Knallfrosch in die Hose gesteckt hatte. Chris und seine Freunde hatten auf der Stelle gehandelt und ihren Kumpel in den Brunnen geworfen – in denselben Brunnen, bei dem wir etwas belämmert nach dem Abstieg vom Matterhorn gestanden hatten. Im weiteren Verlauf jenes Abends spitzten sich die Dinge zu. Die beiden Gruppen trafen auf der Straße aufeinander. Angeführt wurden die Nachwuchsbergführer von einem kurzen, vierschrötigen Kerl, der fast breiter als hoch aussah und wie ein großer Baumstumpf gebaut war. Der Kampf währte nicht lange, denn die Speerspitzentaktik des zahlenmäßig unterlegenen Creagh Dhu zahlte sich aus. Am amüsantesten war das Ende dieses historischen Abends. Big Bill Allen, ein 1,85 Meter großer, über zwei Zentner schwerer Glasgower Polizist, beklagte sich, seine Freunde seien so schnell gewesen, daß er selbst gar keine Chance bekommen habe, sich am Kampf zu beteiligen, obwohl es der Club mit einer Übermacht hatte aufnehmen müssen. Genau in diesem Moment kam ein junger Mann daher, packte einen der Schotten und begann ihn anzuschreien. Das war Bills Chance! Er verpaßte dem Mann einen solchen Hieb, daß er rücklings über die Straße purzelte, unter einem Kaffeetisch durchtauchte und schließlich in einem Blumenbeet landete. Daraufhin stürzte sich eine charmante, aber wütende junge Dame auf Bill. Der Mann, den Bill so gewaltig beschleunigt hatte, war ihr Verlobter, und er hatte dem tapferen Klub nur zum Gewinn der Schlacht gratulieren wollen ...

Es ist durchaus möglich, daß wir nicht den gleichen tiefen Eindruck in Zermatt hinterließen wie jene Gruppe von 1946; bestimmt aber war unsere Sendung für viele Menschen von Unterhaltungswert, die die Unmittelbarkeit der Direktübertragung schätzten. Es war nicht gerade die Art von Programm gewesen, die Chiv bevorzugte, denn das Wesentliche an einer solchen Live-Sendung besteht darin, daß die Leute mit den Minikameras hautnah bei den Kletterern sind; am Matterhorn aber war das aber wegen der Größenmaßstäbe einfach nicht möglich. Die Zuschauer waren es gewöhnt, aus nächster Nähe mitzuerleben, wie Bergsteiger, gehalten von schierem Gottvertrauen und eventueller Mithilfe ihrer Fingernägel, in den Wänden hingen, und bei der etwas weniger forcierten Gangart der Jubiläumsbesteigung kam dieses packende Gefühl des Ringens mit dem Berg wohl nicht ganz so auf. Wir hatten die Sache jedenfalls gut über die Bühne gebracht, und wenn ich heute an dieses Unternehmen zurückdenke, läuft mir immer noch ein Schauder über den Rücken. Vielleicht war es Russisches Roulette mit nur einer leeren Patronenkammer gewesen.

9 St. Kilda

Ich hatte eben eine Felskletterei im Buachaille Etive Mor in Glencoe mit Dr. Morton Boyd und Lord Hawick beendet. Unterhalb der Rannoch Wall, einer eleganten Wand mit herrlichem Ausblick über das Moor von Rannoch, machten wir Rast, um einen Bissen zu essen.

Dem Rat für Naturschutz gehören viele der wilden und schönen Gebiete Schottlands, und die Rede kam auf St. Kilda. Als Vorsitzender des Rates für Naturschutz in Schottland wußte Morton alles Wissenswerte über diese Inselgruppe, die westlich der Äußeren Hebriden im Atlantik liegt. Da ich noch niemals dort gewesen war, stellte ich ihm eine Reihe von Fragen. So erfuhr ich, während wir unsere Sandwiches kauten und das weite Moor zu unseren Füßen bewunderten, daß es auf Hirta, der Hauptinsel, eine Straße zu einem dreihundert Meter über Meereshöhe gelegenen Punkt gab und daß in regelmäßigen Abständen Landefahrzeuge der Armee von und zu der Insel verkehrten.

Wie die meisten Bergsteiger hatte ich von den märchenhaften Klippen gehört, die es dort geben sollte; sie fielen steil in eine sturmtosende, schäumende See ab und waren, wie es hieß, die höchsten in Großbritannien. Und den Gerüchten nach gab es dort solche Mengen von Vögeln, daß sie an den Konfettiwirbel eines Karnevalfestes erinnerten.

«Wegen der Klippen bin ich nicht ganz so sicher, Hamish», sagte Morton. «Es gibt schon eine Menge davon, aber auch viel Vegetation. Jedenfalls, wenn du mal hinwillst, laß es mich wissen. Vielleicht kann ich dir helfen.»

«Wollen Sie vielleicht demnächst auf Hirta eine Ihrer Fernsehshows abziehen, Hamish?» fragte Lord Hawick mit amüsiertem Zwinkern.

«Nach geeigneten Plätzen halten wir immer die Augen offen», gab ich zu, «aber ich fürchte, daß es für eine Sendung von dort weniger Chancen gibt als für einen Schneeball in der Hölle.»

Über uns kletterten zwei Glasgower auf einer schwierigen Führe durch die Rannoch-Wand, und ihren Kommentaren entnahmen wir, daß die Route schwieriger war, als sie es sich vorgestellt hatten. Lord Hawick erfreute sich eines sehr guten Gedächtnisses; Monate später hörte ich, daß er – herbe Worte keineswegs aussparend – im illustren Oberhaus andere Lords mit einer wörtlichen Wiederholung der Konversation jener beiden Kletterer unterhielt, wobei er sich eines ordentlich nachgeahmten Maryhill-Dialektes bediente.

Während wir weiter dem Gipfel entgegenstiegen, beschloß ich, nach unserer Rückkehr an diesem Abend noch einige Hausarbeiten zu machen. St. Kilda interessierte mich, obwohl es nicht leicht war, sich eine Direktsendung von einer so abgelegenen Insel wie dieser vorzustellen. Immerhin, Inseln haben stets etwas Faszinierendes an sich, und während der folgenden Monate war ich nicht müßig. Zu jener Zeit bemühte ich mich in Schottland um die Aufstellung einer fliegenden Rettungsstaffel. Sie sollte aus einer Gruppe ausgewählter Bergretter bestehen, die mit Hubschraubern zu entfernten Klippen und Inseln geflogen werden konnten, um dort bei Kletterunfällen zu helfen. So hatte ich einen ausreichenden Vorwand, die Royal Air Force, mit der ich in Bergrettungsangelegenheiten zusammenarbeite, um die Erlaubnis anzugehen, in einem Trainingsjäger zur St. Kilda-Gruppe hinüberzufliegen und die Felsformationen dort für Identifizierungszwecke zu fotografieren. Der Bescheid war abschlägig, doch ein paar Wochen später erhielt ich eine Schachtel mit Fotos, die deutlich jede einzelne Klippe der St. Kilda-Inseln zeigten. Die Air Force hatte gründliche Arbeit geleistet.

Auf den ersten Blick war ich von den Felsen begeistert. Bei genauerem Hinsehen allerdings erkannte ich auf den lächerlich steilen Wänden starken Bewuchs, und an ihrem Fuß verlief das breite, weiße Band einer tobenden Gischt, wie ich sie in diesem Teil der Welt als normal akzeptierte.

Ich wandte mich an Chiv und teilte ihm mit, was ich bis dahin wußte. Ich wies darauf hin, wie wichtig es sei, die Szene zunächst einmal gründlich zu erkunden. Erst dann könne beurteilt werden, ob irgendeiner der Felsen auch nur im geringsten für eine Sendung geeignet sei. Am besten gefiel mir eine Klippe namens Conachair, die auch die höchste war, wenngleich ich den Eindruck hatte, sie könnte den Preis für Englands steilsten Garten gewinnen.

«Aber man weiß ja nie», sagte ich. «Vielleicht gibt es eine Route zwischen den Blumenbeeten.»

Auf unstete Gemüter üben diese Inseln eine seltsame Anziehungskraft aus. Warum, ist schwer zu erklären, denn sie sind windumtost und während eines großen Teils des Jahres fest im Würgegriff der Nordatlantikstürme. Hier wiegen sich weder Palmen noch Maiden; durch das bloße Tragen des Kilts spielt man schon mit dem Schicksal. Dennoch ist Hirta seit Menschengedenken bewohnt. Wann die ersten Siedler kamen, weiß niemand. In Glenmore beweisen jedoch Reste prähistorischer Behausungen, daß zweitausend Jahre lang Nicht-Kiltträger auf dieser Insel lebten. 1930 siedelten die Bewohner auf andere Inseln und auf das Festland über. Gegenwärtig ist Hirta von der Armee besetzt, die von einer Monitor-Station aus die Bahn von Raketen verfolgt, die auf den Äußeren Hebriden gestartet werden. In Village Bay, dem einzigen bewohnten Ort, gibt es eine Anlegebrücke. Die Inseln gehören dem «National Trust for Scotland» und sind an den Rat für Naturschutz verpachtet.

Jahrhundertelang war die Gruppe in den Händen der MacLeods von Dunvegan, wobei die Inseln mehrere Male innerhalb des Clans den Besitzer wechselten. Man erzählt sich, daß zwischen den MacLeods von Harris und Uist Rivalität um die Herrschaft über St. Kilda entstand. Das war lange vor der Zeit teurer Rechtsstreitigkeiten; Kraft, Mut, Ausdauer und Geschicklichkeit standen in höherem Rang als das Gesetz und führten viel rascher zum Ziel. Ein Ruderrennen von den Äußeren Hebriden nach Hirta – eine Strecke von lediglich achtzig Kilometern – sollte über den Besitzanspruch entscheiden. Der ersten Mannschaft, die Hand auf sie legte, sollte die Insel gehören. Die Männer von Uist hatten eine Riemenbreite Vorsprung, als sie Village Bay erreichten. Colin MacLeod, der für Harris ruderte, gab sich, wie sonst, auch hier nicht geschlagen: er hackte sich die linke Hand ab und warf sie ans Ufer. Deswegen, so sagen manche MacLeods, enthält das Wappen des Clans eine rote Hand.

Die Bevölkerung auf St. Kilda war, zumindest was den männlichen Teil betraf, recht träge: Während die Frauen sich plagten, plauderten die Männer. Die Insel hatte ihr eigenes Parlament, und solche Institutionen sind überall Hochburgen müßiger Rede. Diese Körperschaft guter Kumpel war durchaus repräsentativ, wenigstens für die gesprächige männliche Bevölkerung: alle waren Mitglieder. Hier wurde über des Tages Arbeit entschieden, denn alles fand auf einer Basis der Gemeinsamkeit statt. Manche verglichen sie mit dem Gesetz des Moses. Gleichmäßig wurden Arbeit und Nahrung verteilt. Die Landwirtschaft gelangte nie zu besonderer Blüte; Lebensgrundlage waren die Vögel. Zu Tausenden eingesammelt, wurden sie in Hunderten von rasengedeckten Steinschuppen, den Speisekammern von St. Kilda, luftgetrocknet. Obwohl die Bewohner klein waren, war ihr Appetit offenbar gewaltig, wie übrigens jener

Abb. 25 Die Wand von Conachair auf der Insel St. Kilda

Abb. 26 Anfahrt zur «Nordatlantik-Wand»: Alan Chivers (sitzend), Chris Brasher, Tom Patey und Brendan Slanin (rechts)
Abb. 27 Tom Patey, Alan Chivers und Chris Brasher erkunden mögliche Kamera-Positionen

Abb. 28   Der «Pirat» und seine Töchter im Choyang-Tal

der Seevögel auch. Im Lauf des Jahres 1697 sollen sie nicht weniger als 22 600 Vögel verzehrt haben. Damals gab es achtzig Menschen auf Hirta.

Die Religion übte auf der Insel bedeutenden Einfluß aus, besonders unter dem kritischen Auge von Reverend John Mackay, der 1865 dort Wohnung nahm. Als die einzige Person auf Hirta, die im Besitz eines Zeitmessers war, hatte er in dieser Hinsicht ein Monopol. Gewöhnlich vergaß er, seine Uhr aufzuziehen, und da niemand anderer auf der Insel wußte, wann sein Gottesdienst begann oder endete (manchmal dauerte er drei Stunden), waren die St. Kildaner immer im Ungewissen, vor allem am Sabbat. Den Gottesdienst zu versäumen, wagten sie nicht, denn ewige Verdammnis wäre die Folge gewesen. Seine Predigten, so wußten Besucher zu berichten, seien durch Monotonie und nimmermüde Ausdauer gekennzeichnet gewesen.

Die anderen Inseln der Gruppe sind Boreray im Norden und Soay im Nordwesten, beide durch einen engen Kanal von Hirta getrennt. Soay bekam seinen Namen von den Wikingern wegen der Schafe, die darauf weideten und es heute noch tun. Es gibt sie auch auf Hirta und Boreray.

Boreray (höchster Punkt rund 380 Meter) ist ein steinerner Stockzahn mit einer Anzahl von Türmen und Wänden, die sich wie eine Neptunsburg vom Rand des Kontinentalschelfs erheben. Die Insel hat etwas Wildes, Unbezähmbares an sich, und manchmal hat sie mich an eindrucksvolle, bewegende Wagnerthemen erinnert. Ganz in ihrer Nähe ragen ihre Diener-Kobolde empor: Stac Lee (166 Meter) und Stac on Armin (191 Meter); letzterer ist die höchste Felsnadel in britischen Gewässern. Sie stehen unerschütterlich im Norden und Nordwesten von Boreray, und im Umkreis von hundert Metern um Stac Lee ist das Meer weiß von Seevogel-Exkrementen, denn dieser Felsenturm ist einer der größten Brutplätze von Tölpeln in der Welt. Stac Lee erinnert mich immer an meine Bemühungen, mein Haus neu zu tünchen, wobei ich es schließlich schaffte, einen drei Meter breiten weißen Streifen um das Gebäude zu legen! Manchmal ist es recht schwierig, Boreray mit seinen Wachttürmen zu erreichen, da um die Insel herum eine mächtige Brandung tobt, und bei Ostwind ist es selbst in Village Bay auf Hirta schwierig, trockenen Fußes an Land zu gehen.

Ein Südwestwind heulte uns um die Ohren, als wir das navigatorische Labyrinth des Harris-Sunds in den Äußeren Hebriden verließen und die Nase des Boots auf das Meer hinausdrehten, das sich an diesem trüben Morgen in sorgenvolle Falten legte. Für diese Fahrt hatte die BBC eine Motorjacht gemietet, die, wie wir bald feststellten, für brave Binnengewässer besser als für den offenen Atlantik geeignet war. Unsere Schiffsmannschaft bestand aus zwei Profis: John Gray, einem Mitglied des Glencoe-Bergrettungsteams, der ein ausgezeichneter Bootsfahrer war, und dem Skipper, einem berufsmäßigen Seemann aus Oban. Die Passagiere gehörten alle zum alten Team; nur Joe Brown, der bei einer späteren Erkundung von St. Kilda teilnahm, fehlte diesmal.

Der Teint der Gruppe war einheitlich grün, wenn auch in verschiedenen Tönungen. Chris Brasher biß sich – wegen oder auch trotz der Dünung – an seiner Pfeife fest, als hinge sein Leben daran. Chivs Miene ließ keinen Zweifel daran, wie unglücklich er war; zweifellos verfluchte er mich wegen meines hirnlosen Einfalls. Brendan Slanin, der Chefingenieur von BBC Schottland, der unsere Hebriden-Tour mannhaft durchgestanden hatte, hatte seit mindestens fünfundvierzig Minuten kein Wort mehr gesprochen; offenbar wollte er es vermeiden, seinen Mund zu öffnen, um nicht noch mehr Kalorien zu verlieren. Bob Portillo, ein weiterer Ingenieur, war ebenso still und hielt seinen völlig unnautischen Blick in weite Ferne gerichtet. Tom Patey, dieser Impresario, den sonst nichts unterzukriegen vermochte, war ungemein ruhig und schluckte Schwangerschaftspillen, die, wie er versicherte, auch gegen Seekrankheit wirkten. Immer wieder hing er über der Reling und heuchelte ein ganz ungewohntes Interesse für Plankton. In Wirklichkeit fütterte er die Meeresbewohner mit Porridge, Toast und Schwangerschaftspillen. Als er den Fischen wieder ein gutgekautes Stück Brot geopfert hatte, sah er mich an und zitierte düster Dr. Johnson: «Wer schlau genug ist, sich einsperren zu lassen, fährt nicht zur See, denn ein Schiff ist wie ein Gefängnis, nur daß man damit noch ertrinken kann. Im Gefängnis gibt es mehr Platz, besseres Essen und meist auch angenehmere Gesellschaft.» Zu einer Antwort, die ich vielleicht hätte hervorwürgen können, kam es nicht mehr, denn John Gray, der noch niemals zuvor seekrank gewesen war, bat mich, das Steuer zu übernehmen. Das Meer war nicht einmal besonders stürmisch, doch der Neigungsmesser an der Tür des Ruderhauses schlug ständig zu beiden Seiten der Skala an, vielleicht wegen der Kombination verschiedener ungewöhnlicher Wasserbewegungen.

Ich brauchte etwa eineinhalb Minuten, um die Kontrolle über das

Boot zu verlieren. Hielten wir eben noch gegen die lange, von Südwesten kommende Dünung, so drohte sie im nächsten Moment, das Schiff von hinten zu packen. Ich war um genau 180 Grad vom Kurs abgekommen. Sogleich übernahm John wieder das Steuer, wobei er etwas von der Notwendigkeit murmelte, meiner starken Heimattendenz entgegenzuwirken.

In der Back herrschte das Chaos; überall sah man Tomatenketchup und zerbrochene Flaschen. Der Kamin hatte sich vom Herd gelöst, und wie nach einer Vulkaneruption war alles mit einer feinen Aschenschicht bedeckt.

Unsere Landung auf St. Kilda hatte nichts Heldisches an sich, aber die hier stationierten Soldaten waren es vermutlich gewohnt, bleiche, zerzauste Passagiere stieren Auges an Land taumeln zu sehen; immerhin handelt es sich hier um eine der schlimmsten Überfahrten in britischen Gewässern. Dank Morton Boyd hatte uns der Naturschutzrat freundlicherweise das Haus des Kommissionärs für unseren «Ausflug» zur Verfügung gestellt. Dorthin schleppten wir uns jetzt mit feuchter Ausrüstung und Säcken voll salzwassergetränkter Lebensmittel; wahrscheinlich sahen wir aus wie Überlebende der *Lusitania*. Dem Gedanken, die Nacht an Bord zu verbringen, konnte keiner von uns etwas abgewinnen, und da es im Hause des Kommissionärs nicht genügend Betten für alle gab, erbot ich mich gemeinsam mit Brendan Slanin, auf dem Küchenboden zu schlafen. Daß nächtlicher Besuch kommen würde, ahnten wir nicht.

Für manche ist die Maus von St. Kilda ein großes, kuscheliges Fellknäuel. Zu unserem Mißvergnügen mußten Brendan und ich in dieser Nacht feststellen, daß sie darüberhinaus von warmen Schlafsäcken unwiderstehlich angezogen wird und den Menschen nicht sehr fürchtet. Mäuse fühlen sich ungemein kitzelig an, wie ich bald entdeckte, und Brendan fand sie so störend, daß er fortan die maritime Tortur eines Nachtlagers auf der schlingernden Jacht vorzog (sonst hätte er sich vielleicht zu Tode gelacht). Ich selbst schlief während der folgenden Nächte auf dem Küchentisch.

Bei der Erkundung der Insel entdeckten wir, daß die Asphaltstraße fast bis zum 357 Meter hohen Gipfel des Mullach Mor führte. Diese Spitze ist westlich des Conachair (416 Meter), der höchsten Erhebung der Insel. Die Straße besaß einen Zebrastreifen, Zeugnis der Langeweile eines armen Soldaten.

Wie sich herausstellte, war es durchaus möglich, den Übertragungswagen diese Straße hinaufzuziehen, wenn auch mit vielen

Schwierigkeiten und nicht ohne die Verwendung von Winden. Die Militärs wiesen uns auf Probleme mit ihren Landefahrzeugen hin, die vor allem in der ersten Frühlingszeit drohten. Zum Transport schwerer Ausrüstungsgegenstände liefen sie den Strand von Village Bay an – das heißt, wenn es einen gab, denn er verschwindet jeden Winter in der stürmischen See und wird meist, wenn auch nicht immer, im Frühjahr wieder an die sonst felsige Küste geschwemmt. Es ist dies der einzige Strand, von dem ich je hörte, daß er vernünftigerweise Winterferien nimmt.

Der Steg war zu jener Zeit nur für kleine Boote geeignet. Ein Übertragungswagen mußte aber aus eigener Kraft aus dem Landungsboot fahren, und somit war der Steg für unsere Zwecke nicht geeignet. «Das ist schon mal das erste Problem», brachte Chiv eines Abends, als wir vor unseren Tellern mit Bohnen und Rühreiern saßen, unser aller Besorgnis zum Ausdruck. «Man braucht nicht lange zu suchen, um welche zu finden.»

Wir machten einen kurzen Erkundungsgang zum Gipfel der Conachair-Klippe und stiegen dann auf der anderen Seite, soweit wir es wagen konnten, im dichten Nebel herunter. Chris Brasher mit seinem Orientierungssinn führte uns. Tom Patey, Chris und ich kletterten ganz vorsichtig wie Blinde hinunter, während die anderen auf dem sicheren Boden des Gipfels zurückblieben. Der Grasboden war sehr steil. Dann bekam der Hang eine ernstliche Neigung und endete abrupt über einem zugigen Absturz. Wir konnten spüren, daß es bis zum Meer verteufelt weit hinunter war, aber sehen konnten wir nichts. Zur Begleitung Hunderter von singenden Seehunden, den Sirenen von St. Kilda, pochte die Brandung wie eine riesige Pauke. Es war ein unheimliches, unvergeßliches Geräusch, das unser Innerstes aufwühlte wie der Gesang jener mythischen Mädchen, die einstmals Odysseus lockten. Wir freilich bedurften keines Mastes, an den wir uns binden konnten; wir blieben auch so gerne, wo wir waren! Als wir einen Stein hinunterwarfen, schien es Ewigkeiten zu dauern, bis wir ihn aufklatschen hörten. Es war, als wäre er unterwegs gestoppt und untersucht worden.

Wir faßten den Plan, die St. Kilda-Gruppe am nächsten Tag zu umfahren. Der folgende Morgen war wundervoll. Über die kleinen und großen Kreaturen, die uns in der Nacht zuvor heimsuchten, sei der Mantel des Schweigens gebreitet. Beim Frühstück besprachen wir die bevorstehende Fahrt. Gut dokumentiert, wie er war, erzählte uns Tom, während er in seinem Porridge rührte, wie die Bewohner von Hirta früher ärztliche Hilfe geholt hatten: mit dem «Postboot» von St. Kilda. Es handelte sich dabei um einen innen ausgehöhlten, länglichen Holzblock, der eine Botschaft enthielt; eine mit Luft gefüllte Schafsblase war als Markierung daran befestigt. Wunderbarerweise erreichten die Botschaften manchmal mit Hilfe des Golfstroms die Westküste von Schottland; nicht selten verfehlten sie auch ihr Ziel und landeten in Norwegen. Dieses Kommunikationsmittel wurde bis zur Räumung der Insel benutzt, zuletzt allerdings nur noch als Gag für die Touristen.

Tom war vermutlich der schlechteste Koch der Welt. Das Umrühren von Porridge war seine kulinarische Gipfelleistung; so glaubte ich wenigstens, als ich ihm zusah. An diesem Morgen gelang es ihm freilich auch noch, den Haferbrei anbrennen zu lassen. Als ich ihn, zornig wegen des Verlusts meines Frühstücks, zurechtwies, zitierte er, statt zu sagen, ich hätte es eben selbst machen sollen, wieder einmal aus seiner damals einzigen Lektüre, den Werken Dr. Johnsons:

«‹Hafer›, McInnes», sprach er mit boshaftem Grinsen, «‹ist eine Art Korn, mit der man in England gewöhnlich die Pferde füttert. In Schottland hingegen leben die Menschen davon.›»

«Von dem, was du heute morgen hier produziertest, würden nicht viele leben können», gab ich zurück. Während er angebrannte Knollen vom Löffel nagte, erklärte er: «Die St. Kildaner pflegten ihr Besteck zu reinigen, indem sie es ableckten.»

«Habt ihr beiden Schotten euch jetzt bald ausgezankt? Wenn ihr damit fertig seid, euch über eure Vorfahren lustig zu machen, könnten wir wieder zu diesem verdammten Boot runtergehen», sagte Chiv fröhlich. «Nach so viel Luxus freut man sich direkt auf ein bißchen spartanisches Leben, und ich sehe nicht ein, warum Brendan allein das Recht darauf haben sollte.» Brendan war immer noch an Bord des hüpfenden Schiffes.

Wir sahen uns also die Insel vom Wasser aus an. Die einzige Klippe, die für eine Sendung interessant war, war nicht die von Conachair, sondern eine gleich um die Ecke, die näher bei Village Bay lag. Chris Brasher taufte sie – nüchtern, wie Journalisten nun einmal sind – Nordatlantik-Wand. Die Klippe war zweifellos eindrucksvoll, und die Brandung, die an diesem Morgen gegen sie schlug, nicht minder. Am nächsten Tag versicherten wir uns der Hilfe der Armee und des dortigen Naturschutz-Chefs. Mit einer Flottille von zwei großen Schlauchbooten im Schlepptau bezogen wir vor der Wand Position und setzten dann mit den beiden Schlauchbooten über. Die Wand war etwa zweihundert Meter hoch. Etliche unschöne Überhänge flößten uns allerdings Zweifel ein, ob sie für eine Fernsehsendung geeignet war – für solch eine Route braucht man möglicherweise Tage, nicht Stunden.

Wie gewöhnlich war Tom optimistisch. Die paar Kamerapositionen, die wir am Fuß der Wand fanden, versprachen indes nicht viel. Zum oberen Teil einer theoretischen Aufstiegsroute hinaufdeutend, sagte ich zu Chiv, wir würden mobile Plattformen brauchen wie jene, die wir in Anglesey benutzt hatten. An der Nordatlantik-Wand würde es jedoch notwendig sein, sie hundertachtzig Meter auf- und abbewegen zu können, und nicht nur achtzehn.

Bob Portillo hatte inzwischen die Entfernung zwischen der obersten Kameraposition und dem Standplatz des Übertragungswagens am Ende der Straße gemessen und festgestellt, daß sie mehr als eineinhalb Kilometer betrug. Dies bedeutete, daß wir das riesige Fahrzeug durch einen Sumpf hindurch näher an die Klippe hätten heranholen müssen. Bei dem Gedanken daran überlief mich ein Schauder. Geschlagen geben wollte sich keiner von uns, aber die Karten waren gegen uns gemischt. Auf St. Kilda ging nichts, wie Chiv sagte. Zum Trost schufen wir rauhe Gesänge, mit denen wir unseren kurzen Aufenthalt auf Hirta feierten. Sobald wir einmal in Fahrt waren, konnte uns nichts mehr aufhalten!

Und lebst du gerne schön und bequem,
Dann ist der Naturschutz dein Fach.
Auf Soay gibt es kein Wohnungsproblem:
Jedes Jahr baut man dort ein Haus – ohne Dach.

Wo sind denn die Mäuschen von Hirta geblieben,
Die Mäuschen so hübsch und so klein?
Sie kriegten vergifteten Käse verschrieben
Und 'nen hungrigen Kater obendrein.

Es gab noch viele weitere Strophen. Damit unsere englischen Freunde nicht den Eindruck bekamen, als hätte Tom ein Monopol auf die Kenntnis der Geschichte von St. Kilda, erzählte ich die wahre Geschichte von Lady Grange. Die unglückliche Gattin von Lord Erskine of Grange wurde nach St. Kilda verbannt, weil sie, hinter einem Sofa versteckt, Zeugin einer heimtückischen Verschwörung geworden war, die einem Nachkommen von Jakob II.

zur Wiedergewinnung der Macht verhelfen sollte. Als sie von St. Kilda wieder nach Uist verbracht wurde, hatte man für den Fall, daß ein englisches Kriegsschiff in Sicht kommen sollte, einen Felsblock an ihren Füßen befestigt, um sich ihrer sofort entledigen zu können. Das geschah nicht, doch entwickelte ihr Gatte einen ausgeklügelten und makabren Verschleierungsplan, um Ihre Ladyschaft aus den Augen in ihrer Umgebung verschwinden zu lassen. Es kam zu drei Begräbnissen – erst in der Greyfriars Church in Edinburgh, dann in Durinish auf der Insel Skye und schließlich in Trumpan, ebenfalls auf Skye. Das letzte davon war erfolgreich.

In gewisser Weise bedurfte es ebenso großer Bemühungen, bis die Sendung von St. Kilda begraben war. Der Plan wurde weiter diskutiert, und ich fand eine Firma, die mit auf Lastwagen beförderten Bauteilen innerhalb kürzester Zeit Straßen und Flugplätze anlegen konnte. Später fuhren Joe Brown, Peter Crew und Tom Patey nach St. Kilda, um sich die Wand noch einmal anzusehen, doch war ihr Bericht deprimierend. Wie wir befürchtet hatten, war Joe der Ansicht, die Durchsteigung würde zu lange dauern. Schließlich wollen die Zuschauer sehen, daß sich etwas bewegt, und nicht nur den unendlich langsamen Fortschritt senkrecht kriechender Schnecken.

Als die drei nach St. Kilda fuhren, war es Februar, eine Jahreszeit, in der ich darauf verzichtete, aufs neue mit Hirta Bekanntschaft zu machen. Wie sich erwies, waren meine Befürchtungen durchaus begründet, denn zunächst konnten Joe, Peter und Tom nicht mehr zurück. Zu Hause hörte ich allabendlich voller Mitleid den Seewetterbericht, der mit monotoner Regelmäßigkeit für Rokkall und die Hebriden Stürme mit Windstärke zehn ankündigte. Die Bootsleute aus Harris, die sie hinübergebracht hatten, waren vorsichtigerweise wieder nach Hause gefahren und weigerten sich angesichts der schlechten Wetteraussichten, die drei wieder zurückzuholen. Auf St. Kilda selbst war das Wetter allerdings gut, und nachdem sie wieder einmal das übliche «Stürme mit Windstärke zehn» gehört hatten, stiegen Tom und Joe auf den Conachair, den höchsten Punkt der Insel, und Tom zündete ein Streichholz an und hielt es brennend hoch, ohne daß ein Lüftchen die Flamme ausgelöscht hätte. Aber niemand ist unfehlbar, und Meteorologen schon gar nicht. Nach zehn Tagen schließlich wurden die drei wieder abgeholt.

Mit den modernen Geräten von heute wäre es möglich, die

technischen Probleme einer Sendung von St. Kilda zu meistern. Große Schwierigkeiten bereitet es allerdings, dort geeignete Routen zu finden. Zwar gibt es auf diesen Inseln eine große Anzahl ausreichend hoher Klippen. Was aber mangelt, sind Wände, die nicht von Vegetation oder Tölpel-Guano bedeckt sind. So wurde dieses Projekt schließlich aufgegeben. Dennoch frage ich mich oft, ob es nicht eines Tages wieder hervorgeholt wird; wenn man den Vogelmist von den Felsen putzt, kann vielleicht noch etwas Aufregendes daraus werden.

Jahre später fuhren Joe und ich mit anderen Freunden zurück nach St. Kilda; wir hatten eine Klettererlaubnis für Boreray. Diese Erlaubnis war schwieriger zu bekommen als eine Genehmigung, in der Potala von Lhasa Aktien und Pfandbriefe zu verkaufen. Einige Umweltschützer – es waren keine Mitglieder des National Trusts oder des Rats für Naturschutz – waren nämlich der Ansicht, daß unsere halbtägige Gegenwart in den Klippen die Vögel selbst außerhalb der Brutzeit unangemessen belästigen würde. Es waren die gleichen Vögel, die Generationen lang zu Tausenden eingefangen und verzehrt wurden. Ohnehin stellte sich dann heraus, daß die Felsen derart mit Vogelexkrementen bedeckt waren, daß wir einen Inspektor des Gesundheitsamts als Führer der Seilschaft gebraucht hätten. So kehrten wir also, nachdem wir bei diesem letzten Besuch auf der Inselgruppe nur wenig ausgerichtet hatten, aufs Festland zurück. Freilich waren wir auch so auf unsere Kosten gekommen, denn auf St. Kilda findet der Mensch sich selbst. Jeder braucht ein St. Kilda, einen Ort, wo man von allem Abstand gewinnt.

10 Die Suche nach Khembalung

Es gibt ein verborgenes Tal namens Khembalung, das Dewachan und Potala ähnelt. Westlich des Demet-Schneebergs und östlich des Khumbu-Schneebergs liegt dieses verborgene Tal. Wieder fragte (der König): «Großer Guru Rinpoche, wenn in der Zukunft jemand dorthin geht, wann sollte er dann gehen und an welchem Zeichen kann er erkennen, daß seine Tore geöffnet sind?»

(Aus dem Text des Guru Rinpoche über Khembalung)

Im Jahr 1972 erweckte ein Gespräch mit Colonel Jimmy Roberts, der der stellvertretende Leiter unserer ersten Expedition zur Südwestflanke des Everest war, mein Interesse für das Hongu-Tal. Als wir von der Besteigung zurückkamen, trafen Dougal Haston und ich ihn wieder in Pheriche. Jimmy hat blaue Augen, die meist in weite Ferne gerichtet scheinen; er sprach damals über den Fluß Hongu, der jenseits der vor uns aufragenden Berge lag, und erzählte, wie er 1953 nach seiner Rückkehr aus dem Basiscamp von John Hunts erfolgreicher Expedition das Hongu- und Hinku-Tal (auch Inukhu-Tal genannt) erkundet hatte. Er hatte damals die rund 5800 Meter hohe Mera-Spitze bestiegen, deren gestreckte Silhouette an den Rücken eines Walfisches erinnert und sich vom Mera-La-Paß hochschwingt, der die Täler von Hinku und Hongu miteinander verbindet. Die Eingeborenen frequentierten diese Täler natürlich seit langen Jahren; sie trieben sogar Yaks und Schafe über den 5500 Meter hohen Mera La. Was ich hörte, ließ in mir den Eindruck einer unberührten Gegend abseits jeder Zivilisation entstehen, und ich beschloß, sobald wie möglich eine Tour dorthin zu machen. Das Nordende des Hongu-Tals ging unweit Pheriche in die Wasserscheide des Sola Khumbu über; von Norden aus war der einfachste Zugang, wie Jimmy erklärte, über den Amphu Labtsa, einen 5800 Meter hohen Paß. Es war dies eine sehr hochgelegene Pforte, deren Portal im Westen der wohlgeformte Ama Dablam ist und im Osten der Bergrücken, der sich zum Baruntse hochschwingt.

Als ich 1975 nach der erfolgreichen Expedition zur Südwestflanke des Everest nach Hause zurückkehrte, litt ich unter den Nachwirkungen einer Auseinandersetzung mit einer Pulverschneelawine. Nachdem ich mir nun einmal vorgenommen hatte, in diesem Jahr das Hongu-Tal zu besuchen, fuhr ich schon kurze Zeit später nach

Nepal zurück, obwohl mir beim Lachen noch die Rippen wehtaten. Das Gebiet rechtfertigte meine Erwartungen; das wilde Land östlich des Hongu fand ich geradezu aufregend. Von der Hochtribüne des Mera La aus erstrecken sich, einer weißen, schäumenden See vergleichbar, Täler und Bergrücken bis hinüber zum Arun-Tal. Dieses ist als Wasserstraße und Verkehrsweg für Ost-Nepal von großer Bedeutung. Östlich des Hongu Khola verläuft zunächst der Sangkhua Khola, dann der Choyang und schließlich der Iswa, die alle in den Arun fließen. Jedes dieser großen Täler ist für sich ein sehr ausgedehntes Gebiet. Nur eine Handvoll Leute waren bis zu jener Zeit im Hongu- und Hinku-Tal gewesen, und sehr wenige am Sangkhua oder am Choyang. Nur drei Gruppen war es gelungen, zum Quellstrom des Sangkhua vorzudringen, und ebenso viele hatten es bis zum Oberlauf des Choyang geschafft. Diese Täler vom Arun aus zu erkunden, war noch keiner Expedition gelungen. Das Gebiet war so verlassen und unberührt, daß sich selbst der Yeti einsam vorkommen mußte; vielleicht war dies also genau der richtige Ort, ihn zu suchen. Auf dieser südlichen Linie war noch niemand der Vorstoß vom Arun zum Khumbu gelungen, während erfahrene Gruppen häufig vom Sola Khumbu über den Amphu-Labtsa- und den West-Sherpani-Paß zum Arun gehen. Wie ich mir fünf Jahre zuvor vorgenommen hatte, den Hongu zu sehen, war ich jetzt entschlossen, den Choyang zu besuchen.

Vom Verlorenen Land des Guru Rinpoche hörte ich zuerst von Dave Peterson, der damals in Katmandu lebte. Dave war einer der Ärzte der umstrittenen internationalen Everest-Expedition des Jahres 1971. Diese Expedition war berühmt für ihre Zwistigkeiten bis hin zum gegenseitigen Beschuß mit Pumpernickelscheiben, ja Steinen. Dave allerdings ist so ungefähr der umgänglichste Mensch auf Erden, daran möchte ich keinen Zweifel lassen. Auch er war im Hongu-Tal gewesen, und ich redete mit ihm über die erregenden Möglichkeiten einer Erkundung des Sangkhua und des Choyang vom Hongu aus. Nachdem Dave in die Vereinigten Staaten zurückgekehrt war, schrieb er mir von dort. Er plane, im folgenden Frühjahr mit einer größeren Gruppe in dieses Gebiet aufzubrechen. Einer seiner Kollegen, ein buddhistischer Gelehrter, sei der Ansicht, bei der oberen Choyang-Region könne es sich möglicherweise um das Verlorene Land des Guru Rinpoche handeln. Guru Rinpoche war ein früher indischer Yogi, der den Buddhismus nach Tibet brachte. An abgelegenen Plätzen richtete er Zufluchtsorte für bedrängte Buddhisten ein.

Nach Daves Rückkehr von dieser Expedition hörte ich wieder von ihm. Er berichtete, es sei eine der lohnendsten Touren gewesen, die er jemals gemacht habe. Vom Oberlauf des Sangkhua oder des Choyang – beide Täler hatte seine Gruppe besucht – erwähnte er jedoch kaum etwas. Offenbar wollte sich sein buddhistischer Kollege nicht gerne in seine religiösen Karten schauen lassen und anderen Einblick in seine Berufsgeheimnisse geben.

Kurze Zeit zuvor hatte ich Peter Hackett kennengelernt. Auch er war Arzt; damals arbeitete er in Pheriche, wo mit finanzieller Unterstützung des Tokyo Medical College Höhenkrankheiten erforscht wurden. Sein Hauptinteresse galt der Behandlung des nicht selten tödlichen Lungenödems; ich sollte ihm bei der Konstruktion einer zusammenlegbaren, transportablen Druckkammer helfen. Am Hongu war er schon zweimal gewesen. Für ihn lag nur der fast 5800 Meter hohe Amphu-Labtsa-Paß zwischen seinem Arbeitsplatz und dem Tal. Als ich von meinem Plan einer Expedition in das Gebiet östlich des Hongu sprach, wobei ich eine neue Route zum Arun-Tal finden wollte, war Peter sofort Feuer und Flamme.

Als Ersatz für eine nicht durchgeführte Schatzsuche im Lande der Inkas, die wir früher geplant hatten, trug ich meinen Plan auch Joe Brown und Yvon Chouinard vor. Chouinard ist wahrscheinlich der bekannteste Kletterer Amerikas. Auch dieses Vorhaben bot eine Abwechslung gegenüber normalen Kletterexpeditionen, und beide waren interessiert. Ich hatte nun einen Kern von vier Teilnehmern.

Da zu meiner Alltagsarbeit auch das Planen von Filmen gehört, schlug ich Pat Walker, dem damaligen Programmdirektor von BBC Schottland, vor, einen Streifen über die Reise vom Arun nach Sola Khumbu zu drehen. Ich wies darauf hin, daß im Rahmen der eigentlichen Reise auch die Möglichkeit bestehe, nach dem Yeti zu suchen; da die Nepalesen in dieser Hinsicht etwas empfindlich sind, wollte ich es ihnen gegenüber aber nicht offiziell erwähnen. Jedenfalls sei das Gebiet für eine solche Suche in der ganzen Himalaya-Kette am besten geeignet. Auch das Verlorene Tal des Guru Rinpoche erwähnte ich, wenngleich ich in dieser Hinsicht damals die geringsten Aussichten auf Erfolg sah.

Pat gefiel die Idee sofort. Peter Hackett kannte er bereits; er hatte ihn kennengelernt, als Peter während unserer Arbeit an der transportablen Druckkammer das Broadcasting House aufgesucht hatte. Im Lauf der Zeit wurden dann drei Mitarbeiter der BBC ausgewählt, die uns begleiten sollten. Alle hatten schon bei Film-

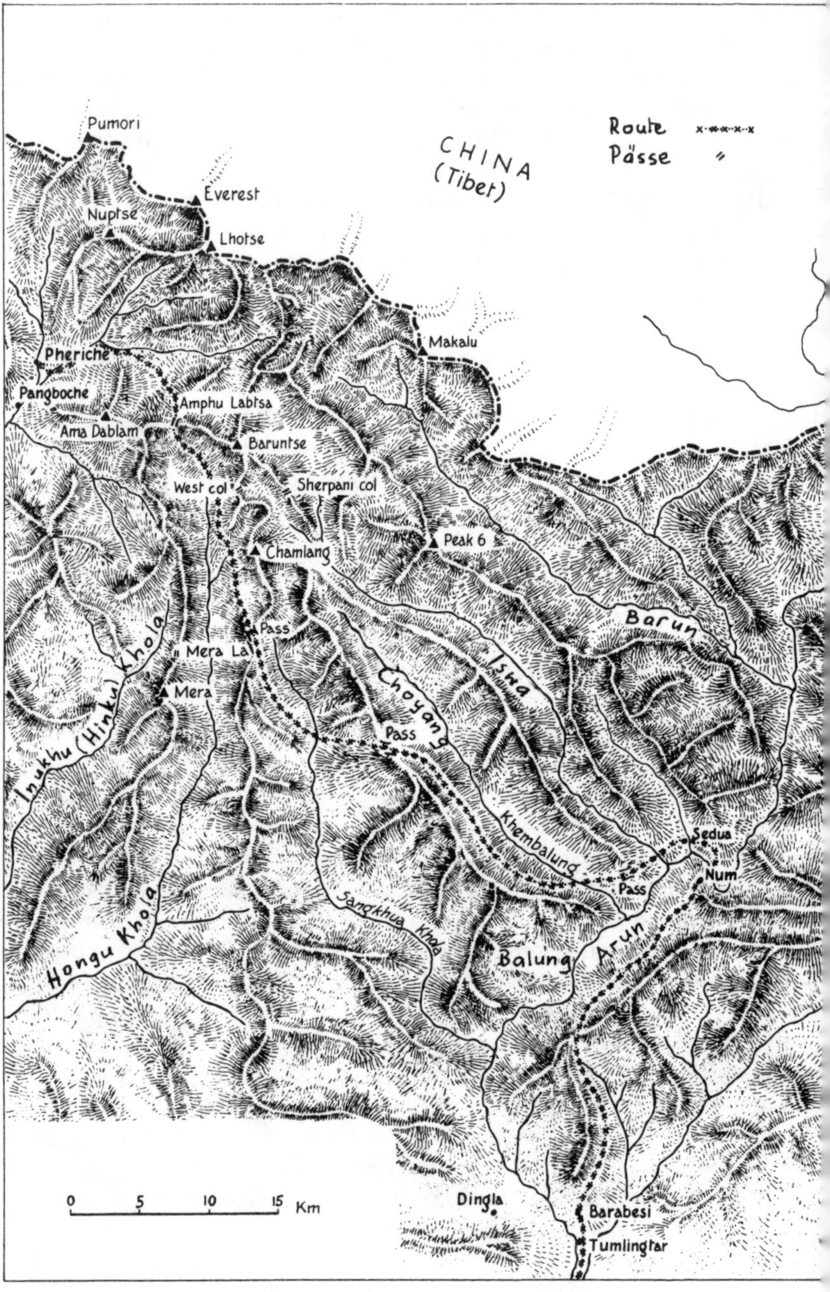

Abb. 29 Die Suche nach Khembalung

produktionen von mir mitgewirkt und waren mir freundschaftlich verbunden. Gordon Forsyth, der Tonmeister, war mit Joe Brown und mir in Guyana gewesen, wo wir den Mount Roraima bestiegen hatten. Robin Chalmers wurde mit Verwaltungsaufgaben betraut; er sollte sich um die laufenden Ausgaben kümmern und bei der Regie helfen. Andrew Dunn schließlich, das jüngste Mitglied der Gruppe, war als Kameramann vorgesehen. Dr. Joe Reinhard, ein mit Peter befreundeter, in Katmandu lebender Anthropologe, konnte derart gute Empfehlungen vorweisen, daß sich eine Expedition ohne ihn fast von selber verbot. In der Tat erwies sich später, daß wir mit ihm einen glücklichen Griff getan hatten: er sprach nicht nur Deutsch, Lateinisch, Spanisch, Nepali, Raji und Kusunda, sondern war auch ein profunder Kenner des Schamanismus in Nepal und hatte sich seit vielen Jahren eingehend mit dem Yeti beschäftigt. Als Bergsteiger hatte er sich 1976 als Mitglied der erfolgreichen amerikanischen Everest-Expedition ausgezeichnet. Joe Brown kannte ich noch nicht. Später lernte ich ihn aber als sehr umgänglichen Menschen schätzen. Er beherrschte die Kunst, aus den Trägern ein Maximum an Leistung herauszuholen, ohne das Verhältnis zu ihnen über Gebühr zu belasten. Im Hinblick auf die finanzielle Seite des Unternehmens schien mir, daß im Zeitalter der Emanzipation zumindest zwei Vertreterinnen des schönen Geschlechts die Gruppe bereichern sollten; hoffnungsvolle Starlets boten sich keine an, aber Wissenschaftlerinnen waren für unsere Zwecke ohnehin besser geeignet. Wir versicherten uns der Talente der Bergsteigerin und Pflanzenzüchterin Dr. Cynthia Williamson und der Zoologiedozentin Elizabeth Rogers, die an der Universität von Edinburgh lehrte. Cynthia war 1975 mit mir im Hongu-Tal gewesen, und ich wußte, daß sie in der Lage war, sich rasch zu akklimatisieren. Die Suche nach einer geeigneten Zoologin gestaltete sich etwas schwieriger, bis wir Elizabeth fanden. Zunächst hatte ich gehofft, eine junge Amerikanerin verpflichten zu können. Sie war mir empfohlen worden, doch hatte ich sie noch nie persönlich gesehen. Ich wandte mich daher an den stellvertretenden Kurator der California Academy of Sciences, der die Dame kannte, und fragte ihn, ob sie seiner Ansicht nach für unsere Expedition fit und fotogen genug sei. Als mein Brief bei ihm eintraf, war er gerade auf Urlaub; schließlich erhielt ich jedoch seine Antwort in Form eines Telegramms. «Wenn es noch nicht zu spät ist: Jane ist die Richtige für Sie.» Der Glencoer Postbote musterte mich mit seltsamem Blick, als er mir die Botschaft überbrachte. Unglücklicherweise kam sie wirklich zu spät.

Vicomte Adolphe de Spoelberch hatte ich viele Jahre zuvor kennengelernt, als er das Jagdgelände Alt na Feidh in Glencoe kaufte. Zumindest für einen Teil des Jahres wurde er damit mein Nachbar. Später erweiterte er durch den Kauf des im Osten anschließenden Geländes seinen Besitz. Heute, da nationalistische Strömungen in Schottland sehr ausgeprägt sind, gibt es in den Highlands gegenüber im Ausland wohnenden Grundbesitzern starke Vorbehalte. Meines Erachtens liegt die Verantwortung aber bei der Regierung; wenn der Landerwerb durch Ausländer unerwünschte Dimensionen annehmen sollte, ist sie es, die Maßnahmen dagegen ergreifen muß. Immerhin kann man Moore und Berge ja nicht einfach in Kisten verpacken und anderswo aufstellen. Personen, die auf seinem Besitz wandern und bergsteigen, läßt Spoelberch vernünftigerweise gewähren; wie er findet, stören sie sein Wild selten, obwohl oder gerade weil es sich um ein vielbesuchtes Gebiet handelt.

Adolphe reist nicht nur gern, er ist auch Jäger und begeisterter Amateur-Botaniker. Jäger ist er im ursprünglichen Sinn. Nicht selten fliegt er in irgendeine entfernte Ecke Argentiniens, um dort zu jagen und seine Beute auch selbst zu verzehren. Wenn nicht von vornherein alle Chancen auf der Seite des Waidmanns sind, kann ich die Jägerei verstehen. Von Beruf ist Spoelberch Jurist; auf unserer Expedition sollte er jedoch *shikhari* (Jagdexperte) sein. Mit zweiundfünfzig war er das älteste Mitglied der Expedition.

Mit Michael Palin von der Filmgesellschaft Monty Python hatte ich schon mehrmals zusammengearbeitet und seine Gesellschaft stets als sehr angenehm empfunden. Eine Tour in den Himalaya hatte er schon lange vorgehabt, doch konnte er den Plan nie verwirklichen. Er war sehr erfreut, als ich ihn anfragte, ob er an unserem Unternehmen teilnehmen wolle. «War das wirklich die Einladung zu einer echten Expedition, die da zwischen Stromrechnungen und Steuerbescheiden auf meinem Frühstückstisch lag?» Später jedoch forderte das Berufsleben seinen Tribut. «Eine Kreatur, die realer ist als der Yeti oder gar der Giganthopithecus wird gegen Ende des Jahres ihr scheußliches Haupt erheben», ließ er mich wissen. «Ich meine die Monty Python: im Herbst drehen wir einen Film.» Sein Terminkalender ließ es einfach nicht zu, daß Michael mit uns kam, und so mußten wir seine zwerchfellerschütternde Gesellschaft leider entbehren. Zweifellos waren die nüchterneren Bergsteigerfreunde unter uns der Ansicht, es gebe bei dieser Expedition sowieso schon genügend Komiker.

Zwanzig Jahre, nachdem Jeff Douglas und ich im Zentral-Himalaya den Yeti gejagt hatten und statt dessen an ein Fluch-Orakel geraten waren, hatte mich der Yeti-Virus erneut infiziert. In der Zwischenzeit war verschiedentlich von Fußspuren zu hören gewesen; den Yeti selbst hatte jedoch noch niemand gesehen. Im März 1970 fotografierte Don Whillans im Annapurna-Gebiet eine Serie von Abdrücken; am Abend des gleichen Tages sah er ein affenähnliches Lebewesen, das auf allen vieren dahinhüpfte. Whillans war überzeugt, einen Yeti gesehen zu haben, und er ist es heute noch. Der Sherpa Pembatharke jedoch, der bei der Everest-Expedition von 1972 Sirdar gewesen war und den ich gut kannte, war eher skeptisch. Konnte das, was er gesehen hatte, ein Himalaya-Langur gewesen sein? Der Langur ist ein großer, blätterfressender Affe aus der Gattung der Schlankaffen, dem ich an der Schneegrenze schon öfters begegnet bin. Oder war es ein Serau gewesen, eine Waldziegenantilope? Whillans war nicht dieser Meinung.

Auf dem nahezu 5200 Meter hohen Changabang, einem Gipfel im Garhwal-Himalaya, gab es 1976 einen weiteren interessanten Vorfall. Peter Boardman und Joe Tasker hatten in einem isolierten Gebiet ein Lager eingerichtet. In der Nacht hörten sie ein Geräusch, als stöberte jemand oder etwas in ihrem Proviant herum. Am Morgen stellten sie fest, daß eine Schachtel mit sechsunddreißig Tafeln Schokolade fehlte. Der nächtliche Dieb hatte seine Visitenkarte hinterlassen: eine Spur, die zu ihrem Lager und dann wieder hinaus in den Schnee führte. Die einzelnen Abdrücke waren dreißig Zentimeter lang. Interessanterweise nahm das Tier die Schokolade, die in Plastik eingewickelt war und folglich keinen allzu starken Geruch ausströmen konnte. Bären sind natürlich notorische Diebe; in Nordamerika muß man den Proviantsack an Ästen aufhängen, damit er aus ihrer Reichweite ist. Davon, daß Bären im Himalaya diebische Aktivitäten entfalteten, hatte ich allerdings bis zu diesem Vorfall noch nichts gehört. Wenn es kein Bär war, der die Schokolade geklaut hatte, wer dann?

Hat eine Expedition mehrere Ziele, dann ist das ein Vorteil, denn sollte sich eines nicht erreichen lassen, kann man sich auf ein anderes konzentrieren. Hauptaufgabe dieser Expedition war in meinen Augen die Suche nach weiteren Spuren des Yeti im Arun-Tal. Allerdings gab es außer dem undurchdringlichen Dschungel auch noch ein anderes Hindernis: die undurchdringliche Bürokratie! Was den Yeti betrifft, so ist die nepalesische Regierung sehr zurückhaltend und nicht ohne weiteres bereit, einer Expedition, die nach ihm suchen will, die nötige Erlaubnis zu geben. Mike Cheney, ein Direktor der Sherpa-Kooperative in Katmandu, der für uns die Träger organisieren sollte, warnte mich vor dieser Gefahr. Andere Aspekte unserer Unternehmung rückten somit in den Vordergrund – ganz zu Recht, wie sich später herausstellen sollte.

Trotz allem setzte ich unsere Bemühungen zur Beschaffung hochentwickelter technischer Ausrüstung fort. Mein Bruder, der Beziehungen zu einflußreichen Kreisen in London hatte, erwirkte für uns die Erlaubnis, einen «Shrimp» mitzunehmen. Es handelt sich dabei um ein Doppler-Radargerät von der halben Größe einer Biskuitdose, das einen elektromagnetischen Strahl von sechs Grad aussendet und Bewegungen mit großer Genauigkeit durch akustische Signale anzeigt. Dieses Gerät war unserer Ansicht nach ideal für die nächtliche Überwachung von Tierbewegungen. Außerdem bestand die Möglichkeit, «Tobias» zu bekommen, einen leichten Seismographen-Apparat, der so empfindlich ist, daß er die Bewegungen von Baumwurzeln anzeigt.

Als ich Mike Cheney über diese Geräte berichtete, warnte er mich in seinem Antwortbrief davor, militärische Ausrüstungsgegenstände nach Nepal zu bringen; so etwas sehe man dort nicht gerne. Ich mußte deshalb das großzügige Angebot, uns diese teuren Detektoren zur Verfügung zu stellen, bedauernd ablehnen. Spoelberch vermochte sich mit derart kleinkarierter Zaghaftigkeit nicht zu befreunden und war entschlossen, sein Gewehr mitzunehmen.

Auf dem Flughafen bekam ich fast einen Schlag, als ich ihn sah. Auch inmitten der Massen von Menschen, die in Heathrow durcheinanderwimmelten, erkannte man ihn sofort, denn an Körpergröße übertraf er seine Umgebung bei weitem; über seinen Kopf hinaus aber ragte, mit einem blauen Strumpf nur unzulänglich verhüllt, der Lauf seines Gewehrs, das in seinem Rucksack stak. Auf mich wirkte er wie eine Reklame für Flugzeugentführungen; außer mir freilich schien niemand diese seltsame Aufmachung zu bemerken.

Wirklich preiswert ist nur wenig in dieser Welt; daß wir einen so billigen Flug gebucht hatten, war zweifellos ein Fehler gewesen. Wir mußten nämlich während der ganzen Reise die Knie bis zum Kinn anziehen, und dann war auch der Flug nicht so direkt wie geplant. Als es in Dacca aussteigen hieß, war unsere Anschlußmaschine nach Katmandu schon gestartet. Das Gewehr des Vicomte brachte meine Nerven zum Flattern. Auf den meisten asiatischen Flughäfen gibt es eine große Anzahl enthusiastischer, wenn auch abgezehrter Träger. Das gilt ganz besonders für Bangladesch, denn Landungen sind dort selten, und die Träger müssen aus der begrenzten Anzahl verfügbarer Touristen das beste machen. Gewöhnlich konzentrieren sie ihre Aufmerksamkeit auf ein bestimmtes Gepäckstück und packen es, als sei es ihr persönliches Eigentum, bis man sie auffordert, es zu tragen, oder ihnen zumindest eine Abfindung zahlt. Einer dieser Träger hatte, grinsend und betelnußkauend, seine fragile, aber entschlossene Hand um den strumpfumhüllten Lauf von Adolphes Gewehr gelegt. Zweifellos in Vorahnung eines reichlichen Trinkgeldes lächelte er schmeichelnd und begann geistesabwesend, den Strumpf vom Lauf zu streifen, wobei er kein Auge von dem wohlwollend dreinschauenden Vicomte wandte. Ich eilte hinüber und zog den Strumpf hastig wieder zurecht, bevor jemand etwas bemerkte.

Schließlich kamen wir bis Kalkutta, wo wir übernachten mußten. Wir erreichten zwar am nächsten Tag Katmandu, nicht jedoch unser Gepäck, das eigentlich mit uns hätte eintreffen sollen. Seine Bestimmung war es, noch weitere zehn Tage in einem Lagerhaus der Millionenstadt zu verbringen.

In der Zwischenzeit hatte ich viele Überlegungen über das Verlorene Tal angestellt, dessen tibetanischer Name Khembalung ist. Ich vermutete, daß Petersons Kollege, der buddhistische Gelehrte, seine Kenntnisse über Khembalung aus dem Kloster Thyangboche hatte. Peter Hackett kam, wie ich wußte, auf dem Weg nach Pheriche an dem Kloster vorbei, und ich hatte ihn gebeten, dort Halt zu machen und dem Rinpoche (Oberlama) Fragen zu stellen. Begleitet von Yvon Chouinard, der Nepal vor uns erreicht hatte, führte er diesen Auftrag aus. Als wir alle in Katmandu zusammentrafen, hatten sie von dieser Religionsfront gute Nachrichten. Der Rinpoche hatte ein Buch über Khembalung, eines von vieren, die «Namden» genannt werden. Dieser Band beschreibt den Besuch Khembalungs durch einen Reisenden namens Milarepa im 11. Jahrhundert. Der Rinpoche war ganz begeistert von unserem Vorhaben; wäre nicht das Mani-Rimbu-Fest gewesen, das im November stattfindet, dann hätte er uns begleitet. Falls wir das Tal finden sollten, sagte er, wäre sein Orden daran interessiert, dort ein Kloster zu errichten. Das war in der Tat gute Nachricht, und als ich sie hörte, dachte ich an einen anderen Film, bei dem ich mit Mike Palin und den anderen von der Monty-Python-Mannschaft zusammengearbeitet hatte: «Die Suche nach dem Heiligen Gral». Mehr und mehr wandelten wir uns zu Religionsdetektiven, die von allen Seiten fachmännische Unterstützung bekamen. Yvon Chouinard war früher tatsächlich Detektiv gewesen.

Khembalung ist eines der «Beyul» oder «Verborgenen Täler», die der Guru Rinpoche in verschiedenen Teilen der Himalaya-Region etablierte. Niemand weiß, wie viele Beyul auf diesen indischen Yogi zurückgehen, doch sind es möglicherweise bis zu zwanzig. Verschiedene buddhistische Historiker und Lamas wußten von Khembalung, kannten seine Lage aber nicht. Gerüchtweise soll es irgendwo in Ost-Nepal sein, möglicherweise in der Nähe des Arun-Flusses. Freilich sind solche Verlorenen Täler geographisch schwierig zu lokalisieren, und es heißt auch, man könne sie nur finden, wenn die Außenwelt von Katastrophen heimgesucht werde; zudem könnten sie nur durch einen Lama, der im Besitz des Geheimnisses sei, «geöffnet» werden. Selbst wenn wir dieses Khembalung aufspürten, würden uns seine innersten Geheimnisse demnach verschlossen bleiben, und vielleicht würde es uns uneingeweihten Besuchern wie irgendein anderes bewaldetes Tal vorkommen.

Für mich hat Katmandu ein wenig von seiner Romantik verloren. Hat man die Tempel und den Basar erst einmal gesehen und das ununterbrochene, ohrenbetäubende Gehupe der Taxi- und Rikscha-Hörner über sich ergehen lassen, schwindet das Interesse. Wenn man ein billiges Hotel in der Nähe der Hauptstraße nimmt, hat man in der Kakophonie der sich räuspernden und umherspukkenden Straßenfeger einen verläßlichen, wenn auch etwas unangenehmen Wecker. Von Mike Cheney erfuhr ich, daß ich beim Innenminister vorsprechen solle. Es gehe um die Ziele der Expedition. Mike würde mich begleiten. Offenbar wollte man mir ein paar gezielte Fragen stellen, und ich begab mich mit einem etwas unguten Gefühl zum Regierungsgebäude. Der Minister gab sich indes sehr charmant.

«Wie ich höre», begann er, nachdem wir die einleitenden Begrüßungsfloskeln hinter uns gebracht hatten, «will eine Expedition nach dem Yeti suchen. Diese Gerüchte» – er lächelte milde – «kamen über die Vereinigten Staaten.» Wie eine beiläufige Randbemerkung fügte er dann noch hinzu: «Ich glaube, Sie haben mehrere amerikanische Mitglieder in Ihrer Expedition, Mr. MacInnes.»

«Ja, das stimmt», mußte ich zugeben und fragte mich, wie sich diese Kunde bis Katmandu hatte verbreiten können. «Aber unsere Expedition hat eine Reihe von Zielen. Das wichtigste ist die Herstellung eines guten Films, und wie Sie wissen, ist Mr. Bal Krishna Shamra von der Nepalese Film Corporation als Ihr Vertreter und Beobachter dabei. Natürlich, wenn wir Spuren im Schnee finden, dann würden wir die gerne filmen – dagegen ist doch nichts einzuwenden?» Und ich fuhr fort: «Außerdem wollen wir auch versuchen, Klarheit über die Existenz von Khembalung, einem der Verlorenen Täler der Buddhisten, zu gewinnen.»

Der Minister ließ starkes Interesse erkennen. Nachdem er mir eine Reihe von Fragen über die Beyul gestellt hatte, bot er uns jede Hilfe an, die seine Regierung zu leisten imstande war. Mike, der sehr pessimistisch in das Gespräch gegangen war, fühlte sich ob dieser Entwicklung sehr erleichtert. Der Weg schien nun frei; wenn wir nur unsere Ausrüstung schon gehabt hätten!

Es gibt keinen direkten Weg beim Überqueren von Flüssen und Fels. Man muß die Route genau erkunden ...

(Aus dem Text des Guru Rinpoche über Khembalung)

Wir ließen Peter Hackett und Andrew Dunn zurück, die die Ankunft unserer Gerätschaften abwarten sollten. Wir anderen flogen ostwärts nach Biratnagar, um von dort aus den Fußmarsch durch das Arun-Tal zu beginnen. War unser Gepäck erst einmal gefunden, sollten Peter und Andrew eine Maschine chartern und uns auf einem drei Tagesmärsche weiter nördlich gelegenen Flugfeld namens Tumlingtar wieder treffen.

Wir ließen die letzte, unbefestigte Straße hinter uns und waren bald in hügeligem Gebiet. Die braungebrannten Berge schimmerten in der Hitze, und große Greifvögel, die unermüdlichen Reinemacher des Ostens, beobachteten uns träge.

Es gibt gewisse Spiele, die man auf Expeditionen spielt, während man in jungfräulichem Land wacker fürbaß schreitet. Passiert es zum Beispiel, daß man weit vor den anderen ist, falsch abbiegt und deshalb zurückmuß, dann erlaubt es der persönliche Stolz des Verirrten nicht, daß es den anderen besser ergeht. Am Ostufer des Arun unterlief mir ein solcher Fauxpas. Ich wußte, daß mir Joe Brown hart auf den Fersen war; ich schlug mich also seitlich in den Dschungel und kehrte zu dem etwa achthundert Meter hinter mir liegenden Punkt zurück, an dem mir der Irrtum passiert war. Dabei hinterließ ich nur wenige verräterische Spuren. Als Gordon Forsyth, der zusammen mit Joe marschierte – in der Regel legten wir unsere Tagesstrecke in Zweier-Gruppen zurück – entdeckte, daß ich ein paar von den Fußabdrücken mit einem Farnbüschel «frisiert» hatte, konnte er nicht umhin, meine Camouflage-Künste zu bewundern.

Nach einem kräftezehrenden Marsch in glühender Hitze rasteten wir erschöpft unweit des Landefeldes von Tumlingtar an einem Fluß; schwitzten, schwammen und hörten mit einem Ohr die Grillen, während wir mit dem anderen nach Flugzeuggeräuschen horchten. Joe Brown fischte wie immer, wenn er am Wasser war, und was er fing, bildete Beilage zum unvermeidlichen Reis. Yvon sprach von seinen Abenteuern als Privatdetektiv und von Begebnissen auf seiner letzten Expedition, als er auf dem Khyber-Paß eine Nacht mit Schmugglern verbrachte. Sie reisten auf Lastkraftwagen statt mit Kamelen und führten weder Opium noch Uhren mit sich, sondern lebensgroße, aufblasbare und überaus detailgetreue Marilyn-Monroe-Puppen, die in Westeuropa hergestellt wurden. Am bekanntesten ist Yvon wahrscheinlich auf Grund seiner Leistungen als Eiskletterer. Er war Pionier einer neuen Klettertechnik in fast senkrechtem Eis und benutzte dazu spezielle, gekrümmte Eishämmer mit dünner Spitze und rasiermesserscharfe Steigeisen. Vor seiner persönlichen «Eiszeit» stellte er Haken aus Chrom-Molybdän-Stahl her. Mit seinem Lieferwagen, in dem eine kleine Schmiede eingebaut war, bereiste er den Westen der Vereinigten Staaten und verkaufte seine Erzeugnisse frisch vom Amboß. Er lebt jetzt in Ventura (Kalifornien), und seine Fabrik trägt immer noch den Namen, den er mit dem Gelände kaufte: «Große Pazifische Eisenwerke».

Schließlich traf der Pilatus Porter mit Peter und Andrew und unserem Gerät ein. Andrew war krank; er war fahl wie das Weiße eines gekochten Eis und sah einfach furchtbar aus. Peter hatte alles versucht, ihn von seiner hartnäckigen Ruhr zu kurieren, aber vergebens. Es gab Diskussionen, ob er wieder nach Hause fahren sollte; wir beschlossen dann aber, langsam nach Norden weiterzuziehen und abzuwarten, ob sein Gesundheitszustand sich verbessern würde. Einen Tag später begegneten wir einem einheimischen Kräuterdoktor, der auf Peters Bitte hin Andrew untersuchte und dann erklärte, er könne ihn innerhalb von vierundzwanzig Stunden heilen. Zu unserer großen Verblüffung gelang ihm das auch mit heißen und kalten Kompressen und Kräutern. Wir schlugen ein Lager auf; wieder hatten wir eine Krise hinter uns.

Barabesi ist eine wichtige Marktstadt im Arun-Tal. Der Markt war in vollem Gange, als wir in der Hitze des Mittags ankamen. Der Hauptplatz war wie ein Füllhorn voll Früchten, und Joe Brown und ich flitzten herum wie Schulbuben in einem Süßigkeiten-Basar und kauften ganze Massen kanonenkugelgroßer *pomelos*. Das sind köstliche, grapefruitähnliche Früchte, und eifrige Helfer zeigten uns inmitten einer rasch sich sammelnden Menge die besondere Art, wie man sie schält. Ohne Rücksicht auf die Regeln der Etikette stopften wir, das heißt Cynthia, Joe und ich, uns damit voll. Der Saft rann uns über das Kinn, und der geringe Zwischenraum zwischen der kichernden Menge und uns – wir kauerten im Eingang eines Geschäfts – füllte sich rasch mit einer ständig höher werdenden Wand aus Schalen. Ein gutgekleideter Nepali, den das Autoritätssymbol Regenschirm schmückte, räusperte sich den unvermeidlichen Himalaya-Frosch aus der Kehle und sprach mich an.

«Ich bin der Distriktskommissar, Sir.» Er mußte einige Zeit warten, bis ich das Fruchtfleisch in meinem Mund, das mich am Sprechen hinderte, hinuntergewürgt hatte. Allerdings hatte er es nicht eilig, vielmehr schien er unseren Appetit auf die Früchte der Region als Kompliment zu empfinden.

«Ah, so?» machte ich, leckte mir die Finger und wischte mein Schweizer Militärmesser an meiner Hose ab. «Freut mich, Sie kennenzulernen, Sir.» Ich hielt ihm meine klebrige Hand hin.

«Ich bin gekommen, um Ihnen dieses zu sagen: Wenn ich Ihnen in irgendeiner Weise bei Ihrer Unternehmung behilflich sein kann, zögern Sie bitte nicht, mich darum zu ersuchen.» Mit den schmalen Händen machte er eine großzügige Geste.

Später an diesem Tage erklärte uns Mingma, einer unserer Sherpas, der unweit des Choyang-Tales geboren war, er habe als Junge Khembalung und eine heilige Höhle in diesem Tal besucht. Für uns war das hochinteressant, war es doch der erste Hinweis auf Khembalung, der nicht fast so alt war wie Buddha. War der Sherpa aber auch glaubwürdig? Obwohl uns seine Erzählung geradezu in einen Zustand der Erregung versetzte, hatten wir doch das Gefühl, sie sei mit Vorsicht zu genießen. Nima, unser Sirdar, der alles mit angehört hatte, sagte, auch sein Großvater habe von einer solchen heiligen Höhle gesprochen; der alte Mann habe die schwierige, kräftezehrende Pilgerreise von Namche Bazar aus gemacht und dabei viele Pässe überstiegen. In unserer Vorstellung nahm das mysteriöse Heilige Tal allmählich Gestalt an.

Eine Gruppe von Deutschen kam vorbei. Sie waren oben im Makalu-Basislager gewesen und beklagten sich über wochenlangen Regen, Schnee und die Blutegel. Einer von ihnen «fühlte sich müde», wie sie sagten, und hatte geschwollene Beine. Offenbar handelte es sich um ein von ihnen nicht erkanntes Lungenödem. Peter Hackett leckte sich schon freudig die Lippen, aber der Patient, ein älterer Mann, hatte sich inzwischen ziemlich erholt.

Das Wetter wurde nun recht abscheulich; wenn es gelegentlich aufklarte, sahen wir frischen Schnee auf den Bergen. Der Makalu wirkte frisch eingeschneit, und das Arun-Tal wurde seinem Ruf gerecht, die feuchteste Gegend Nepals zu sein. Bald hatten wir Blutegel, oder sie hatten uns – im Monat November etwas ganz Unerhörtes, aber offenbar mochten sie den Regen ebensosehr wie angloamerikanisches Blut. Unsere Bekleidung war ständig durchnäßt, und wir schlitterten auf glitschigen Pfaden dahin. Drei Tagereisen nördlich von Tumlingtar sahen wir über den breiten Graben des Arun-Tals hinweg zum ersten Mal das Choyang-Tal. Es machte keinen besonders wirtlichen Eindruck, und ich verstand, warum man das Tal «das Verlorene» nannte. Den Abschluß des dichtbewaldeten Tals bildete der sechs Kilometer breite und über 7300 Meter hohe Rücken des Chamlang. Nebelschleier hingen über den tieferen Regionen, und wir fragten uns, was das Schicksal wohl dort für uns bereithielt. Yvon wachte in dieser Nacht auf, weil ihm ein Blutegel in die Nase gekrochen war. Andrew und Gordon filmten nun mit einer Hingabe, wie man sie nur bei echten Cineasten sieht. Robin oblag nicht nur, assistiert von Joe Reinhard, der Buchführung, sondern versuchte auch immer wieder, uns so zu dirigieren, daß sich bestmögliche Kameraperspektiven ergaben.

«Das war super, Leute, aber vielleicht macht ihr's doch noch mal – und wenn du aufhören könntest, Orangen zu kauen, während du sprichst, Hamish.»

Die Gegend war faszinierend, trotz Regens. In einem Teil der Welt, dessen Bevölkerung sich alle zehn Jahre verdoppelt, ist eines der Hauptanliegen der Regierungspropaganda die Geburtenkontrolle. Auf ziemlich naiven Plakaten war ein wie die Rechtschaffenheit selbst wirkender Ehemann neben zwei kleinen Kindern im Bett zu sehen. Seine Frau, ebenfalls im Begriff, sich schlafen zu legen, aber so vermummt, daß es den entschlossensten Vergewaltiger hätte abschrecken müssen, hielt, während sie das Licht ausdrehte, mahnend den Finger hoch. Die Häuser waren makellos sauber, und die

Geschichten, daß am oberen Arun Leute verhungerten, erschienen uns ziemlich weit hergeholt. Nahrungsmittel waren nicht in großer Menge vorhanden; weiter oben im Tal konnte man sicherlich nicht viel kaufen, aber um Barabesi herum und östlich dieser Stadt gab es Früchte im Überfluß. Von den bezaubernd kleinen, leicht zu schälenden Orangen bekam man für eine Rupie fünfzehn Stück, und auch den monströsen Pomelos konnten wir immer noch nicht widerstehen.

Es ist sehr schwierig, bei den Sherpas einen Sinn für Hygiene zu wecken. Das gilt auch für die meisten anderen Rassen des Ostens. Mingma, unser Koch, bildete da keine Ausnahme, und ein ziemlich dicker Sherpani, einer von Mingmas Günstlingen, der mehr als Schlachtenbummler denn als Träger fungierte, verbrachte Stunden damit, das Besteck mit einem schmutzigen Tuch abzuwischen. Einer von Mingmas Küchenjungen, ein Neffe von Nima, war der einzige Angehörige der Küchenbrigade, bei dem wir in dieser Hinsicht etwas erreichten; zu Mingma über Sauberkeit zu sprechen, war, als sage man einer Giraffe, sie solle sich hinter den Ohren waschen. Als ich Nimas Neffe eines Abends beauftragte, Nudeln zu kochen, fügte ich hinzu: «Und diese schmutzigen Tücher kochst du auch aus.» Als ich zu meinem Zelt zurückging, hörte ich, wie sich die Küchenjungen vor Lachen ausschütteten; offenbar dachten sie, wir wollten die Tücher zusammen mit den chinesischen Nudeln essen.

Das Dorf Num liegt am Ende eines Bergrückens, um den sich der Arun-Fluß schlängelt; der Bergrücken und die Häuser ähnelten in gewisser Weise dem Heck eines großen Schiffes, nur daß es sechshundert Meter bis hinunter zum Wasser waren. Hier schlugen wir am übernächsten Abend unser Lager auf. Um uns herum wogte der Wald wie ein grünes Meer. Überall sah man in weite, dschungelüberwucherte Täler, die weiter oben in Schluchten mündeten. Hier konnten sich Bataillone von Yetis herumtreiben, ohne gesehen zu werden. Angeblich hatte man in diesem Gebiet Fußspuren gefunden, vielleicht nicht gerade in Regimentsstärke, aber zumindest einzelne Abdrücke. Wir hörten dies von einem rundgesichtigen Lama, der in einer Hütte unweit unseres Lagers Wohnung genommen hatte. Den Eingeborenen diente er dadurch, daß er Hagelstürme verhinderte; zwei Monate vorher hatte es eine Hagelkatastrophe gegeben, der die Ernte zum Opfer gefallen war. Er stand nun Wache und verhinderte weiteres Unheil, vermutlich indem er mit Mantras die Hilfe verschiedener Anti-Hagel-Gottheiten anrief. Obwohl vom Yeti nur beiläufig die Rede war, erwähnte der Lama ein anderes, *chuti* genanntes Tier, worauf ich aber damals kaum achtete. Er wußte auch von Khembalung und der Höhle.

Tags zuvor hatten wir auf dem Weg nach Num mit einem Eingeborenen gesprochen, der jede Kenntnis des Heiligen Tales und der Höhle leugnete. Erst als Joe Reinhard dazukam und von seinem fließenden Nepali Gebrauch machte, konnte eine Klärung herbeigeführt werden. Möglicherweise gibt es mehr als ein Khembalung in der Gegend. Dasjenige in der Choyang-Region ist aber wohl das wichtigste.

Nach Num verließen wir den Hauptweg und stiegen direkt zum Arun-Fluß hinunter, den wir durchqueren mußten, um das Dorf Sedua zu erreichen. Es war ein Abstieg von 760 Meter, auf dem uns Hunderte von Blutegeln auflauerten. Dem Pfad zu folgen, war fast unmöglich, und der letzte Abschnitt war fast so glatt und steil wie die Wand eines Wolkenkratzers. Hätten wir uns verirrt, wir hätten uns abseilen müssen, denn in der Wand gab es nur diesen einzigen gangbaren Weg. Dankbar registrierte ich, daß die spinnenbeindünne Brücke über den Fluß an Drahtseilen hing und nicht, wie meist sonst im Himalaya, aus Bambus- oder Haselnußzweigen bestand. Auf der anderen Seite warteten 1200 Meter Aufstieg über schmale Zickzackpfade auf uns.

In Sedua regnete es; man hatte das Gefühl, als regnete es dort immer. Der Schauer, der gerade vom Himmel fiel, war wohl etwas länger als sonst – er dauerte achtzehn Stunden. Unser feuchter Aufenthalt kam uns aber zustatten, denn wir lernten den Lama Norbu kennen, der über Khembalung und die Heilige Höhle Bescheid wußte; was unser Sherpa Mingma erzählt hatte, war demnach wahr gewesen. Er besaß auch ein Exemplar des Namden-Buches, das die Geschichte Khembalungs erzählt. Er bestätigte, was Peter und Yvon vom Thyangboche Rinpoche gehört hatten: Guru Rinpoche hatte mehrere Zufluchtsstätten für Zeiten der Not eingerichtet. Nach den Worten Norbus gab es jedoch wenig Zweifel, daß das Khembalung im Choyang-Tal die wichtigste davon war. Norbu erbot sich, mit uns zu gehen; wir erhielten auch weitere Informationen über den Chuti von ihm.

«Er ist», sagte er, «ein tigerartiges Geschöpf mit einem wolfsähnlichen Kopf. Es hat vorne vier Klauen und eine hinten.» Selbst in dieser Yeti-Gegend gibt es Berichte über den Schneemenschen nur aus zweiter oder dritter Hand. Man findet niemanden, der wirklich einen gesehen hat, wiewohl einer unserer Träger behauptete, er habe einen schreien gehört. Andererseits hatte Norbus Vater, mit dem wir ebenfalls sprachen, einen Chuti gesehen, und andere Eingeborene auch. Chuti töten keine Menschen, sondern nur Rinder, und offenbar findet man sie im Choyang- und Iswa-Tal. Mein alter Freund Dr. Wladimir Tschernezky glaubt, es könne sich um eine gestreifte Hyäne handeln. Vielleicht wäre die Existenz solcher Kreaturen keine wirkliche Überraschung, denn es gibt Hunderte von Quadratkilometern Wald, in dem sie sich ungehindert bewegen können, und an Futter mangelt es nicht. Allerdings wäre es ein gefährliches Unterfangen, ein solches Tier zu suchen, da die Sichtweite oft nur ein paar Meter beträgt.

Wir hatten gehört, daß Sedua ein etwas unangenehmer Ort sei; die Eingeborenen lägen ständig miteinander im Streit und seien nicht gewillt, als Träger zu arbeiten, und wenn sie sich dennoch dazu verstanden, bereiteten sie nur Schwierigkeiten. Bestimmt spräche wenig dafür, den Sommerurlaub dort zu verbringen, denn es ist furchtbar naß, und die Egel würden einem den letzten Blutstropfen aus dem Leib saugen. Die Häuser freilich sind malerisch. Zum Schutz gegen die aufsteigende Feuchtigkeit sind sie auf Stelzen gebaut, so daß sie aussehen, als wollten sie in freundlichere Gegenden abwandern. Auf den Stelzen befindet sich eine isolierende Schicht aus flachen Steinen, die den Häusern als Basis dienen. Die Leute waren arm und hatten nur wenig Proviant zu verkaufen, und den zu inflationären Preisen. Sie sind geborene Händler, und die älteren Frauen belagerten uns stundenlang in der Hoffnung, irgendwelche Artefakte zu verkaufen. Adolphe und Yvon gaben am meisten aus, obwohl mir ein Rätsel war, wie sie ihre Beute über die Pässe befördern wollten. Adolphe hatte eine Vorliebe für den gewichtigen Silberschmuck, den Sherpas und Tibetaner so lieben. Meiner Ansicht nach paßt er aber besser für Sherpani oder Amazonen mit Gewichtheber-Training als für die Damenwelt des Westens.

In Sedua wimmelte es, wie schon gesagt, von Blutegeln, und wer in der Nacht austreten ging, dem drohte Blutverlust. Robin fing auch noch irgendeinen Bazillus ein und übergab sich hinter dem Zelt. Sauberzumachen brauchte man hier nicht; das besorgten der Regen und die hungrigen Hunde. Joe, der ein besonderes Gespür dafür hatte, wo der mitgeführte Whisky und Kukri-Rum verpackt waren, rief von seinem Zelt herüber:

«He, Robin, komm mal rüber und vergiß deinen Krug nicht. Ich hab' den Whisky! Aber wenn dir schlecht wird, bring deinen Hund mit!»

Inzwischen hatten wir einander recht gut kennengelernt und führten interessante, gewinnbringende Gespräche. Adolphe und Joe Reinhard hatten des öfteren ernsthafte Diskussionen über Philosophie und Folklore, während Joe Brown Geschichten von seinen vielen Expeditionen erzählte. Die meisten davon hatte ich schon auf früheren Touren gehört, was seinen Erzählfluß ein wenig hemmte.

Robin ist ein liebenswürdiger Mann. Adolphe erwähnte mehrere Male, daß er ihn an Charlie Chaplin erinnere, und in der Tat strahlt er die gleiche menschliche Wärme aus. Robin ist ein begeisterter Bergsteiger; er liebt die Natur, vor allem die Western Highlands, wo er in der abgeschiedenen Gegend von Torridon ein kleines Haus hat. In gewisser Weise führt er eine Doppelexistenz wie Jekyll and Hyde, denn den größten Teil des Jahres lebt er im Glasgower Stadtteil Maryhill. Im dortigen sogenannten Indianer-Bezirk wird man häufig mit Wurfgeschossen in Form von Ziegelsteinen oder Teilen davon bedacht. Obwohl Robin im zweiten Stock eines Mietshauses wohnt, wurden ihm bei Krawallen schon mehrmals die Fenster eingeworfen. Schließlich ließ er schußfestes Glas einsetzen. Jetzt kann er abprallende Projektile mit einem gelassenen Lächeln quittieren, während er seiner Arbeit nachgeht.

Gordon war immer noch der gutgeschrubbte, adrette Bursche, wie ich ihn von unserer Tour in Guayana in Erinnerung hatte. Dieses Mal hatte er allerdings nur eine Garnitur Kleidung mitgenommen, so daß ich ihm mit zwei Hemden und zwei Paar Hosen deutlich voraus war. Manchmal beobachtete ich ihn, wie er verstohlen an seinem Zeug schnüffelte, um festzustellen, ob über die täglichen Regengüsse hinaus weitere Wäsche vonnöten war. Sehr beeindruckt waren wir von Krishna Shamra, der die Nepalesische Filmgesellschaft vertrat. Shamra, ein Anwalt aus Katmandu, war geschmeidig und ausdauernd und hatte für jeden Notfall eine Pille parat. Wir hielten das für absolut harmlos, bis er begann, gewaltige Mengen von Knoblauch zu sich zu nehmen, um, wie er uns sagte, seine Akklimatisierung zu fördern. Adolphe, der das Zelt mit ihm teilte, konnte ein Lied davon singen.

Yvon marschierte meist barfuß und allein. Er wollte die «atmos», wie die Filmleute die Atmosphäre des Landes nannten, ohne Ablenkung in sich aufnehmen können.

An diesem Abend gab es einen mageren Vogel zu essen. Als wir im Küchenzelt standen, in dem überall das Wasser hereintropfte, suchten wir das Rätsel des Geschlechts dieses Vogels zu klären, bis Adolphe mit seiner Stimme, die gut in einen vollbesetzten Gerichtssaal gepaßt hätte, erklärte: «Ich habe eben den unbestreitbaren Beweis gegessen, daß der Vogel ein Hahn war.» In einer Sherpa-Küche verkommt wirklich nichts.

Wir wußten, daß der Weg von Sedua nach Khembalung nicht leicht werden würde. Zuerst mußten wir die Iswa-Schlucht durchqueren; dann kam ein 3650 Meter hoher Bergrücken, ehe es zum Choyang hinunterging. Der Pfad von der Höhe zum Fluß war seit Jahren nicht mehr begangen worden, und niemand wußte, wie lange wir dort brauchen würden. Um den Choyang-Fluß überqueren zu können, mußten wir außerdem eine Brücke bauen. Ich hatte geglaubt, anhand einer Luftvermessungskarte einen leichteren Weg in das Choyang-Tal gefunden zu haben, doch erklärte man uns, daß diese Route nicht möglich sei. Später stellte sich dann heraus, daß sie tatsächlich besser gewesen wäre.

Du steigst einen dschungelbewachsenen Paß hinauf und kommst zu einem breiten, dschungelüberwucherten Tal. Der äußere Teil ist breit, der innere eng ...

(Aus dem Text des Guru Rinpoche über Khembalung)

Zwei Tagereisen nach Sedua erreichten wir die Iswa-Schlucht, einen tiefen Einschnitt, in dem der kalte Fluß schäumte. Ein schwindelerregender Abstieg führte zur Brücke, einem einzelnen Baumstamm, der zwischen den überhängenden Wänden der Schlucht stak. Fünfzig Meter darunter toste das Wasser. Elizabeth wäre fast hinuntergestürzt, als ein Stück des primitiven Geländers, ein Baumast, nachgab und in den Fluß fiel. Glücklicherweise verlor sie nicht das Gleichgewicht und gelangte heil hinüber.

Wenn man von der anderen Seite des Flusses die 460 Meter hohe Bergflanke betrachtete, über die wir abgestiegen waren, kam sie einem für durchschnittliche Bergsteiger, vielmehr noch aber für beladene Träger, völlig unbegehbar vor. In dieser Nacht kampierten wir oberhalb des Flusses auf einer kleinen Insel inmitten von Reisfeldern. Es war trocken.

1954 hatte Charles Evans auf der Route, der wir nun folgten, den Oberlauf des Choyang erreicht. Auf dem Bergkamm, der jetzt gegen Westen zu vor uns lag, hatte er allerdings einen Weg auf dem Grat gewählt, der parallel zum Choyang verlief. Er hatte versucht, zum Choyang hinabzusteigen, war aber auf Rhododendrengestrüpp gestoßen, das ebenso undurchdringlich war wie Stahlwolle. Nach einem zermürbenden Marsch erreichte er schließlich den Oberlauf. Ich war vor Beginn der Expedition mit Evans in Verbindung gestanden, und Joe, der ebenfalls in Nordwales lebt, hatte ihn besucht. Charles meinte, es sei vielleicht möglich, in der Schlucht selbst einen Weg dem Choyang entlang aufwärts zu finden, und Norman Hardy, der ebenfalls an der damaligen Expedition teilgenommen hatte, war auch dieser Ansicht. Norman ist Neuseeländer, und als ich mich an ihn wandte, äußerte er sich begeistert über unser Vorhaben; er selbst hatte ähnliche Pläne für das folgende Jahr. Auch mit einem Pflanzensammler namens Stainton, der das Buch «Die Wälder Nepals» schrieb, hatte ich Verbindung aufgenommen. Seiner Ansicht nach war es nicht ausgeschlossen, über den Choyang oder den Sangkhua – das nächste Tal in westlicher Richtung – einen Weg zu den Gebieten über der Schneegrenze zu finden.

An diesem Abend engagierte ich zwei Einheimische, die das vor uns liegende Gebiet kannten. Sie sollten als Führer agieren und einen Pfad für unsere Gruppe schlagen. Wie sich ergeben sollte, hatte ich in weiser Voraussicht gehandelt. Am nächsten Morgen ging es abrupt über steile Hänge hinauf. Das letzte Dorf, Balung, war von Reis- und Maisfeldern umgeben und lag auf der Flanke, über die man den Grat erreichte. Balung war ein außerordentlich hübsches Dorf und wirkte so ruhig und friedlich wie ein junges Schulmädchen. Auf hölzernen Gestellen waren Bärenfelle zum Trocknen gehängt. Zum Töten der Bären dienten Fallen in Form eines schweren, im Geäst eines Baumes ruhenden Steins, dessen Sturz ein an einer Schnur befestigter Köder auslöste. Ein kleiner, bärtiger Eingeborener, der uns den Vorgang beschrieb, wälzte sich auf dem Boden und hielt sich den Kopf und stellte so den Zustand des getroffenen Bären dar. Mingma, der sich ein gutes Geschäft ungern entgehen ließ, hatte von diesem Mann die Gallenblase eines Bären gekauft. Als Aphrodisiakum war das Organ sehr gefragt.

Wir folgten unseren beiden Führern über den Grat zur Wasserscheide, wo es einen guten Pfad gab. Als wir auf der anderen Seite den endgültigen Abstieg zum Khembalung angehen wollten, gerieten sie jedoch in die Irre. Das Terrain kam uns absolut jungfräulich vor, und wir mußten zum Kamm zurück. Jetzt führten sie uns noch höher den Rücken hinauf bis zu einer Lichtung, in der etliche Mani-Steine aufgestellt waren.

Nach kurzer Rast tauchten wir – diesmal mit mehr Erfolg – in die grüne Hölle aus riesigen Bäumen und dichtem Gestrüpp hinab. Von Zeit zu Zeit stießen wir tatsächlich auf einen Pfad. Die beiden Eingeborenen waren das, was meine neuseeländischen Freunde als «verdammte Buschratten» bezeichnet hätten. Der eine stolperte durch das Gestrüpp, als tanze er ein seltsames Ballett, während der andere, sobald der Vordermann die Richtung gewiesen hatte, mit wilden Hieben einen Korridor in den Dschungel schlug. Wir hatten alle Mühe, mit den beiden Wackeren Schritt zu halten, so gute Arbeit leisteten sie, obwohl beiden von bis zu drei Meter hohen Riesennesseln übel mitgespielt wurde; ihre Blätter sind etwa dreißig Zentimeter breit und ihr Stich schmerzt wie der Schlag einer neunschwänzigen Katze.

Die unglaubliche Üppigkeit dieses Waldes war faszinierend; schon ein kleiner Fleck wies eine so reiche Flora auf, daß sich ein Botaniker wochenlang darüber hätte begeistern können. Cynthia, die zunächst ein paarmal zurückgeblieben war, um Fotos zu machen, mußte schließlich darauf verzichten; wer hier vom Weg abkam, hatte keinerlei Chance mehr. Das Terrain erinnerte Joe und mich an den Regenwald am Rio Mazaruni in Guyana.

Die zwei Eingeborenen stießen auf eine Schlange, aber sie schlüpfte rasch unter eine Baumwurzel. Später sah ich noch eine unter Cynthias Stiefel; sie schien gegen diese Behandlung nichts einzuwenden zu haben und kroch davon, als wir auf sie losgehen wollten. Unsere Gruppe zog sich in die Länge, und es war ein Wunder, daß niemand verlorenging, denn an mehreren Stellen verirrten wir uns und mußten dann wieder die steilen, mit dichtem Bambus bewachsenen Ufer hinaufklettern. Schließlich erreichten wir die einzige ebene Stelle im Umkreis von einem Dutzend Kilometern, einen Platz von etwa zehn Metern im Quadrat. Er war völlig von Riesennesseln überwuchert, so daß unsere Sherpas und Träger mehr als eine Stunde brauchten, um ihn für unser Lager freizumachen. Auf beiden Seiten fiel das Terrain senkrecht ab, und Joe stellte erstaunt fest, daß ein Busch, der neben dem Platz zu stehen schien, in Wirklichkeit die Krone eines fünfzehn Meter hohen Baumes war. Durch den dichten Wald hindurch konnten wir das kehlige Gurgeln des Choyang-Flusses hören. Jenseits der Schlucht sahen wir auf der gegenüberliegenden Bergflanke ein paar primitive Hütten, von denen sich Rauch hochkräuselte und sich mit dem über dem Tal hängenden Dunst vereinigte. Das war unser Khembalung oder das Dorf Dobatak, wie die Führer es nannten. Ich glaube nicht, daß irgend jemand von uns sich ein verborgenes Paradies vorgestellt hatte, am allerwenigsten ich; die Gegend erinnerte auch viel mehr an ein feuchtes Tal in den schottischen Highlands. Abgelegen war es aber, darüber bestand kein Zweifel. Hier konnte man vom Streß der westlichen Zivilisation gewiß Abstand gewinnen.

Im Lauf der Jahre habe ich wohl Hunderte von Blutegelbissen erlitten; am Tag zuvor hatte ich zum ersten Mal in meinem Leben einen solchen Biß auf meinem Handgelenk mit einer antiseptischen Lösung behandelt. An diesem Tag hatte ich alle Mühe gehabt, unseren Führern durch den Dschungel zu folgen, und ich hatte dabei wenig Zeit gefunden, an irgendwelche Wehwehchen zu denken – zu groß schien mir die Gefahr, zurückzubleiben und verlorenzugehen. Erst als ich am Abend einen Blick auf mein Handgelenk warf, stellte ich erstaunt fest, daß es dick geschwollen war. Die roten Streifen an meinem Arm zeigten nur zu deutlich, daß ich eine abscheuliche Infektion hatte. Ich machte mir Sorgen – Peter auch, als er der Bescherung ansichtig wurde. Sofort gab er mit Antibiotika zu schlucken, in der Hoffnung, dem Übel könne noch rechtzeitig Einhalt geboten werden. Wenn einem von uns etwas zustieß, hatte er kaum eine Chance, aus diesem Teil der Welt weggeholt zu werden, und dieser ungute Gedanke ging mir ständig im Kopf herum. Hingebungsvoll schluckte ich meine Antibiotika.

Am nächsten Tag bauten wir in echter Pfadfindertradition eine Brücke über den Choyang-Fluß. Nur mit einer Badehose bekleidet und an einem Seil von zwei Sherpas gesichert, spielte Nima bei diesem Unternehmen eine herausragende Rolle. Der Bau, den wir in gelöster Stimmung angingen, machte uns Spaß; er überspannte den Fluß in zwei Teilen, in der Mitte auf einen großen Felsen gestützt. Mingma, der Koch, der immer an außerkulinarischen Aktivitäten interessiert war, fiel zur großen Belustigung der anderen Sherpas von einem glitschigen Felsen ins eisige Wasser. Von Dobatak auf der anderen Seite des Flusses war ein gutgebauter Eingeborener heruntergekommen. Er sah aus wie ein Krieger, hatte stolze, dunkle Augen und wurde prompt mit dem Spitznamen «Pirat» bedacht. Ich bemerkte, daß er (anders als Mingma) Sand auf die glitschigen Steine warf, um nicht darauf auszurutschen. Das war sicher etwas ganz Einfaches, aber für mich verriet es gesunden Menschenverstand. So einen Mann konnte man bei Expeditionen brauchen, und später nahmen wir ihn auch mit, zusammen mit seinen beiden reizenden Töchtern.

Gegen Mittag war die Brücke dann fertig, und wir überschritten sie alle ohne Gefahr. Am Nachmittag erreichten wir Dobatak und kampierten in der Nähe der Hütten, die wir am Abend zuvor gesehen hatten. Hier wohnten nur zwei Familien; sie machten den Eindruck guter Gesundheit und hatten etwa fünfunddreißig Rinder, ein paar Schafe einer seltsamen Rasse, Ziegen und einen riesigen, kraftstrotzenden Bullen.

Die Heilige Höhle lag, wie man uns sagte, etwa eine halbe Stunde bergauf im Wald hinter dem Hause des hier lebenden Lamas. In dem Gebäude neben dem Hause des heiligen Mannes wohnte der örtliche Zauberdoktor oder Schamane. Er heilte mit geistigen Kräften und ergänzte in mancher Hinsicht die Rolle des Lamas. In diesem unteren Teil des Choyang-Tals war nicht viel zu sehen. Die Schlucht, die sich zwanzig Kilometer zum Oberlauf hinzog, schien kaum begehbar: sie war ungemein dicht bewachsen, und die Seiten stiegen an manchen Stellen dreitausend Meter zu den flankierenden Bergkämmen hoch. An einen Vorstoß durch die Sohle des Tales war nicht zu denken; dazu hätten wir viel mehr Proviant und Träger gebraucht. Fragen an die Eingeborenen ergaben jedoch, daß es auf dem westlichen, zu unserer Linken gelegenen Bergkamm einen am Grat entlang verlaufenden Weg gab. Das jenseits dieses Rückens gelegene Sangkhua-Tal war noch nicht erforscht. Dort hause abgeschieden der Yeti, erklärte man uns. Der Gratweg führte an einzelnen Stellen bis in nahezu 4900 Meter Höhe, ehe er den Oberlauf des Choyang erreichte. Von dort gab es, wie wir wußten, Zugang zum Hongu-Tal und dann über den 5800 Meter hohen Amphu-Labtsa-Paß zum Sola Khumbu. Als wir an diesem Abend ums Lagerfeuer saßen, hörten wir Joe Brown fragen: «Wann kommen wir endlich an die Stelle, wo Hamish weiß, wo wir sind?»

Am Tag nach unserer Ankunft in Khembalung wurde in der Höhle eine Zeremonie für uns arrangiert. Unser Freund Norbu aus Sedua vertrat den abwesenden Lama. Er richtete hundert Butterlampen her und sorgte für enorme Quantitäten an Chang, dem einheimischen Bier. Zur Abwechslung zog ein schöner Morgen herauf, aber das Choyang-Tal war wie ein feuchtkaltes Gewächshaus, als wir den Pfad zum Haus des Lamas hinaufstiegen. Es lag an einer abgeschiedenen, zur Betrachtung ausgezeichnet geeigneten Stelle, und an einem so ungewöhnlich klarem Tag wie diesem sah man bis zum Arun und in entgegengesetzter Richtung bis zum schneeigen Haupt des Chamlang. Hinter einer Gruppe von Musikern stiegen wir in einem Bambuskorridor durch den immer noch dichter werdenden Wald hoch. Unterwegs pflückten wir Zweige heiligen Wacholders, die an einer «Om Mani»-Mauer wuchsen, einem Wall aus flachen Steinen, deren jeder das tibetanische Gebet «Om Mani Padme Hum» als Inschrift trug. Unter einem mit Steinmetzarbeit verzierten Felsüberhang geboten der Schamane und der stellvertretende Lama Halt, und wir wurden aufgefordert, unsere Stiefel auszuziehen. «Das ist mein Tod», murmelte ich, und auch Adolphe murrte, er könne wegen einer Knöchelverletzung nicht mit bloßen Füßen herumhüpfen. Dennoch entsprachen wir der Bitte des Lamas.

Vor uns lag, teilweise durch Gebetsfähnchen an langen Bambusstangen und Schlinggewächs verborgen, der Eingang der Höhle. Obwohl er eher wie die Pforte zur Unterwelt wirkte, hatte man einen Eindruck von Ruhe und Frieden. Dazu trug möglicherweise der Weihrauch bei, den der Schamane in einer bronzenen Schale mitführte. Es sei üblich, sich in dem heiligen Bach, der nahe bei den Gebetsfähnchen dahinplätscherte, die Füße zu waschen, bedeutete man uns. Nachdem wir uns dieser Pflicht entledigt hatten, traten wir ein. Während wir bis dahin fast ausschließlich auf Glimmerschiefer getroffen waren, gab es hier Sandstein. Gleich hinter dem Eingang fiel die Höhle stark ab; wir sahen etwa ein Dutzend Meter weit bis zu einem Punkt, wo sie sich verengte. Auf dem Boden lagen große Steine verstreut. Schwach konnte ich die Silhouette eines großen Dreizacks erkennen, an dem alte Gebetsfähnchen und eine Glocke hingen. Rechts war ein natürliches Sims mit buddhistischen Ornamenten. Es diente als Altar; hier war noch ein weiterer, kleinerer Dreizack.

Von Norbu wußten wir, daß die Höhle jahrhundertelang Wallfahrtsort gewesen war, und daß Guru Rinpoche sie mit gewissen «Bewohnern» ausgestattet hatte, nämlich den Geistern von Männern, die Gläubigen und jenen, die hier Zuflucht suchten, zu Hilfe kamen. Wer nicht gesündigt hatte, konnte unbeschadet durch die Höhle gehen und kam etwas weiter unten am Hang wieder ans Tageslicht. Wer sich verirrte, kam an einen See, wo ein böser Chuti lauerte. Tatsächlich hatten sich, wie Nima uns sagte, schon Pilger verirrt und waren ums Leben gekommen. Diese Information rückte er nur widerstrebend heraus, als ich ihn fragte, warum er mein persönliches Kletterseil mitgenommen habe. Nach einer längeren Zeremonie am Altar bat man uns, ein paar Rupien zu spenden.

Abb. 30 Der Schamane führt uns in die Wallfahrts-Höhle, wo Sünder sich vor dem Chuti in acht nehmen mußten
Abb. 31 Zeremonie am Altar in der Höhle
Abb. 32 Propaganda für Geburtenkontrolle im oberen Arun-Tal

Abb. 33 Bei den Vorbereitungen zur Eiger-Sendung. Dougal Haston wird zum Bügeleisen heruntergelassen. Der Überhang rechts gehört zur Harlin-Direktroute

Abb. 34 Dougal am Fenster 4.2 in der Eiger-Nordwand
Abb. 35 Vom Bügeleisen klettert Dougal zum Todesbiwak hoch

Dann stieg unsere hauptsächlich aus Trägern und Eingeborenen bestehende, etwa fünfzig Personen umfassende Prozession in die Tiefe. Im Vorbeigehen läutete jeder die Glocke am Dreizack. Glücklicherweise war in meiner Nähe ein Sherpa, der 1972 und 1975 mit mir am Everest gewesen war. Er war mit einer Petroleumlaterne ausgerüstet, und so hatte ich eine gute Sicht, oder besser gesagt, gute Beleuchtung, denn da ich auf dem Bauch dahinrutschen und mich durch Engstellen von Briefkastenschlitzgröße zwängen mußte, konnte von Besichtigung kaum die Rede sein. An einer Stelle kam der menschliche Tausendfüßler zum Stillstand; man hatte die falsche Biegung genommen. Der Lama war mit der Behendigkeit einer Kanalratte vorausgeeilt, während wir uns in diesem Labyrinth abzappelten. Für die fünfzig Leute in der engen Passage war es sehr schwierig, den Rückwärtsgang einzulegen, vor allem, weil sie in drei verschiedenen Sprachen redeten. Schließlich gelang es, und wir kämpften uns zum dortigen Gegenstück des Acheron vor, einem eiskalten Wasserlauf, in dem zumindest ich mich auf Händen und Füßen fortbewegte, und das mit meinem schmerzenden Unterarm. Etwa zwanzig Minuten später kamen wir wieder ans Tageslicht, was mir keineswegs leid tat. Schon unter normalen Bedingungen liebe ich Höhlen nicht, und bin ich, wie an diesem Tag, zwischen Menschen eingezwängt, finde ich dies geradezu klaustrophobisch. Joe Brown und ich kamen zu dem Schluß, der Ruf der Höhle beruhe auf Schwindel, denn wir waren beide nach langen Jahren reueloser Sünde der Rache des Chuti entgangen. Vielleicht trifft sie nur gläubige Buddhisten.

«Das war ja scheußlich», schimpfte ich, als ich herauskroch. «Wie die Glasgower U-Bahn zur Hauptverkehrszeit.»

«Großartig war es», sagte Joe. Joe begeistert sich für Dinge, die ich aufs tiefste verabscheue, von Insekten und Ungeziefer bis hin zum Frühstück aus gemahlenen Hülsenfrüchten.

Unser Umgang mit göttlichen Mächten war damit noch nicht beendet. Man hatte den Schamanen, welcher der Nachbar des abwesenden Lamas war, in unser Lager geladen, wo er eine geistliche Heilbehandlung durchführen sollte. Dr. Hackett litt an der Ruhr. Wir alle waren der Ansicht, daß nepalesische Medizin für ihn das geeignetste war. Als die Schatten lang genug waren und das Feuer hoch genug brannte, hielt der in eine rote Robe gekleidete Schamane schweigend Einzug im Lager, begleitet von Helfern und einem Trommler. Es wurde viel getrommelt und mit den Augen gerollt; hingebungsvoll frönte man dem Brimborium. Es war gutes Theater, und der Abend machte uns Spaß. Im Choyang-Tal für eine Nacht ohne Regen zu sorgen, konnte nur einem Schamanen gelingen. Als er nach ein paar Stunden das Interesse der Zuschauer etwas erlahmen fühlte, kündigte er eine Pause an, und ich hätte mich nicht gewundert, wenn die Töchter des Piraten gekommen wären und Eis verkauft hätten. Anschließend versenkte sich der Schamane wieder in Trance, ein äußerst schwieriges Unterfangen, da ihm Andrew seine Filmkamera buchstäblich eine Handspanne weit vor die Nase hielt. Alsbald verkündete er durch ein Medium, den Zimbelschläger, es sei wichtig, daß Peter bei Tagesanbruch einer der örtlichen Gottheiten eine angemessene Spende gebe; er würde sodann gesund.

Trotz der Knappheit an Trägern – eine Anzahl von ihnen wollte nach Hause zurück, und wir hatten sie ausgezahlt – nahmen wir am nächsten Morgen den steilen Hang in Angriff, der zum Kamm des Berges hinaufführte. Norbu Lama, der erkrankt war, kehrte ebenfalls nach Sedua zurück. Nima und noch ein Sherpa warteten im Lager auf weitere Träger.

Wie die meisten anderen Etappen war auch diese nicht übermäßig anstrengend. Irgendwie aber brachte es die Expeditions-Schlange, die vielleicht besser Schildkröte genannt zu werden verdiente, nicht auf einen kompletten Tagesmarsch. Zwischen hohen Bäumen hindurch führte ein guter Pfad über die Flanke des Berges hinauf, und immer wieder hatten wir weite Ausblicke über das Choyang-Tal. Mehrmals kamen wir zu Lichtungen, die rot gekleideten Lamas als Meditationsorte dienten. Joe Brown und Yvon waren an diesem Tage vorausgegangen und versuchten, die Träger ein paar Kilometer weiterzulocken. Als ich mich ans Ende der Gruppe setzte, stellte ich überrascht fest, daß die Träger dabei waren, auf einer nur zwei Stunden von Khembalung entfernten Lichtung ein Lager zu errichten. Über diesen «Blitzstreik» waren wir ziemlich verärgert, aber da die Männer nicht weitergehen wollten, mußten wir Joe und Yvon nacheilen, um sie zurückzuholen. Auf der kleinen, lehmigen Fläche standen die Zelte dicht an dicht wie in der Hochsaison die Autos auf einer Kanalfähre. An diesem Abend ging ein Lama, der uns als Träger half, zu unserem Lager in Dobatak zurück, um noch eine Last zu holen. Unterwegs begegnete er einem großen Bären. Die Himalaya-Bären können äußerst gefährlich sein, und ich habe erlebt, daß Eingeborene von ihnen furchtbar verstümmelt oder sogar getötet wurden. Dieser Bär jedoch schien auf die Schreie oder vielleicht auch auf die Gebete des heiligen Mannes zu reagieren, denn er verschwand im Gebüsch.

Am nächsten Tag übernahm Adolphe die Spitze, gefolgt von demselben Träger. Wieder traf er auf einen großen Bären! Adolphe hatte zwar ein Knacken im Unterholz gehört, das Tier aber nicht gesehen, als er vorbeiging. Plötzlich stand es dann vor dem Lama, der vor Entsetzen schrie. Adolphe riß sein Messer heraus und eilte dem Lama zu Hilfe. Der Bär aber, zweifellos verwirrt durch den anstürmenden Vicomte, wandte sich um und floh. Als wir später darüber sprachen, erzählte uns Adolphe, er habe «den Bären in den Bambussprossen rascheln gehört».

Daß das Choyang-Tal ein äußerst wildes Gebiet ist, steht außer Zweifel. Der von uns benutzte Pfad war allerdings gut; im Sommer benutzte man ihn, um Schafe zu den Hochweiden am Oberlauf des Sangkhua zu treiben. Dieser Umstand gab mir zu denken. Es gibt nur sehr wenige Orte, die noch nie eines Menschen Fuß betrat. Dennoch hat der weiße Mann eine so hohe Meinung von sich selbst, daß er seine Nachzügler-Besuche «Entdeckungsreisen» nennt.

Drei Tage nach Khembalung kam der Schnee. Der Übergang war plötzlich: von einem Augenblick auf den anderen gerieten wir von Regenschauern in einen Schneesturm. Marschierten wir eben noch durch einen in den Bambuswald geschlagenen Korridor, standen wir im nächsten Moment in einem ausgewachsenen Blizzard. Der jähe Wechsel traf uns unvorbereitet; wenn wir auch wußten, daß wir uns der Schneegrenze näherten, die hier außerordentlich niedrig lag, so war der plötzliche Temperatursturz doch alarmierend. Wir drängten uns unter einem überhängenden Felsen zusammen, dessen Fläche aber der Windseite zugewandt war und somit nur wenig Schutz bot. Joe Brown und Peter Hackett gelang es, einen sehr jungen Träger, der an Unterkühlung litt, wieder aufzuwärmen. Wie Yvon und Joe machte auch ich mir Sorgen. Wir hatten schon an genügend Expeditionen teilgenommen, um zu wissen, daß sich unsere mißliche Situation rasch zu einer Katastrophe auswachsen konnte, und wir wollten keine Toten auf dem Gewissen haben. Keiner der Träger trug die für diese Art Wetter nötige Kleidung. Die meisten gingen barfuß, und der Schnee lag jetzt hoch.

Mit dem «Piraten» und Joe Reinhard machte ich rasch einen Erkundungsgang und fand glücklicherweise in geringer Entfernung einen geeigneten Lagerplatz. Wir steckten alle Träger in Zelte, von denen wir eine ausreichende Zahl mitführten. Selbst bei schlechtem Wetter schlafen die Träger normalerweise im Freien, was aber unter den jetzt herrschenden Bedingungen ganz ausgeschlossen war. Bittere Enttäuschung hatte sich unser bemächtigt; wenn es nicht rasch aufklarte und Tauwetter kam, konnten wir nicht mehr weiter, das wußten wir. Hätten wir es tatsächlich versucht, wären einige Träger ums Leben gekommen oder hätten zumindest Erfrierungen erlitten. Wir beschlossen, die Sache erst einmal zu überschlafen, ehe wir eine Entscheidung fällten.

Dann dämmerte ein bemerkenswert schöner Morgen; die ganze Himalaya-Kette erwachte in prächtigem Glanz. Wir konnten nun das vor uns liegende Stück Weges erkennen; der Pfad schlängelte sich an dem Grat entlang, der von unserem Lagerplatz in 4000 Meter Höhe zu zwei Gipfeln hinaufführte. Dahinter erhob sich der Rücken des Chamlang mit dem schön geformten Peak 6 an seiner rechten Flanke, wiederum dahinter der mächtige Makalu. Jenseits dieser Berge erstreckte sich die Einsamkeit Tibets. Was ich links sehen konnte, war mir vertraut: Der Mera La und die Gipfel des Hongu-Tales. Sie waren verlockend nahe und doch nicht nahe genug. Wir durften einfach keine Menschenleben riskieren. Ohnehin überbrachte uns Nima die Nachricht, daß die Träger umkehren wollten. Das überraschte uns nicht; eine weitere Verfolgung unseres ursprünglichen Plans hätte so gewaltige Schwierigkeiten mit sich gebracht, daß nur eine mit allen modernen Errungenschaften ausgerüstete Bergsteigergruppe sie hätte überwinden können. Es galt nun, eine Entscheidung zu treffen. Daß nur einer oder zwei Mann unserer Gruppe weitergehen konnten, war klar. Die anderen würden umkehren müssen. Einer von ihnen war Joe Brown, der schon seit Tagen mit Rückenschmerzen zu kämpfen hatte. Der Zustand meines Armes hatte sich zwar gebessert, aber ich war durch die Infektion dennoch geschwächt und litt auch unter Nebenwirkungen der Antibiotika. Damit blieben noch Yvon, Joe Reinhard und Peter Hackett. Vier Trägern und zwei Sherpas schenkten wir verschiedene Ausrüstungsgegenstände, so daß sie in der Lage waren, mit ihnen zu gehen. Der Koch und Nima stellten rasch Proviant für ihre Tour zusammen, die wir auf etwa acht Tage veranschlagten. Innerhalb einer Stunde setzte sich diese Gruppe in Marsch und bahnte sich einen Weg durch den Schnee. Mit gemischten Gefühlen sahen wir den Männern nach, während sie für das Auge kleiner und kleiner wurden. Zwei Jahre zuvor hatte ich diese Expedition geplant, und jetzt waren wir vier Tagereisen von dem Punkt im Hongu-Tal entfernt, an dem einige von uns schon gewesen waren. Deswegen bedeutete es eine bittere Enttäuschung, nicht mit den anderen gehen zu können.

Yvon, Joe und Peter gelang es, den Oberlauf des Sangkhua zu überqueren und von dort zum Hongu vorzustoßen. In einer sehr abgelegenen Passage fanden sie Spuren, die zur oberen Kante einer Felswand führten und von ihrem Fuße aus weitergingen. War dieses Tier – höchstwahrscheinlich ein Bär – da hinuntergeklettert?

Geschichten von im Hongu-Tal steckengebliebenen Tibetanern, die ihre Stiefel aufaßen, ehe sie starben, gewannen für Joe, Peter und Yvon eine allzu reale Dimension, denn ihr Proviant ging zur Neige, und im tiefen, frischen Schnee war das Vorwärtskommen sehr schwierig. Den Trägern hatten ihre schweren Lasten so zugesetzt, daß sie sich in den Schnee niederlegten und klagten, sie könnten nicht weiter. Am achten Tage stieg die Gruppe erschöpft vom 5800 Meter hohen Amphu-Labtsa-Paß zum Khumbu ab. Peters Forschungsstation in Pheriche war nur noch einen halben Tagesmarsch entfernt. Ihre Reise war zu Ende.

Geh zu dem geheimen Ort, ohne deinem eigenen Land verbunden zu bleiben. Hindern dich Regen oder Lawinen daran, dann mach Rauch aus dem Kot schwarzer Hunde und dem Harz eines Baumes.

11 Stop and Go am Eiger

Es war während der Everest-Expedition von 1972, als wir in einem winzigen Zelt im Westbecken des Khumbu-Gletschers zum ersten Mal die größte Klettersendung aller Zeiten diskutierten. Ich teilte das Leinwandhäuschen mit Dougal Haston. Über drei Stunden hatten wir nicht miteinander gesprochen, doch zwischen uns beiden war das völlig normal. Warum reden, wenn nichts zu sagen war? Unmutig schob ich ein Schachproblem zur Seite; der Sauerstoffmangel diente mir als Entschuldigung für die mäßige Leistung meiner grauen Zellen. Im Hauptzelt war ein Scrabble-Spiel in vollem Gange, und ich überlegte mir, dort vorbeizuschauen. Gelächter war zu hören, dem eine lebhafte Auseinandersetzung folgte. Ich entschied mich, nicht hinüberzugehen, sondern ließ meine Gedanken schweifen.

«He, Dougal», sagte ich etwa zehn Minuten später. «Wie weit ist es vom 3.8-Fenster in der Eiger-Nordwand zum Hinterstoisser-Quergang und vom 4.2-Fenster zum Todesbiwak?» Dougal, der eine Abhandlung über Freud las, sah von seinem Buch auf und blickte mich vorwurfsvoll an: ich hatte ihn höheren Sphären entrissen.

«Wahrscheinlich weniger als tausendfünfhundert Meter, wenn es das ist, was du dir überlegst.» Natürlich wußte er, daß ich an eine Direktsendung dachte.

«Und wie breit ist der Tunnel?» fragte ich.

«Der Tunnel der Jungfraubahn?»

Er legte sein Buch zur Seite, denn er wußte, daß ich ihm so schnell keine Ruhe lassen würde. Innerhalb von Minuten aber hatte auch er sich mit dem Gedanken vertraut gemacht, daß ein derartiges Vorhaben möglich war, so unwahrscheinlich es zunächst anmuten mochte.

Eine britische Gruppe mit Leo Dickinson als Kameramann hatte einen Spielfilm über den Eiger gemacht, und das war schon schwierig genug gewesen. Der bloße Gedanke an eine Live-Sendung war jedoch für manche Leute der Gipfel des Irrsinns. Die Kameras waren groß, die Kamerakabel schwer, und wie konnte man an der Eiger-Nordwand einen Zeitplan einhalten? Dies war die Munition der Kritiker.

Ein paar Jahre zuvor war ein solches Projekt von Schweizern

ventiliert worden, die damit einen Reklameballon starteten. Damals war es ziemlich absurd gewesen, denn die maximale Kabellänge zwischen den Kameras und dem Übertragungswagen betrug nur etwa dreihundert Meter. «Guten Morgen, Jungs, und auf Wiedersehn», – das wäre so ungefähr alles gewesen, was man hätte senden können. Weitere Aufnahmen wären nur mit großen Teleobjektiven möglich gewesen, denn Kameras in der Wand zu postieren, war zu jener Zeit völlig undenkbar. Aber je länger Dougal und ich jetzt darüber sprachen, desto mehr kam uns zum Bewußtsein, daß ein solches Projekt im Bereich des Möglichen lag. Ein paar Tage später, als ich zum Camp I zurückkehrte, schrieb ich an Chiv in London:

Südwestflanke Everest
Box 224, Katmandu, Nepal
3. Oktober 1972

Lieber Alan,
ich nehme an, daß Du von den Olympischen Spielen wieder zurück bist. Sicher weißt Du, daß Chris Brasher demnächst zu uns stoßen wird, um für den «Observer» über unsere Expedition zu berichten. Wir werden ihm schon ein bißchen einheizen!

Der Grund für meinen Brief: Sicher beschäftigt sich Paul Faux mit einer weiteren Klettersendung im nächsten Jahr. Joe Brown, Don Whillans und ich machten vor Beginn unserer Expedition Urlaub auf den Shetland-Inseln, und obwohl wir dort ein paar gute Touren gingen, fanden wir nichts, was eine Fernsehsendung lohnend erscheinen ließ.

Du wirst Dich erinnern, daß uns vor einiger Zeit die Schweizer wegen eines Eiger-Nordwand-Programms ansprachen, doch glaubten wir damals alle, ein derartiges Projekt sei nicht durchführbar. Bei unserem jetzigen Unternehmen teile ich mit Dougal das Zelt, und ich habe den Gedanken mit ihm diskutiert. Die Lösung könnte möglicherweise Oktober heißen. In diesem Monat gibt es längere Perioden ruhigen Wetters, und obwohl die Tage schon kürzer sind, ist es nicht zu kalt.

Die normale Nordwand-Route bedeutet einen Aufstieg von zwei bis drei Tagen. Wie wäre eine Fernsehsendung technisch zu realisieren? Zwei Kameras könnten in der Wand selbst postiert werden: die eine bei der «Fliege» (siehe Dougals Buch «Der Eiger») und die andere beim «Bügeleisen» direkt unterhalb des «Todesbiwaks». Von der ersten Kamera können Kabel mehr oder weniger direkt zum Gipfel geführt werden. Zur Bügeleisen-Kamera kann das Kabel durch ein Fenster in der Wand (Galeriefenster der Station Eigerwand) geführt werden, das ungefähr 550 Meter unterhalb der Kameraposition liegt. Diese Kameraposition würde gute Einsicht in die Eisfelder erlauben und ließe sich mit einem kleinen Dach gegen Steinschlag schützen. Von dort aus kann auch das Todesbiwak erfaßt werden. Kamera und Kameramann könn-

ten, wie ich hoffe, mit einem Hubschrauber in ihre Position gebracht werden. Die Position an der Fliege ist etwas schwieriger, aber doch ziemlich sicher. Der Kameramann kann sich dorthin abseilen oder von einem Helikopter heruntergelassen werden. Diese beiden Minikamera-Positionen sind die schwierigsten, aber doch nicht sonderlich problematisch, denn ausreichende Vorräte und Proviant etc. können an beiden Stellen deponiert werden. Sonst würde kein weiterer Kameramann mehr in der Wand sein, bis auf den auf dem Gipfel-Eisfeld, der die letzten paar Minuten der Besteigung aufnähme. Diese Kamera würde mit der bei der Fliege den gleichen Sender benützen, der das Signal zur Kleinen Scheidegg überträge. Man könnte ihn in einem Zelt auf dem Eiger-Gipfel unterbringen (regelmäßiger Hubschrauber-Service).

Die Kamerabereiche wären somit folgendermaßen verteilt: Eisfelder: *Minikamera am Bügeleisen mit großem Zoom.* Götterquergang, Risse über der «Spinne»: *Kamera bei der Fliege.* Gipfel-Eisfeld: *Gipfelkamera (wahrscheinlich die Bügeleisen-Mini-Kamera, die man inzwischen per Hubschrauber hinaufbringen könnte).*

Für die größeren, unten aufzustellenden Kameras gibt es viele denkbare Positionen, die ich hier nicht zu erläutern brauche. Jedenfalls ist es möglich, den ganzen Aufstieg von unten aus mit Teleobjektiven zu verfolgen.

Westflanke: *Mögliche Kameraposition siehe Zeichnung; das Kabel zum Übertragungswagen könnte durch den Luftschacht des Bahntunnels geführt werden.*

Der untere Teil der Wand ließe sich von einer Kamera beim Fenster in der Nähe des «Hinterstoisser-Quergangs» aufnehmen, ebenso das «Schwalbennest-Biwak». Sie würde auch den Aufstieg zu diesem Punkt einfangen, wobei Schnitte mit den Teleaufnahmen von unten möglich sind.

Mit, sagen wir, zwei Kameras beim Hotel wären also insgesamt sieben nötig. Eine zusätzliche Hubschrauberkamera wäre jedoch, wie ich finde, von großem Vorteil; sie könnte über den gleichen Zwischensender gehen wie die Kameras auf dem Gipfel und bei der Fliege, denn die kommen erst gegen Ende ins Spiel.

Und nun höre ich Dich schon sagen: «Wo, mein Junge, ist denn mein kleiner Übertragungswagen die ganze Zeit?» Meine Antwort: «Er wird zerlegt sein.» Natürlich nicht ganz. Man könnte ihn mit der Bahn zur Station Eigergletscher hinaufbringen und dort auf dem Seitengleis lassen. Selbst bei Benutzung von Tiefladern wäre der Übertragungswagen zu groß für den Tunnel, aber eine teilweise Demontage ist möglich, oder man könnte ihn bei der Station Eigergletscher lassen.

Von dort könnte man ein Kabel zum Fenster 3.8, dann weiter zur Station Eigerwand und schließlich zur Bügeleisen-Kamera führen. Auch das Kabel zur Westflanke müßte etwa tausend Meter lang sein. Bei der Station Eigergletscher gibt es elektrischen Strom, und von beiden Fenstern oder Stellen in ihrer Nähe besteht die für die Übermittlung des Signals nötige Sichtverbindung nach Interlaken.

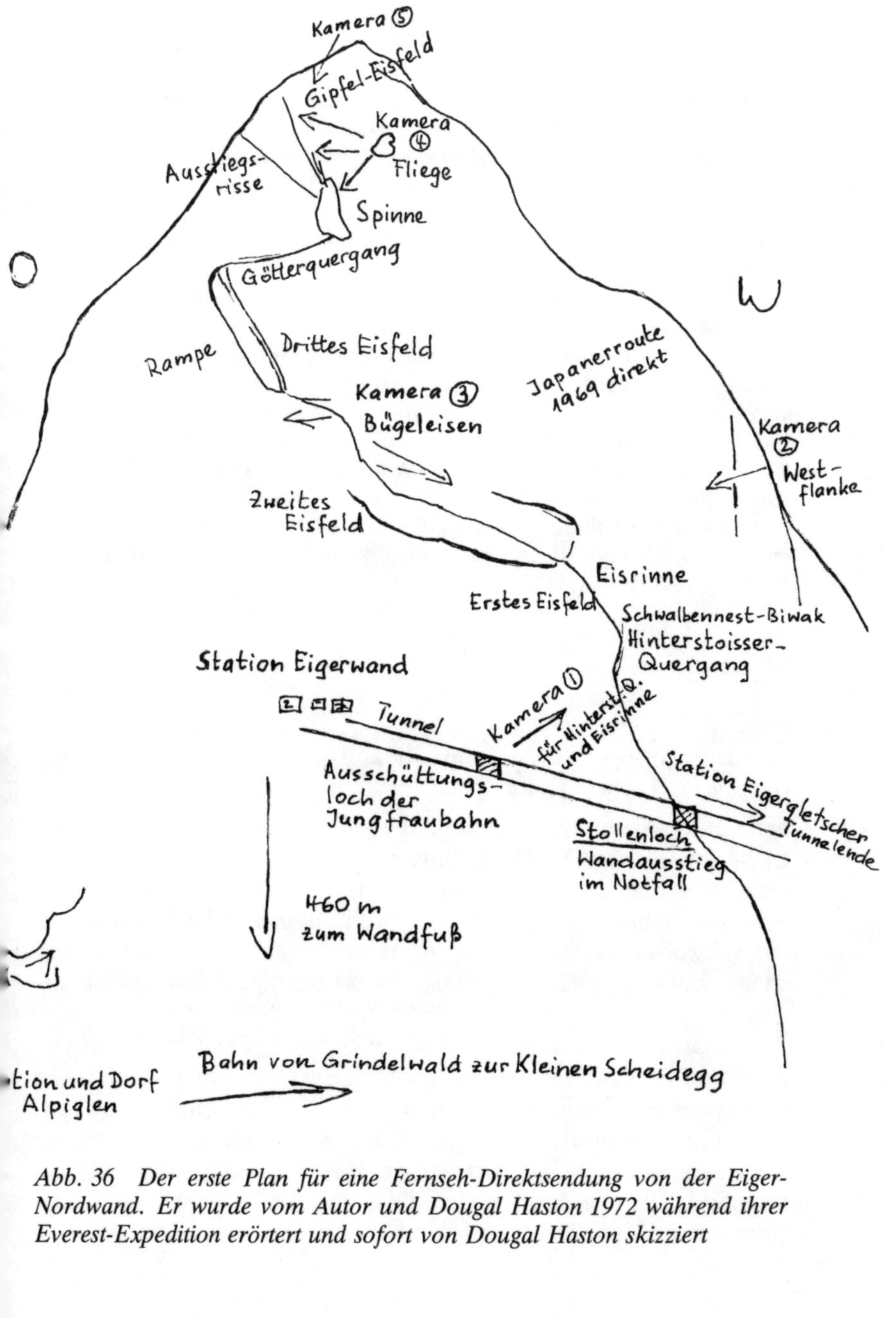

Abb. 36 Der erste Plan für eine Fernseh-Direktsendung von der Eiger-Nordwand. Er wurde vom Autor und Dougal Haston 1972 während ihrer Everest-Expedition erörtert und sofort von Dougal Haston skizziert

So wie ich es eben skizziert habe, ließe sich das Projekt meiner Ansicht nach ernsthaft in Betracht ziehen. Ich würde vorschlagen, daß Du mit J. Schmid vom Schweizer Fremdenverkehrszentrum in London Verbindung aufnimmst und ihn um die Wettergeschichte des Monats Oktober in den letzten sechs oder sieben Jahren bittest. Was die Bahn und die Hubschrauber anbelangt, so bin ich sicher, daß uns die Schweizer helfen würden, vielleicht sogar bei der Unterbringung. Die Kosten könnten wir dadurch verringern, daß wir mit drei verschiedenen Seilschaften operieren – einer aus dem Vereinigten Königreich, einer aus der Schweiz und einer, sagen wir, aus Deutschland. Ein ausreichend ruhiger Stand der Kameras wäre gewährleistet, so daß es nicht allzu schwierig sein sollte, eine gute Bildqualität zu erreichen.

Wir könnten drei Biwaks zeigen, und die Standardroute ist rasch genug zu bewältigen, um das Interesse der Zuschauer nicht erlahmen zu lassen. Ich bin überzeugt, daß die Sendung ein richtiger Thriller mit einem Minimum an Risiko sein könnte; nur zwei der Kameraleute wären in der Wand selbst. Ich füge Dougals Skizze bei, aus der auch meine Überlegungen bezüglich der Kamerapositionen zu erkennen sind.

Beste Grüße an alle, entschuldige meine Tippfehler. Ich bin im Augenblick im Camp I, aber das ist kein hinreichender Grund. Also: Chris Boningtons Schreibmaschine ist schuld.

Hamish

Chiv muß einen Purzelbaum geschlagen haben, als er den Brief erhielt. Natürlich weiß er, daß sich meine Gedanken häufig in den Bereichen des Irrsinns bewegen. Dennoch legte er meinen Brief nicht unter Absurditäten ab, und das spricht sehr für ihn. Er sah den Lichtschimmer am Ende des langen, gewundenen Tunnels, der sich als länger und gewundener herausstellen sollte als derjenige der Jungfrau-Bahn. Die BBC streckte vorsichtig ihre Fühler aus, und die Schweizer Regierung antwortete mit einem uneingeschränkten «Vielleicht» und einem definitiven «Ja» bezüglich einer Machbarkeitsstudie.

Das Hotel Bellevue auf der Kleinen Scheidegg kauert mit schweizerischer Behäbigkeit am Fuße der Eiger-Nordwand. Jeden Tag strömen ihm Hunderte von Touristen zu, die den Zügen aus Grindelwald und Lauterbrunnen entsteigen. Wenn sie am Abend wieder in ihre Dörfer zurückkehren, scheint das Hotel sich zu ducken, als fürchte es sich vor den Stunden der Dunkelheit. Nicht viele Touristen bleiben über Nacht auf der Kleinen Scheidegg. Dann schläft das Haus; nur die Nordwand läßt gelegentlich mit Steinschlag oder Lawinen von sich hören.

Herberge der Eiger-Kletterer ist das unscheinbare Alpiglen, das sich etwas weiter unten an der nach Grindelwald führenden Bahn unmittelbar an den Fuß der Nordwand duckt. Hier versammeln sich die ernsthaften Kletterer, um mitten in der Nacht leise zu ihrer Tour aufzubrechen, die für manchen leider die letzte ist. Der Eiger hat schon viele Menschenleben gefordert, wobei die Opfer nicht immer durch einen Absturz oder eine Lawine einen raschen Tod finden, sondern oft auf einem einsamen Biwak-Sims langsam erfrieren. Die Geschichte der Besteigungen und Unfälle ist zu lang, als daß sie hier erzählt werden könnte; wer für Makabres Geschmack hat, findet sie in einer Reihe von Büchern.

Zum ersten Mal machte ich im Sommer 1957 mit der Eiger-Nordwand Bekanntschaft. Ich schrieb Chris Bonington, der damals Panzerkommandant in Münster war, ob er Lust hätte, die britische Erstersteigung der Wand zu versuchen. Chris war einverstanden. Er wußte damals nicht, daß es bei den bis dahin erfolgten zwölf Besteigungen vierzehn Todesfälle gegeben hatte: kein ermutigendes Vorzeichen für Chris' erste alpine Saison. Allerdings schien er – ganz unbegründetes – Vertrauen in meine Fähigkeiten zu haben, und wir vereinbarten, uns in Grindelwald zu treffen. Wie es sich für mich als Schotten gehört, strebe ich bei der Abfassung von Telegrammen in geradezu lächerlichem Ausmaß nach Kürze, besonders wenn es sich um Kabel ins Ausland handelt. Aus Glasgow telegrafierte ich:

«Treffen Grindelwald 7. Juli Manx Norton.»

Ich hätte wissen sollen, daß Chris, der sich in der Maschinenwelt nicht sehr gut auskennt, keine Ahnung hatte, daß eine «Manx Norton» ein Vollblut-Sportmotorrad ist. Chris hatte bei seinen Bemühungen, diesen geheimnisvollen Manx Norton ausfindig zu machen, wenig Glück, obwohl er viele Leute fragte, ob sie ihn gesehen oder von ihm gehört hätten. Schließlich trafen wir uns dann doch noch. Unsere Planung war weit mehr durch Enthusiasmus als durch nüchterne Überlegung gekennzeichnet.

Wie sich herausstellte, hatte Chris keinen Daunen- oder Biwak-Sack. Ich gab ihm die Plastikplane, mit der ich mein Motorrad abgedeckt hatte, und einen alten Pullover. Die einzige Beschreibung der Route, die wir besaßen, war eine Postkarte, die ich in Grindelwald gekauft hatte.

Unser Angriff auf die Wand dauerte nicht lange. Wir durchkletterten das leichte untere Stück und fanden einen für das Biwak geeigneten Überhang. Um die Stunde jedoch, da gute Schweizer an einen Aperitif denken, begannen sich dichte Wolkengebirge aufzubauen. Statt uns für die Nacht einzurichten, bliesen wir zu einem raschen, schändlichen Rückzug – die beste Entscheidung, die wir beide jemals getroffen haben.

Am nächsten Tag fuhren wir nach Chamonix ab, um dort Gipfel anzugehen, die mehr Erfolg versprachen. Wenig später lasen wir dort von Claudio Cortis dramatischem Schicksal in der Eiger-Nordwand. Seine Seilschaft mußte etwa zum gleichen Zeitpunkt aufgebrochen sein wie wir. Cortis Freund Stefano Longhi erfror; Corti wurde mit Hilfe von Seilwinden gerettet. Erich Friedli war einer der Planer dieser Operation, bei der zum ersten Mal lange Stahlkabel zu Rettungszwecken benutzt wurden. Erich sollte später als Berater bei dem Projekt der Eiger-Sendung mit uns zusammenarbeiten und wurde ein sehr guter Freund von Dougal und mir.

Es war eine ziemlich große Gruppe, die sich im Sommer 1973 zu den ersten Vorarbeiten auf der Kleinen Scheidegg versammelte. Verschiedene Dinge waren bereits geklärt worden. Für ihre Übertragungen von Skirennen hatten die Schweizer die Kunst der Demontage von Übertragungseinheiten bis zur Perfektion entwickelt. Mithin war es für die BBC nicht mehr nötig, sich dieser schwierigen Übung zu unterziehen. Immerhin legten die Ingenieure der BBC Wert auf die Feststellung, sie wären dazu in der Lage, falls sich die Notwendigkeit ergeben sollte. Wie sich weiter herausstellte, war der Anwendungsbereich von Hubschraubern größer, als wir geglaubt hatten. Verletzte Kletterer waren schon mit Hilfe von Kabeln und Winden von Stellen wie dem Todesbiwak geholt worden, und es war somit durchaus möglich, mit der gleichen Methode Kameras in solche Positionen zu bringen.

Selbst in Anbetracht dieser Umstände glaubte Fritz von Almen, dem das Hotel damals gehörte, wohl nicht, daß wir eine Direktübertragung von der Nordwand ernsthaft in Betracht zogen. In der Vergangenheit hatten, wie er sagte, kompetente Leute versucht, Filme von Besteigungen der Wand herzustellen, doch waren alle gescheitert. Den britischen Film über die Nordwand erkannte er nicht an. Fritz war der große Entrepreneur des Eigers; er hatte die Wand nie durchstiegen, verfolgte aber nimmermüde alles, was dort geschah. Jeden Schritt eines Kletterers überwachte er durch sein Fernrohr.

Ein paar von den Vertretern des schweizerischen Fernsehens waren alte Freunde. Mit «Guggi», Werner Guggisberg, dem Chefingenieur der Matterhorn-Sendung, war die Zusammenarbeit immer hervorragend. Auch bei diesem Projekt war er als Chefingenieur vorgesehen. Guggi war nicht nur ein begabter Techniker, er besaß auch Initiative und Mut und war bereit, ungewöhnliche Lösungen zu wagen, solange sie im Bereich des Vernünftigen lagen. Er berichtete uns über ein neuartiges, blitzsicheres Zelt, das er auf dem Zeichenbrett hatte und das für die Unterbringung unserer Mannschaft an der Westflanke dienen konnte. Werner Vetterli, der Chefrepräsentant des Schweizer Fernsehens, war ebenfalls von unserem Plan eingenommen. Die Reaktion seiner Vorgesetzten und der Schweizer Regierung war freilich weit weniger enthusiastisch. Eine Fernsehsendung von den Dimensionen unseres Eiger-Programms war bedeutsam für das Prestige des Landes. Man wollte aber keinen nationalen Skandal riskieren, denn käme es während der Sendung zu einem Unfall, würde dies eine Welle der Kritik auslösen.

Bei diesen ersten Vorarbeiten ging es eigentlich immer noch um die Frage, ob das Projekt überhaupt ausführbar sei. Wir hofften, in ihrem Verlauf ein paar Übertragungstests von verschiedenen Punkten der Wand aus machen und die Positionen auf der Westflanke inspizieren zu können. Aus dem Vereinigten Königreich war eine Anzahl von BBC-Ingenieuren eingetroffen. Sie hatten Geräte mitgebracht und richteten unter der wachsamen Leitung von Alan Roberts eine kleine Sendestation in der Nähe des Hotels Bellevue ein. Bald stand fest, daß die Verbindung mit dem Fenster 3.8 ausgezeichnet war.

Dougal und ich waren bereits mit Günther Amann, dem Rettungshubschrauber-Piloten, bekannt. Günther war geborener Deutscher und ehemaliger Luftwaffen-Pilot. Zusammen mit einem ortsansässigen Schweizer, Herrn Kaufmann, war es ihm als erstem gelungen, mit der Hubschrauberwinde Kletterer aus der Wand zu holen. Im Zweiten Weltkrieg hatten die Engländer diese Technik entwickelt; vor ihrer Anwendung in den Schweizer Alpen hatte man sich ihrer mit großem Erfolg bereits in den Bergen von Chamonix bedient. Amann ist ein schmächtiger, ruhiger, bescheidener Mann, der sich alles, was er tut, sorgfältig überlegt. Obwohl er kein Bergsteiger ist, kennt er die gefährlichen Gebiete der Alpen wahrscheinlich besser als die meisten Kletterer.

Im wesentlichen verwendete die Schweizerische Rettungsflugwacht damals Hubschrauber vom Typ «Alouette» und «Lama». Zum Zeitpunkt der Abfassung dieses Manuskripts hielt der Typ «Lama» mit fast 12 500 Meter den Höhenrekord. Er ist der einzige Hubschrauber, dessen Nutzlast ebenso groß ist wie sein Eigengewicht. Er sieht aus, als sei er hastig aus Baukastenteilen zusammengebastelt; ist man aber erst einmal mit ihm in der Luft, ist man beeindruckt von seiner Kraft und der mühelosen Leichtigkeit, mit der er sich in den heftigsten Abwinden hält.

Von Günthers «Lama» ließen wir uns zu verschiedenen Stellen in der Westwand hinunter und stellten fest, daß es dort gute Möglichkeiten gab, Kameraplattformen zu errichten. Wegen der großen Entfernung zwischen dieser Westflanke und der Rampe sowie dem Götterquergang dachte Guggi ernsthaft daran, statt einer normalen Kameralinse ein astronomisches Teleskop zu benutzen, das er auf einen verstärkten Beton-Dreifuß montieren wollte. Mit langen Seilen maßen wir die Entfernung zwischen den Positionen der Kameras 3 und 4 und dem Rotstock, denn nunmehr hofften wir, den Übertragungswagen in den Tunnels des Rotstocks unterbringen zu können, wobei wir die Stromversorgung der Bergbahn angezapft hätten. Die Distanzen lagen innerhalb unseres Kabelbereiches von tausendfünfhundert Metern, und somit sah alles sehr ermutigend aus. Dennoch war noch viel Arbeit zu tun. Guggi zum Beispiel machte sich große Sorgen wegen der Blitzgefährdung der Kameras bei Gewittern und der möglichen katastrophalen Folgen.

Es ist unmöglich, ein Vorhaben dieses Ausmaßes so geheim zu halten, daß nichts davon an die Öffentlichkeit dringt. Chris Brasher war einer der Gegner des Eiger-Projekts. Ein paar Jahre zuvor hatte er mit uns einen Vorschlag der Schweizer geprüft, eine Durchsteigung der Wand direkt zu übertragen. Allerdings hatte es damals die neue Methode der Hubschrauberrettung mittels Seilwinden noch nicht gegeben; zudem waren jetzt wesentlich längere Kabelverbindungen zu den Kameras möglich. Trotz dieser Fortschritte war Chris bei seinem früheren Standpunkt geblieben. In den Sonntagszeitungen erschienen verschiedene Anti-Eiger-Berichte, in denen man die Gefahren hochspielte und wir der Sensationsmache bezichtigt wurden.

Im darauffolgenden Winter wirkte ich in Schottland bei einem auf dem Ben Nevis gedrehten Bergsteigerfilm mit. Alan Roberts und Chiv gegenüber vertrat ich die Meinung, diese Tour sei ein guter

Test für die Tonaufnahmegeräte, die in der Zwischenzeit speziell für den Eiger entwickelt worden waren. Der Film, «The Ice Climb», schilderte eine Besteigung der Astronomy, einer schwierigen Winterroute durch die Nordwand des Ben Nevis, und über die Mikrophone, die wir trugen, waren wir Tag und Nacht auf Sendung (wir mußten unterwegs biwakieren). Daß man eine «persönliche Wanze» am Körper hat, vergißt man leicht, und der Toningenieur kam sich wohl manchmal wie ein Priester im Beichtstuhl vor. Jedenfalls funktionierte die Übertragung gut.

Selbstverständlich sollte Dougal bei der Eiger-Sendung einer der Kletterer sein. Die Teilnahme Chris Boningtons, der ein erstklassiger Non-Stop-Kommentator ist, bot sich ebenfalls an. Chris' Beredsamkeit ist so überwältigend, daß, als er einmal zusammen mit Nick Estcourt im Fernsehen auftrat, Nick während der ganzen Sendung kein einziges Mal zu Wort kam. Beredsamkeit, auch in kritischen Situationen, gehört zu den wichtigsten Voraussetzungen, die ein Fernseh-Kletterer mitbringen muß. Bergsteiger, die solche Routen bewältigen können, gibt es wie Sand am Meer, aber nur wenige haben die Gabe, einem Millionenpublikum ihre Gedanken und Empfindungen mitteilen zu können. Dougal sorgte für einen guten Kontrast zu den anderen; einen ruhigen Typ wie ihn konnte die Sendung vertragen, aber nicht eine ganze Seilschaft alpiner Trappisten. Chris hatte mit Ian Clough die britische Erstdurchsteigung der Normalroute des Eiger geschafft. Dougal, der ein paar Jahre zuvor zusammen mit Rusty Baillie die Original-Route durchstiegen hatte, hatte an der dramatischen Begehung der Harlin-Direktroute teilgenommen, bei der John Harlin zu Tode gestürzt war.

Die Sendung war für Herbst 1975 geplant; Schauplatz sollte die Original-Nordwand-Route sein. Für das gleiche Jahr hatte Chris einen zweiten Angriff auf die Südwestwand des Everest geplant. Das Problem war, ob wir das Eiger-Projekt noch vorher bewältigen konnten, denn die Everest-Expedition sollte in der Nachmonsunzeit stattfinden. Chris hielt es für möglich, wenn wir drei sofort nach der Sendung abflogen. Die Eiger-Besteigung wurde also für September geplant.

Inzwischen gingen die Vorarbeiten weiter. Von einem Hubschrauber an einem Kabel heruntergelassen zu werden, wurde für mich ein ebenso vertrauter Vorgang wie ein Abseilmanöver. In Schottland hatte ich zahlreiche Kletterer mit Helikoptern aus Bergnot gerettet, und die Methode war nichts Neues mehr für mich.

Anders war es bei Dougal; seine Initiierung sollte in der Wand selbst stattfinden, und zwar beim Bügeleisen unterhalb des Todesbiwaks. An diesem Morgen nahmen wir ein spätes, formloses Frühstück ein. Als die Züge von Grindelwald und Lauterbrunnen den Hauptharst der Touristen auf der Kleinen Scheidegg abgeladen hatten, schnallten wir unsere Steigeisen an und nahmen in Günthers «Lama» Platz. Für Tests beim Todesbiwak hatten wir eine Tonausrüstung dabei; außerdem wollten wir ausprobieren, ob eine Verständigung möglich war, wenn ein Hubschrauber in der Nähe schwebte. Wir wußten nämlich nicht, ob die Kletterer noch zu verstehen waren, wenn sie von der Helikopter-Kamera aufgenommen wurden.

Der Morgen war schön; dennoch hatten wir kein Verlangen danach, uns unnötigen Risiken auszusetzen. Wir hatten genügend Ausrüstung mit, um entweder vom Todesbiwak zum Gipfel zu steigen oder uns über das Zweite Eisfeld zurückzuziehen. Das Wetter, das wußten wir, ist am Eiger höchst unbeständig. Meinte man eben noch, schönes Wetter erwischt zu haben, so kann im nächsten Moment die Hölle los sein.

Unser Landeplatz war groß genug für ein Paar Schuhe der Größe 42; in Hüfthöhe war ein leicht erreichbarer Haken, an dem wir uns einhängen konnten. Ein paar Tage zuvor hatte Günther zum ersten Mal jemand von dieser Stelle aus Bergnot gerettet. Der stets wachsame Fritz von Almen im Bellevue hatte Rufe gehört und die Rettungsflugwacht alarmiert – für zwei unverletzte Schweizer Kletterer, wie sich herausstellte. Der Kontrast zwischen dem plüschenen Komfort des Luxushotels und der sterilen, senkrechten Wüstenei dieser Wand war, gelinde gesagt, erheblich. Trotz unserer warmen Kleidung packte uns hier im Schatten die Kälte wie eine eisige Klaue. Der Hubschrauber tauchte mit einer eleganten, aber furchteinflößenden Kurve seitlich weg, und wir fühlten uns schrecklich allein.

«Also, Jimmy», sagte Dougal und fiel dabei in beruhigenden Glasgower Dialekt, «willkommen in dieser schönen Herberge. Sie erfreut sich, wie du siehst, eines der herrlichsten Ausblicke in den Alpen und einer Geschichte, die mit der deiner Hütte in Glencoe durchaus vergleichbar ist.»

Bei den schändlichen Massakern des 17. Jahrhunderts waren mehrere MacDonalds in unmittelbarer Nähe meines Hauses niedergemetzelt worden, und der Gedanke lag nahe, meinen freundlichen

Abb. 37 Die Westflanke des Eiger. F = Fliege, S = Spinne, D = Todesbiwak (Death Bivouac), E = Stelle, wo Clint Eastwood sein Seil durchschneiden mußte, R = Rote Fluh, KS = Kleine Scheidegg

Abb. 38 In der Harlin-Direktroute: Chick Scott arbeitet an den Verankerungen des Schutzdaches

Abb. 39 Bei den Dreharbeiten für «The Eiger Sanction»: Clint Eastwood ist im Begriff, das Seil zu durchschneiden

Führer zu fragen, ob es sich bei dem etwa eine Seillänge über uns unter einem Überhang verlaufenden Sims um das Todesbiwak handle. So war es, und wir kletterten durch den tückisch lockeren Schnee hinauf, um nachzusehen, ob jemand zu Hause war. Viel fanden wir nicht: ein paar Stücke Kletterseil und verrostete Dosen. Von den Haken in der Wand über uns hatte vermutlich jeder seine Geschichte. Die Stelle war durch den Überhang gut geschützt; mit genügend Proviant ausgerüstet, konnte ein Kamerateam hier, wie ich vermutet hatte, einen Sturm überstehen, jedenfalls ohne unerträglichen Mangel an Komfort. Leute, die über das Zweite Eisfeld heraufstiegen, waren von hier aus sehr gut zu erfassen. Und eine Stelle ganz in der Nähe erwies sich als vorzüglich geeignet, den Aufbruch der Kletterer zum Dritten Eisfeld zu filmen; außerdem bot sie auch eine brauchbare Perspektive zur Rampe, jener steilen Eisrinne, die einen der schwierigsten Abschnitte des Aufstiegs darstellt und zugleich Schlüssel zum Götterquergang ist und zum oberen Teil der Wand. Wir gingen kurz auf das Dritte Eisfeld und kehrten dann wieder zurück. Die Funkverbindung funktionierte gut, und wir waren in ständigem Kontakt mit Alan Roberts' Ingenieuren auf der Kleinen Scheidegg. Nun blieb noch der Geräuschpegeltest mit dem Hubschrauber. Wir stiegen zu dem winzigen Sims hinunter, und Günther schwebte über uns ein.

«Wenn du dich als zweiter raufziehen läßt», rief ich Dougal zu, «dann werd' ich den Jungs auf der Scheidegg einen Countdown vorbeten. Du redest auch weiter, denn wir sind auf verschiedenen Kanälen. So haben die zumindest 'ne Vorstellung, ob irgendwas Verständliches dabei rauskommt.»

«O. K., Jimmy», schrie Dougal, als Günther das Drahtseil herunterließ. Es muß Dougals Überlebensinstinkt gewesen sein: Als der Haken in seiner Reichweite war, schnappte er ihn, hängte sich ein und wurde hochgezogen. Gleichzeitig schwang Günther die Maschine von der Wand weg. Sie beschrieb dabei eine nach abwärts führende Kurve, die auf den Betrachter anmutig wirkte, für das arme Opfer am Drahtseil aber furchtbar sein mußte. Bald darauf kam er zurück und holte mich ab. Dougal hat für seine Affekthandlung nie eine richtige Erklärung gegeben. Was den Geräuschtest betrifft, so war das Resultat eindeutig: Stimmen waren durch den dröhnenden Lärm der Hubschrauber-Gasturbinen hindurch nicht zu hören.

Zum Mittagessen waren wir wieder zurück. Am Hoteleingang

trafen wir Fritz. Stunden zuvor hatte er uns zugesehen, wie wir unser Frühstück verschlangen, als wollte uns jemand unseren Schinken mit Ei wegnehmen. Als er uns jetzt mit unserer eisverkrusteten Kletterausrüstung sah, fragte er gönnerhaft, ob wir uns auf dem nahen Eigergletscher gut amüsiert hätten.

«Touristen», sagte er, «gehen gern auf das Eis», und fügte dann in ziemlich säuerlichem Tone hinzu: «Aber da gibt es dann oft Probleme.»

«Nein, nein», versicherte ihm Dougal ruhig, wie es seine Art ist, und ohne eine Miene zu verziehen: «Wir sind eben vom Todesbiwak zum Dritten Eisfeld gestiegen.» Fritz schluckte schwer, und man sah ihm fast an, was er dachte: «Die machen meinen Eiger zum Narren.»

Der Ausflug zum Todesbiwak hatte sich ohne Zweifel gelohnt. Allerdings ging mir nun ein bestimmter Gedanke im Kopf herum. Er war mir gekommen, während wir auf dem Sims des Todesbiwaks ein Stück Schokolade aßen, und ich hatte zu diesem Zeitpunkt nichts davon zu Dougal gesagt. Als jedoch am folgenden Tag die Fliege auf dem Besuchsprogramm stand, wurden meine Zweifel mehr als bestätigt. Günther war der Gedanke, mich mit dem Helikopter an der Fliege abzusetzen, nicht sehr geheuer. Die Fliege ist ein winziges Schneefeld hoch in der Wand rechts oberhalb der Spinne. Sie wurde während der Erstbegehung der Harlin-Route so getauft. Ein exponierter, gefährlicher Teil davon ist abgewinkelt wie ein Blatt Papier, das auf einem Bilderrahmen balanciert. Chiv gegenüber hatte ich zuvor die Ansicht vertreten, es sei eventuell möglich, hier eine Kamera aufzustellen und vielleicht sogar einen Generator, der es erlauben würde, die elektronische Kamera warmzuhalten. Später bedauerte ich diesen optimistischen Glauben; ich bedauerte ihn in dem Augenblick, da ich in einer Höhe von etwa 3700 Meter an der vollen Länge des Kabels baumelte. Unter meinen Steigeisen war nichts außer den fernen Wiesen von Alpiglen und dem schwach erkennbaren Band der Bahn zur Kleinen Scheidegg. Während mich Günther langsam auf die Wand zubewegte, geriet ich in eine Drehung, die zunehmend rascher wurde. Bald war mir so schwindelig, als käme ich von einer zehntägigen Sauftour und suchte vergeblich nach Aspirin. Gewöhnlich kann man so eine Drehung stoppen, indem man sich zurücklehnt und Arme und Beine ausstreckt, aber diese Technik wirkte jetzt nicht; ich geriet im Gegenteil in eine anfangs geringe, dann aber zunehmende Pendelbewegung. Auch das ist normal, wenn man an fünfunddreißig Meter Drahtseil an einem niemals ganz stillstehenden Hubschrauber hängt. Pendelnd und trudelnd, fühlte ich mich mehr wie der Besitzer einer Karussell-Dauerkarte denn wie ein mit ernsthaftem Tun beschäftigter Alpinist. Meine Aufgabe war, Fotos von der Fliege und der Perspektive zur Rampe zu machen, doch hatte ich nicht das leiseste Bedürfnis, mich von meinem Drahtseil abzuklinken. Als ich den Boden berührte, hieb ich instinktiv meine «Terrordactyls» (Pickelhämmer) in das Eis und spürte zugleich, wie sich die vorderen Spitzen meiner Steigeisen in die harte Oberfläche bissen. Dougal, der zusammen mit dem Mann, der die Winde bediente, aus der Tür des Hubschraubers schaute, informierte Günther, daß ich sicher Fuß gefaßt hätte. Als sich Günther zur Vermeidung von Steinschlag horizontal von der Wand entfernte, durchzuckte mich ein erschreckender Gedanke: Wenn ich abrutschte, würde das dünne Drahtseil meinen Sturz nicht abfangen können. Rasch machte ich meine Aufnahmen und gab dann sofort das Zeichen, daß ich der Fliege meine Reverenz erwiesen hätte. Günther bedurfte des Signals nicht mehr. Steine polterten jetzt herunter; die Umgebung der Spinne war offenkundig nicht die Art von Örtlichkeit, zu der man seine Lieblingstante ausführen würde.

In der Bar legte ich Dougal später bei einer Flasche wundervollen Schweizer Dôle-Weines meinen Alternativvorschlag vor.

«Was hieltest du von der japanischen Direktroute?»

«Der Direktroute?» echote er.

«Ja. So viel ich weiß, gibt es dort nicht so viel Steinschlag, nur hin und wider 'nen kleinen Hagel. Die Route ist auch näher an der Westflanke, und Stellen wie der Überhang der Roten Fluh und die oberen Passagen sind sichere Kamera-Positionen, versprechen aber doch dramatische Bilder.»

«Mhm», stimmte er zu, «da ist was dran.» Wir überlegten gemeinsam und begeisterten uns schließlich beide für die Möglichkeiten, die sich hier boten. Diese Alternative lag so auf der Hand, daß wir uns fragten, warum wir sie nicht schon früher ernsthaft in Betracht gezogen hatten, obwohl bereits am Everest davon die Rede gewesen war.

Briten hatten die Japanerroute noch nicht durchstiegen; wir fanden aber, daß eine direkte Linie zur rechten Seite der Wand einfach deswegen günstiger war, weil sie von den Kameras in der Westflanke besser eingefangen werden konnte. Der Hauptnachteil war, daß der Aufstieg an die fünf Tage dauern konnte.

Als ich Chiv diese doch recht plötzliche Änderung unseres Planes mitteilte, war er sichtlich bestürzt. Natürlich bedeutete dies alles eine große Umstellung, aber als ich ihm von den Schwierigkeiten berichtete, die wir auf der Fliege gehabt hatten und ihm die Gesichtspunkte darlegte, die für die Japanerroute sprachen, sah er die Vorteile dieser Lösung ein. Diese Route konnten wir unter geringstmöglichem Risiko mit den Kameras erfassen; das Wetter würde unser Programm in weit geringerem Maße beeinflussen, und die Kletterei selbst war eher noch spektakulärer als auf der klassischen Route. Die Zustimmung der Schweizer war uneingeschränkt, denn diese Variante mußte den Kredit unseres Vorhabens vor allem beim Bergsteigerpublikum erhöhen und dem Vorwurf unverantwortlicher Sensationsmache den Boden entziehen.

Nach diesen ausgedehnten Erkundungen kehrten wir alle nach Hause zurück, um an unseren verschiedenen technischen Problemen weiterzuarbeiten. Wenn auch noch Fragen von grundsätzlicher Bedeutung zu klären waren, so nahm das Projekt doch allmählich konkrete Gestalt an. Man schrieb das Jahr 1973. Ein weiterer Besuch auf der Kleinen Scheidegg war für den Sommer 1974 angesetzt. Im September 1975 sollte die Sendung stattfinden.

12 *Die «Eiger Sanction»*

Das blinde Geschick, der Helfer von Gott und Teufel, schläft nie. Es schenkte mir seine ungeteilte Aufmerksamkeit, als mir eines Samstags in den Klippen südlich von Edinburgh ein Stein knapp unterhalb des linken Knies eine harmlos aussehende Verletzung zufügte. Gemessen an ihrer geringen Größe – sie hatte etwa zwei Zentimeter Durchmesser –, erwies sich die Wunde als außergewöhnlich schmerzhaft. Die Beschwerden veranlaßten mich schließlich sogar, mich im Königlichen Hospital in Edinburgh ambulant behandeln zu lassen. Die Abfertigung ging an diesem Tage recht schleppend vonstatten, und während ich wartete, machte mir mein Gewissen zeitweise mehr zu schaffen als die Verletzung. Hinkend wie weiland Stevensons Long John Silver verließ ich schließlich das Krankenhaus. Ich war im Begriff, so weich zu werden wie manche der Muttersöhnchen, die ich zu retten hatte, sagte ich mir. Es gab ja Kletterer, die nach den Worten Huan Findlays (er ist Farmer und Mitglied der Bergwacht) «wegen verstauchter Augenbrauen» zu jammern anfingen. Am Montag morgen war ich immer noch in Edinburgh, und der Schmerz war noch stärker geworden. Da ich wußte, daß in Glencoe eine Röntgenuntersuchung nicht möglich war, suchte ich noch einmal das Königliche Hospital auf.

Jetzt mischte sich die Glücksgöttin ein. Eine freundliche Ärztin, deren Söhne begeisterte Kletterer waren, begriff, daß ich nicht nur wegen verstauchter Augenbrauen da war. Sie widmete der harmlos aussehenden Verletzung besondere Sorgfalt, und eine rasch vorgenommene Röntgenaufnahme bestätigte ihre Befürchtung. Sie sagte es mir zwar nicht gleich, aber ich hatte Gasbrand. Innerhalb von Minuten stand ein ganzes Rudel von Ärzten um mich herum. Donald MacLeod, mit dem mich später ein freundschaftliches Verhältnis verband, verkündete mir als dienstältester Arzt den Befund. Er eröffnete mir in unmißverständlichen Worten das Schlimmste und fügte hinzu, es sei eine sofortige Operation erforderlich. Zum Trost ließ er mich allerdings wissen, daß von den drei Fällen dieser Art, die er im Königlichen Hospital kennengelernt hatte, immerhin einer genesen war. Ein Patient hatte ein Bein verloren, ein anderer war gestorben.

Was ich empfand, ist schwer zu beschreiben. Situationen, bei denen es um Leben und Tod ging, hatte ich mich schon öfter gegenübergesehen. Allerdings hatte ich mir in solchen Fällen die Chancen meist genau überlegt und lag nicht hilflos wie ein Ochsenviertel auf einem Wagen. Ich war benommen, um nicht zu sagen schockiert, und dachte daran, wie man uns kurz zuvor ins Lost Valley in Glencoe geholt hatte, wo Hilferufe gehört worden waren. Ein paar Angehörige unserer Gruppe beobachteten mit dem Fernglas zwei Kletterer – nicht die, die wir suchten – in einer unweit gelegenen Wand. Wal Thomson, einer von unserer Gruppe, rief plötzlich: «Er ist abgestürzt!» Tatsächlich konnten wir mit bloßem Auge den einen der beiden Männer regungslos am Fuß der Wand von Gearr Aonach sehen, während der andere noch über ihm im Fels hing.

Innerhalb einer Viertelstunde waren wir bei dem Verunglückten, der inzwischen das Bewußtsein wiedererlangt hatte. «Können Sie das Bein bewegen?» fragte ich ihn, denn er lag in einer seltsamen Körperhaltung da, die mir nicht gefiel.

«Nein!» antwortete er. Seine Stimme hatte einen Beiklang von Panik, und ich erinnere mich seines Gesichtsausdrucks, als er merkte, daß er von der Körpermitte abwärts gelähmt war. Ein paar Monate später zeigte mir Willy Elliot, ein Mitglied des Rettungsteams, einen Zeitungsausschnitt. «Kletterer nimmt sich das Leben», hieß es da. Der arme Teufel hatte Selbstmord begangen. Wir empfanden tiefes Mitleid mit ihm. All dies schoß mir durch den Kopf, während ich, von Gestalten mit weißen Mänteln umgeben, auf dem Schiebewagen lag.

«Nun», sagte ich schließlich resigniert, «wenn Sie mein Bein nicht retten können, dann lassen Sie's, wo es ist. Dann brauche ich wenigstens nicht als Krüppel in die Grube zu fahren.»

Donald rettete mein Bein und mein Leben. In den sechzehn Tagen, die ich im Hospital lag, schrieb ich einen Kriminalroman, was mich von den «Beschwerden» ablenkte («Schmerz» gibt es bei Donald nicht).

Während ich in meinem Krankenhausbett saß und mir niederträchtige Gaunereien um Ölfunde in den West Highlands ausdachte, hatte es Dougal mit unfeinen Machenschaften ähnlicher Art zu tun, wenn auch aufgrund ganz anders gearteter Umstände. Er arbeitete bei Clint Eastwoods Verfilmung von «The Eiger Sanction» als bergsteigerischer Berater mit. Ein großer Teil des Streifens wurde in der Eiger-Nordwand gedreht. Da ich mit meiner BBC-Sendung voll beschäftigt war, hatte ich den Auftrag nicht selbst übernehmen können, hatte jedoch zwei meiner Instruktoren als Assistenten empfohlen. Als ich, eben aus dem Hospital entlassen, zu Hause herumhumpelte, hörte ich von Martin Boysen, der mit Dougal zusammenarbeitete, daß Dave Knowles, ein Mitglied seiner Gruppe, in der Westflanke durch Steinschlag ums Leben gekommen sei. Ich war tief betroffen, denn ich hatte Dave gekannt, seit er und sein Zwillingsbruder ein paar Jahre zuvor nach Glencoe gekommen waren. Beide waren Mitglieder unseres Rettungsteams gewesen. Zwei Tage später rief mich der schweizerisch-amerikanische Bergsteiger Norman Dyrenfurth von der Kleinen Scheidegg an.

«Hamish, ich möchte Sie fragen, ob Sie uns helfen können. Clint Eastwood bat mich, in Kontakt mit Ihnen zu treten. Es geht darum, ob Sie sofort hierherkommen können, um die Sicherheitsberatung für diesen Film zu übernehmen.» Die Arbeit an dem Streifen sei ins Stocken geraten, sagte er, und sie hätten 25 000 Pfund Aufwendungen pro Tag, nur um das Team beieinanderzuhalten.

«Ich kann kaum gehen, Norman. Ich hatte eine Infektion und bin eben aus dem Krankenhaus entlassen worden. Ein Energiebündel bin ich gerade nicht im Moment.»

«Sie brauchen nicht zu gehen und schon gar nicht zu klettern, Hamish. Wir haben Hubschrauber für Sie, wenn Sie welche brauchen. Überlegen Sie sich's und rufen Sie mich dann an.»

«In Ordnung, Norman. Aber ich muß zuerst Rücksprache mit Alan Chivers von der BBC nehmen, denn nächste Woche soll ich wegen eines Fernsehprojekts sowieso zur Kleinen Scheidegg.»

«Dann kommen Sie halt ein bißchen früher», schlug Norman vor. «An Ihrer Besprechung können Sie ja dann anschließend teilnehmen. Wir richten unsere Planung entsprechend ein.»

Am nächsten Tag flog ich nach Zürich und fuhr mit dem letzten Abendzug zur Kleinen Scheidegg. Martin Boysen und John Cleare waren die ersten Personen, die ich sah, als ich ausstieg. Sie stellten mich Clint und seinem Produzenten Bob Baley vor. Clint und Bob schlugen vor, daß wir uns nach dem Abendessen zusammensetzen und das ganze Vorhaben durchsprechen sollten. Es ging vor allem darum, wie die Arbeit ohne weitere Unfälle fortgeführt werden konnte.

Die angenehm direkte Art dieser beiden Männer erfüllte mich mit einem Gefühl der Erleichterung. Das engere Team bestand aus hochgewachsenen Burschen mit George Kennedy an der Spitze, der auch eine Hauptrolle spielte, Clint und dem Kameramann Mike

Hoover. Alle waren über einen Meter achtzig groß. Im Vergleich zum Tontechniker wirkten sie jedoch geradezu klein.

Später stellte sich heraus, daß ich nicht nur als Sicherheitsberater mitwirken, sondern auch mein Wissen bezüglich Tricks und schwieriger Aufnahmen einbringen sollte. Ich freute mich auf die Arbeit. Martin und Dave hatten Clint und andere bei verschiedenen Kletteraufnahmen gedoubelt. Nicht daß Clint außerstande gewesen wäre, derartige Szenen selbst zu spielen, doch war er meist zur gleichen Zeit mit anderen Aufnahmen beschäftigt. Ich kann mich nicht erinnern, daß er jemals gefährlichen Sequenzen aus dem Wege ging, aber bestimmte schwierige Stellen erforderten jemanden, der sich geschmeidig und nicht ruckartig im Fels oder auf hartem Eis zu bewegen verstand, wozu es natürlich entsprechender Erfahrung bedurfte. Martin Boysen meistert selbst eine schwierige Wand leicht wie ein Matrose einen Mastbaum, und von der Figur her war er Clint ähnlich. John Cleare machte bei diesen Sequenzen die Kameraarbeit zusammen mit Mike Hoover. Außer dem normalen Aufnahmeteam, wie man es bei jedem Hollywood-Film findet, gab es auch Spezialisten. Mike Hoover ist ein Kameramann von großem bergsteigerischem Talent und war in dem Augenblick, da der Steinschlag sie überraschte, auf dem gleichen Sims wie Dave gestanden. Als ich dort ankam, hatte er den Schock des Vorfalls noch nicht überwunden, und seine Schrammen waren noch deutlich zu sehen.

Nach dem Abendessen gesellte sich Clint zu uns. «Freut mich sehr, daß du kommen konntest, Hamish», sagte er in seiner ungezwungenen Art. «Wir werden uns in allem nach deinen Ratschlägen richten.»

Die ersten paar Tage arbeiteten wir auf der Höhe des unteren Abschnitts der Jungfraubahn am Rotstock. Dort eröffnete der Stollen den Zugang zum unteren Abschnitt der Wand, wo es eine Anzahl von Nadeln und Kaminen für Zwischeneinstellungen gab. Clint wollte in der Wand selbst filmen, und zwar auf der Roten Fluh und sogar noch weiter oben beim Todesbiwak. Obwohl uns die Rote Fluh ausreichenden Schutz vor Steinschlag bot, gab es doch auf der Aufstiegsroute durch den «Schwierigen Riß» dann und wann überraschenden Steinhagel. Ich bestand darauf, daß nur erfahrene Kletterer und Clint selbst dort hinaufsteigen sollten. Clint war damit einverstanden. Außerdem schlug ich vor, nicht oberhalb des Todesbiwaks zu filmen, und auch diesem Vorschlag stimmten alle Beteiligten zu.

Allerdings gab es eine Sequenz, die einen höllischen Absturz vorsah und vorzugsweise in der Mitte der Wand realisiert werden sollte. In dieser Szene sollte Clint am Seil unter einem Überhang baumeln. Clint, der nie die Möglichkeit einer spektakulären Aufnahme verschenkte, war der Ansicht, ein Punkt beim Fenster 4.2 der Harlin-Route könnte die geeignete Stelle sein. Das Fenster 4.2 ist ein Loch am Ende eines Stollens, durch welches beim Bau der Jungfraubahn das ausgebrochene Gestein in die Tiefe geschüttet wurde. An dieser Stelle fällt die Wand bis weit hinunter fast senkrecht ab. Der Stollen erlaubte einen gefahrlosen Ausstieg, und ich erklärte mich bereit, mir die Stelle anzusehen. Obgleich ich schon einmal von diesem Punkt aus abgestiegen war, und zwar mit Dougal bei den Vorbereitungen für unsere BBC-Sendung, beeindruckte mich der Anblick auch dieses Mal sehr. Der Stollen vom Tunnel zum Fenster war eisverkrustet wie eine Kältekammer. Chick Scott, ein kanadischer Bergsteiger, und Bev Clark, ein Freund Dougals aus Leysin, begleiteten mich. Über dem Fenster war ein Überhang, über den in monotoner Regelmäßigkeit Lawinen von Eis und Felsen herunterdonnerten.

Am nächsten Tag arbeitete die Hauptgruppe auf dem Eiger-Gletscher, wo meine Gegenwart nicht erforderlich war. Chic und ich nahmen den Arbeiterzug zum Fenster 4.2.

Geräuschvoll kam der Zug an der über zwanzigprozentigen Steigung zum Stehen, und Chick und ich stiegen um sechs Uhr morgens mit unseren Leitern und Bohrern aus. Unser recht ungewöhnliches Tagewerk konnte, nachdem wir noch eine Tasse Kaffee getrunken hatten, beginnen. Wir öffneten die «Türe zum Nichts» und klinkten uns an die Seile, die am Tag zuvor dort angebracht worden waren. Der jähe Wechsel aus der Enge des eisverkrusteten Stollens hinaus in die zugige, senkrecht abfallende Wand übte eine sehr starke Wirkung auf uns aus. Für diese Einstellung hatte ich mir schon einen Plan zurechtgelegt. Eine Art stählernes Schutzdach gehörte dazu, das an der Kante des Überhangs über der Tür angebracht werden und den direkt darunterhängenden Clint vor Steinschlag schützen sollte. Dieser Blechschirm sollte die Form einer offenen Pyramide mit einer Basis von zwei Meter Seitenlänge haben. Natürlich mußte der Schirm gut verankert werden. Das Bohren der dazu nötigen Löcher war für diesen Tag unser Arbeitsprogramm. Wir machten die Leitern so fest, daß sie bis nahe an den Überhang reichten, und dann begannen wir mit der Arbeit. Sehr angenehm war das nicht, denn manchmal hüllte uns Lawinenstaub ein, und wenn uns diese Lawinen auch nichts Ernstliches anhaben konnten, so bekamen wir doch ein etwas flaues Gefühl, wenn ihr Atem uns streifte. Damals war in den Alpen gerade eine Schlechtwetterperiode; auf den höheren Gipfeln lag noch ungewöhnlich viel Schnee, und deshalb war die Zahl der abgehenden Lawinen besonders groß.

Am folgenden Morgen fuhr ich nach Interlaken, um den Schutzschild in Arbeit zu geben. Norman Dyrenfurth hatte mir einen kleinen Betrieb empfohlen. Ich fragte den Meister, ob er einen stählernen Schirm anfertigen könne.

«Umbrella?» wiederholte der Mann auf englisch. Offenbar glaubte er, ich hätte das falsche deutsche Wort verwendet. «In Bern gibt es jemand, der Schirme macht, Sir, aber nicht in Interlaken.»

«Nein», beharrte ich. «Ich will keinen Regenschirm.» Rasch skizzierte ich auf ein Blatt Papier, was ich brauchte.

«Ah!» strahlte er «Ein Kaminhut, kein Schirm! *An umbrella is for keeping off se rain. Sis is for keeping up se smoke.»*

«Ja, aber es soll ein Schirm werden, der vor Steinschlag schützt. Ich brauche ihn für die Eiger-Nordwand.» Er wurde bleich, und ich fürchtete schon, er würde mit dem Schraubenschlüssel, den er in der Hand hielt, auf mich losschlagen. Offenbar dachte er, ich wollte mich über ihn lustig machen. Plötzlich brach er in dröhnendes Lachen aus und schwankte wie ein Wackelpudding aus der Werkstatt hinaus ins Büro. Ich hörte, wie er einem Angestellten etwas von einem «verrückten Engländer» sagte, der einen bombensicheren Schirm wolle, um damit durch die Eiger-Nordwand zu steigen. Es gelang mir dann aber doch, seine Zweifel auszuräumen und ihn von der Ernsthaftigkeit meiner Absichten zu überzeugen. Wir besprachen den Entwurf des Schutzschildes in allen Einzelheiten; die Konstruktion wurde so angelegt, daß er an Ort und Stelle zusammengefügt werden konnte. Unserer Schätzung nach würde er insgesamt etwa hundertsechzig Kilo wiegen.

Am nächsten Tag kehrte ich zu dem Überhang zurück. Als wir gerade aus dem Fenster aussteigen wollten, donnerte ein außerordentlich schwerer Steinschlag herunter, der dem Transportvolumen mehrerer Schwerlastwagen entsprach. Es fehlte nicht viel, und von Kanten in der Wand abspringende Felsbrocken wären durch das Fenster hereingeprallt. Mir wurde klar, daß die Szene, für die wir den stählernen Schirm vorgesehen hatten, selbst mit dieser Schutzvorrichtung zu gefährlich war. Widerstrebend teilte ich Clint mit, daß die Sequenz am Fenster 4.2 wegfallen müsse. Clint fühlte sich wahrscheinlich recht niedergeschlagen, die Götter schienen gegen seinen Film zu sein. Bei der «Eiger Sanction» gab es fast ebensoviele Probleme und Tragödien wie bei der Erstbesteigung der Nordwand.

Die Schirm-Szene drehten wir schließlich – ohne den Schirm – im oberen Teil der Westflanke an einer Stelle, die eine Art Überhang in die Nordwand bildete. Ganz in der Nähe war Dave ums Leben gekommen. Als ich Clint meine Einwände gegen das Fenster 4.2 vorgebracht hatte, hatte ich gleichzeitig diese Alternative vorgeschlagen. Clint war einverstanden, fürchtete aber, daß Dougal nicht sehr begeistert sein würde. Mike Hoover hielt die Stelle ebenfalls für ideal, und so nahm ich mir an diesem Nachmittag Dougal vor. Er wollte nicht auf der Westflanke arbeiten, weil Dave in der Nähe verunglückt war und er das Gestein dort für zu gefährlich hielt. Vielen, die mit ihm zu tun hatten, erschien Dougal als harter, verschlossener Bergmensch, der undurchdringlich war wie eine Sphinx. Dennoch waren ihm im Grunde seines Wesens Sensibilität und starke Gefühle nicht fremd. Wir hatten viel Zeit miteinander verbracht, und ich lernte ihn im Verlauf der Jahre gut kennen. Ich wußte, daß ein viele Jahre zuvor in Glencoe von ihm verschuldeter Autounfall, bei dem es ein Todesopfer gegeben hatte, sein Gewissen immer noch furchtbar bedrückte. Ohne im Augenblick an diesen tragischen Vorfall zu denken, hatte ich ihn einmal gefragt, warum er nie selbst ein Auto steuerte; er machte ausgedehnte Vortragsreisen und daß er dabei stets auf fremde Chauffeure angewiesen war, muß frustrierend für ihn gewesen sein.

«Wenn dir so etwas passiert wäre – würdest du fahren?» fragte er mich. So wieder an den Vorfall erinnert, mußte ich ihm recht geben.

Immerhin erklärte sich Dougal bereit, mit mir die betreffende Stelle der Westflanke zu besichtigen. Zusammen mit Guggi, dem Schweizer Ingenieur, hatte ich diesen Überhang bei den Vorarbeiten für die Fernsehsendung bereits inspiziert. Guggi und seine Helfer waren wie ich der Meinung, daß dieser Teil der Westflanke so sicher war, wie man es sich bei derart unsolidem Gestein nur wünschen konnte. Dougal und ich flogen mit Günther hinauf und wurden am Drahtseil hinuntergelassen. Die Westflanke ähnelt an dieser Stelle dem runden Turm eines großen Unterseeboots. Wir stiegen zur Kante eines Überhangs.

«Das ist die Stelle, die ich meinte, Jimmy.» Wir legten uns auf den Bauch und starrten in die furchterregende Tiefe hinab. Unter uns wich die Wand zurück, so daß wir sie ein ganzes Stück weit nicht sehen konnten, bis sie wieder in die Vertikale zurückkehrte und sich zum Fenster 3.8 hinschwang. Der erste Absturz war über 760 Meter tief; dann kamen 600 Meter, die weniger steil waren, ehe die Wand in den Wiesen an ihrem Fuße verlief.

«Wenn wir die Dummies hier runterschmeißen», sagte ich zu Dougal und ließ einen kleinen Stein fallen, «dann stürzen sie fast 1000 Meter in freiem Fall und schlagen nur ein paar Mal an, bevor sie auf den Zehennägeln des Berges landen.» Wir schauten dem Stein nach, der kleiner und kleiner wurde, bis er nur noch Stecknadelkopfgröße hatte und sich dann in der Luft aufzulösen schien.

«Der Fels scheint solide genug», stimmte mir Dougal zu, «und der Absturz ist so tief, daß du unterwegs noch dein Testament schreiben kannst. Mit den Puppen geht das in Ordnung. Aber wie soll denn Clint fallen, wenn er das Seil abschneidet?»

«Wo du jetzt liegst, machen wir eine Leiter fest wie ein Sprungbrett», erklärte ich ihm, «so daß das Ende gut sieben Meter aus der Wand heraussteht. Dann stellen wir auf der Sprungbrettleiter eine zweite, senkrechte Leiter auf. Deren oberes Ende wird durch Seile mit dem Ende der waagrechten Leiter verbunden, auf der Clint sein wird und die ebenfalls in dem Grat hinter uns verankert ist. Das hintere Ende dieser Sprungbrettleiter verankern wir mit ein paar starken Dübeln.» Ich deutete auf den flachen Felsentisch hinter uns. «Das Ganze soll nach dem Prinzip eines freitragenden Auslegers funktionieren.»

«Für mich klingt das verrückt», sagte er, «aber es ist dein Bier. Die Stelle jedenfalls ist o. k.»

Am nächsten Nachmittag war die Vorrichtung fertig. Als Clint und Mike Hoover landeten, waren sie vermutlich etwas schockiert, als sie die Konstruktion sahen. Beide mußten ganz bis zum Ende der waagrechten Leiter gehen. Clint wiegt wohl gut neunzig Kilo und Mike etwa ebensoviel. Als sie über den Abgrund hinausstiegen, bog sich die Leiter wie ein billiges Lineal, aber beide waren ja angeseilt. Clint hing an zwei Seilen, die Dougal und ich sicherten. Die Szene, um die es ging, war Teil der Episode, in der Clint an einem Seil (das sich an dem Überhang über dem Galerie-Fenster der Station Eigerwand verklemmt hatte) baumeln sollte. Das Drehbuch sah vor, daß ihm Helfer aus dem Galerie-Fenster zwei Seile zuwerfen sollten; es waren die Seile, die Dougal und ich jetzt hielten. Das verklemmte Seil hing direkt vom Ende der Leiter hinunter. Clint sollte es durchschneiden und sich damit von ihm befreien, so daß er, von den zwei Rettungsseilen gehalten, zur Wand hinunterschwingen konnte. Dougal und ich hatten unsere Standplätze eingenommen, und als wir Clint zehn Meter vom Ende der Leiter hinuntergelassen hatten, band er sich das verklemmte Seil um, das er durchschneiden sollte. Mike stand breitbeinig auf dem Ende der Leiter, die schwere Kamera entlang dem eingeklemmten Seil auf den Schauspieler gerichtet.

«Bist du schon angeseilt, Clint?» rief ich.

«Ja, bin ich. Aber wartet, bis ich dieses Messer herausgeholt habe.»

Den meisten Menschen würden in Clints Position die Nerven durchgehen. Bergsteiger würden wohl empfinden wie Dougal und ich in diesem Moment: o. k. für Clint, der ist ein Held – aber für mich ist das nichts, Jimmy. Ich war der Meinung, alle Eventualitäten bedacht zu haben; Clint aber, der ruhige, besonnene Profi, sah zwei Probleme. Was würde, wenn er das Seil durchgeschnitten hatte, während seines Falls aus dem Messer werden? Es mußte rasierklingenscharf sein, und Clint war zu Recht besorgt, daß er es in der Sekunde des Falls ungewollt festhalten würde, was natürlich eine große Gefährdung für ihn bedeutete. Eine Patentlösung fanden wir nicht, und schließlich nahm er sich vor, seine Gedanken auf das Loslassen des Messers zu sammeln, noch ehe das Seil entzwei war. Auch die Tatsache, daß das «Sprungbrett» plötzlich um neunzig Kilo erleichtert wurde, mußte, wie Isaac Newton viele Jahre zuvor schon einsichtsvoll dargelegt hatte, eine ebenso starke gegenläufige Reaktion hervorrufen. Die Leiter würde natürlich nach oben federn, und das Opfer dieser Schnellbewegung würde der Kameramann sein. Mike bereitete sich auf diesen kritischen Augenblick vor.

Nun fehlte also nur noch die tatsächliche Durchschneidung des Seils. «He, Jungs, ist die Sache auch sicher?» schrie Clint von unten herauf.

«Sicher genug», rief ich, «aber ich würd' das nicht tun.»

«Na gut, wenn es sicher ist, dann bringen wir es hinter uns. Fertig, Mike?»

«Fertig.»

«Also los!»

Das Schweizer Armeemesser schnitt das Edelweiß-Kletterseil durch, und Clint sauste abwärts und baumelte dann wie ein Jo-Jo unter dem Überhang.

«Alles in Ordnung, Clint?» rief ich Sekunden später.

«Ja, sicher. Ich komm' jetzt rauf.» Bald hatte er sich mit Seilklammern heraufgehangelt. Mike, der das Hochschnellen des «Sprungbrettes» gut gemeistert hatte, war mit der sensationellen Aufnahme höchst zufrieden.

Am nächsten Tag waren wir wieder oben, dieses Mal, um die drei Puppen vom Ende der Leiter zu werfen.

Die Dummies stellten Clints unglückliche Kameraden dar, deren Seile nicht hängengeblieben waren. Ihr Absturz war wirklich spektakulär, und als ich ihnen nachschaute, während sie mit einer Drehbewegung viele hundert Meter hinuntersausten, hatte ich ein Gefühl unheimlicher, bedrängender Realität. Es war, als erlebte ich die letzten Sekunden meines eigenen Lebens. Dougal ging Ähnliches durch den Kopf, denn er sagte: «Da macht man sich so seine Gedanken, Jimmy.»

Ich stimmte ihm zu. «Aber wir beide kennen Ärzte, die rauchen.»

Nachdem wir das «Sprungbrett» abgebaut hatten und zum Hotel zurückgeflogen waren, fragte ich ein paar von den Führern, ob sie mit den Hubschraubern die Puppen holen könnten. Die Männer schienen jedoch nicht sehr scharf darauf zu sein; zweifellos dachten sie, das Risiko lohne sich nicht. Da ich mich für diese Szene und meine drei stummen Freunde mitverantwortlich fühlte, beschloß ich, die Bergung selbst durchzuführen. Wahrscheinlich veranlaßte mich dazu ein Instinkt, der sich bei mir während der Jahre, in denen ich in Schottland menschliche Körper aus den Bergen wegräumte, entwickelt hatte. Jedenfalls wollte ich nicht, daß spätere Bergsteigergenerationen beim Beginn ihrer Nordwand-Tour diese unheimlichen Überbleibsel des Massenentertainments vorfanden. Da die anderen am nächsten Tag auf der Roten Fluh filmen wollten, beschloß ich, die Puppen am Morgen zu holen. Während Martin Boysen am Fuße der Roten Fluh als Späher fungierte, flog ich mit Günther zum unteren Teil der Wand und begann mit der Suche. Eine der Puppen hatten wir bald entdeckt. Ich ließ mich am Drahtseil hinunter und hängte sie mit einem kurzen Stück Seil an meine Gurte. Martin dirigierte uns dann über Sprechfunk zu den übrigen Dummies.

«Die zwei anderen sind unter diesem Überhang, Hamish.» Seine Stimme kam laut und klar. «Weiter in Richtung der Westflanke, und etwas höher. Siehst du den langen Schneeflecken?»

«Ja-a.»

«Da ungefähr ist es.»

«Ich sehe sie», antwortete ich über den Lärm des Helikopters hinweg und wies Günther mit Zeichen die Richtung. Immer noch hing ich am Drahtseil wie eine Hammelkeule am Metzgerhaken, jetzt aber in Höhe der Kabine neben dem Mann, der die Winde bediente. Puppe 1, die lediglich fünfunddreißig Kilo wog, baumelte an meiner Hüfte und drehte sich in höchst realistischer Weise. Wir hatten geahnt, daß die Bergung der Dummies ziemlich unheimlich aussehen würde; deswegen hatten wir vor, auf einer Wiese zu landen und die Puppen in der Kabine zu verstauen, ehe wir zum Startplatz zurückkehrten.

Puppe 2 lag weniger günstig. Sie befand sich auf einem sehr steilen Band unter einem Überhang, von dem eine Art Wasserfall in die Tiefe spritzte. Wieder wurde ich hinuntergelassen und band das lose Ende des Seils des «Stummen Mannes» an meine Gurte. Da Puppe 1 mit mir heruntergelassen worden war, zerrte sie jetzt etwas weiter unten am Hang an ihrem Seil. Ich gab das Signal, mich hochzuziehen, aber Günther hatte mittlerweile den letzten der drei heruntergekommenen Stars entdeckt. Er lag genau auf der Kante einer Wand. Am Ende des Drahtseils schwebte ich zu der Stelle. Ich kam mir wie ein Kranführer vor, als ich die zwei Puppen akkurat neben ihren verlassenen, verstümmelten Gefährten plazierte, damit sie nicht unversehens ihre Reise nach Alpiglen fortsetzten, wenn ich landete. Martin und die anderen oben hatten den ganzen Vorgang zweifellos sehr gut im Blick; wahrscheinlich kam er ihnen ebenso verrückt vor wie mir auch. Der letzte «Leichnam» bekam ein längeres Seilstück umgebunden. Dann befestigte ich ihn nicht an meinen Gurten, sondern an seinem Co-Star, der am zweitlängsten Seilstück hing. Als man mich zum Hubschrauber hochzog, begleitete mich die erste Puppe; als wir etwa sechs Meter höher waren, kam die zweite, und weitere zwanzig Meter wurden wir hochgeholt, ehe zögernd die dritte folgte. Wie eine Kette von Würsten hingen sie nun an meinen Gurten, und mir kam es vor, als würde ich bei diesem Luft-Tauziehen halb auseinandergerissen. Warum wir nicht wie vorgesehen auf der Wiese landeten, weiß ich bis heute nicht; jedenfalls flogen wir über die Kleine Scheidegg, als gerade ein Zug aus Lauterbrunnen ankam und ein weiterer vom Jungfraujoch gerade abfahren sollte. Wie ein Lauffeuer verbreitete sich in den Zügen die Kunde von unserer makabren Luftfracht, und eine große Menschenmenge quoll heraus, um sie in Augenschein zu nehmen. Nichts kann den *homo sapiens* so sehr erregen, wie menschliches Leid und der Anblick von Blut. Das war es wohl auch, was das Publikum von Klettereien an der Eiger-Nordwand erwartete.

Am gleichen Tag sollte ich bei einer Sequenz helfen, in der Clint einen spektakulären Pendelquergang an der Wand der Roten Fluh zu vollführen hatte. Dabei mußte er an einem Seil quer über die Wand schwingen. Diese Technik benutzt man, um von einem den Aufstieg erleichternden Riß zu einem anderen zu gelangen. Mike Hoover, der sich in Clints Nähe befand, sollte die Sequenz filmen, doch brauchten wir auch Aufnahmen vom Hubschrauber aus, die mit Mikes Material zusammengeschnitten werden konnten. Ich war mit Dan Meyer, der das «Westcam»-Gerät bediente, im Hubschrauber. Diese Vorrichtung erlaubt es, auch von einem fliegenden Hubschrauber aus Aufnahmen mit absolut ruhigem Bild zu machen. Die Kamera wird dabei auf einen Kreiselstabilisator montiert und in einer schützenden kugelförmigen Hülle von etwa eineinhalb Meter Durchmesser untergebracht. Ein Teil der Kugel ist transparent, so daß die Kamera durch sie hindurch aufnehmen kann. Die Vorrichtung kann entweder neben dem Hubschrauber oder an seiner Unterseite angebracht werden. Beide Anordnungen haben ihre Nachteile. Die seitliche Befestigung kann die Manövrierfähigkeit des Hubschraubers stark beeinträchtigen. Wird das Gerät an der Unterseite des Helikopters angebracht, bedarf es für die Landung einer Spezialrampe. In diesem Fall hatten wir das «Westcam» unten montiert, denn gemäß Clints Absicht sollte gezeigt werden, wie der Blick des Betrachters durch das Tal nach Grindelwald schweift und zum Eiger hinauf, wobei der Berg immer größer erscheint, bis schließlich die Rote Fluh das Bild ausfüllt und in Großaufnahme Clint zu sehen ist, wie er am Seil in der nackten, roten Wand hängt.

Das war die Theorie, doch ließ sie sich nicht in die Praxis umsetzen. Selbstverständlich ist es nicht möglich, auf die übliche Weise durch den Sucher des «Westcam» zu sehen, da das Gerät ja unter dem Hubschrauber angebracht ist. Man behilft sich deshalb mit einer kleinen elektronischen Kamera, die über einen im Hubschrauber befindlichen Monitor das Sucherbild liefert. Damals arbeitete man mit Schwarzweiß-Monitoren. In Schwarzweiß war es aber unmöglich, Clint in der Wand zu finden, denn auf dem Bildschirm nahm seine gelbliche Kleidung den gleichen Grauton wie das Gestein der Wand an. Günther flog mit dem Hubschrauber so nahe heran, daß ich Clint fast ein Sandwich hätte hinüberreichen können, hätte ich eines bei mir gehabt. Hier war er auf dem Sucherbild erkennbar, nicht aber aus größerer Entfernung. Das Problem war schwierig zu lösen, und ich war einigermaßen ratlos, denn obendrein war die Verständigung mit den anderen nicht gerade gut. Bemüht, Gewicht zu sparen, hatte ich am Abend zuvor mit Dougal vereinbart, er solle das Zeichen für den Beginn des Pendelquergangs in der Roten Fluh mit einem Blitzlichtgerät geben. Außerdem hatten wir eine Anzahl von Signalen festgelegt. Als wir aber feststellten, daß es unmöglich war, Clint mit dem «Westcam» zu finden, schlug ich Günther vor, Chick und Bev, die am oberen Ende des Schwierigen Risses waren, ein Sprechfunkgerät hinunterzulassen. Wir flogen zur Kleinen Scheidegg zurück, und ich rannte in mein Zimmer und holte hundertfünfzig Meter 5-mm-Seil und ein Walkie-Talkie, während der Hubschrauber mit laufendem Motor auf mich wartete. Minuten später schwebten wir hoch über Chick und Bev, die zum Bauch des Helikopters heraufstarrten und sich fragten, was in aller Welt wohl los sei. Als sie sahen, daß aus 150 Meter Höhe ein Gegenstand heruntergelassen wurde, vermutete Bev, ich wolle sie mit einer Flasche Wein erquicken. Am Abend zuvor hatte er uns einen ausgezeichneten Gletscherwein vorgesetzt, der aus der Umgebung seines Heimes in Leysin stammte. Er war ziemlich enttäuscht, als er entdeckte, daß es ein Sprechfunkgerät war, das sich heruntersenkte. Chick packte es, und gerade als er es ausklinken wollte, ließ ich die hundertfünfzig Meter Seil fallen, weil ich glaubte, es könnte ihnen in der Roten Fluh von Nutzen sein. Das Ergebnis war, daß das Seil sich dabei um ihn wickelte, so daß er zusammengeschnürt war wie eine Spinnenmahlzeit. Bei dem Sprechfunkgerät war eine kurze Mitteilung, in der ich sie bat, das Walkie-Talkie so eilig Clint zu überbringen, «als müßtet ihr dringend aufs Klo.» Eine halbe Stunde später sprach ich mit dem Boß.

«Ist es möglich, den Film rückwärts laufen zu lassen, Clint?» fragte ich. (In der Zwischenzeit war mir eine Idee gekommen.) «Aus der Nähe können wir dich auf dem Monitor unterscheiden, aber wenn man aus der Entfernung heranfährt, ist das unmöglich. Wenn wir von der Wand wegfliegen statt auf sie zu, dann könnte das Labor doch den Film umdrehen.» Clint überlegte eine Minute; aus dem Hubschrauber konnte ich sehen, wie er am Seil hängend nachdachte.

«Ja, sicher, das müßte gehen», stimmte er schließlich zu. «Versuchen wir es.» Während der ganzen Zeit befand sich Clint in einer recht ungemütlichen Situation, doch war er nicht wirklich gefährdet; dafür sorgten Dougal, Martin und die anderen Jungs. Die Wand war leicht überhängend und verlief dann fast senkrecht. Fiel einem hier Geld aus der Hosentasche, konnte man es sich sechshundert Meter tiefer beim Fenster 3.8 wieder suchen. Als Clint – gewissermaßen rückwärts – seine Pendelnummer begann, dachte er sogar daran, gegen seine Bewegungsrichtung zu schauen, damit, wenn der Film umgedreht war, seine Blickrichtung stimmte. Es gibt wohl nur wenige Kletterer, die Gefallen daran finden würden, «blind» an einer derart exponierten Stelle zu pendeln, selbst wenn sie im Prinzip mit solchen Akrobatenstücken vertraut sind.

Eine meiner letzten Erinnerungen an die «Eiger Sanction» betrifft eine Aufnahme, in der keiner der Schauspieler vorkam, sondern die nur die Nordwand in ihrer ungeheuren Wildheit zeigen sollte. Ich hatte vorgeschlagen, mit dem Hubschrauber auf 4000 Meter Höhe zu gehen und die Maschine dann so rasch sinken zu lassen, wie es ohne Risiko möglich war. Günther zog seine Tabellen zu Rate und erklärte dann, daß 1200 Meter pro Minute die größtmögliche Sinkgeschwindigkeit sei.

Am nächsten Tag stiegen Günther, der Kameramann und ich in die Maschine. Bald hatten wir die erforderliche Höhe erreicht. Als wir den Gipfel im Suchermonitor hatten, zog Günther den Helikopter noch höher hinauf und fragte, ob wir bereit seien. Abrupt begann der Sinkflug. Ich hatte ein eigentümliches Gefühl im Magen; alles war plötzlich still. Auf dem Monitor kam der Gipfel ins Blickfeld, dann erschienen die Gipfelschneefelder, die Spinne und zu ihrer Rechten die Fliege. Die Wand rückte immer imposanter ins Bild, denn die Maschine stieß hinab wie ein Falke. Meine Hoffnung, daß Günther die Fallgeschwindigkeit noch würde abbremsen können, begann zu schwinden. Als es aber dann doch geschah, war es deutlich zu spüren: die Maschine fing an zu vibrieren und zu zittern wie eine Stimmgabel. Der Boden geriet in Schwingungen, und ich kam mir vor wie in einer Waschmaschine, zumal sich jetzt auch noch die Fenster beschlugen. Bei einer Fallgeschwindigkeit von 1200 Meter pro Minute schienen mir die Aussichten auf ein erfolgreiches Bremsmanöver gering zu sein, aber Günther hatte natürlich den Höhenunterschied bis auf den letzten Millimeter genau kalkuliert.

Jetzt war nichts mehr zu sehen. Das Hotel Bellevue, auf dessen Höhe wir uns eben noch befunden hatten, war verschwunden, als hätte es sich in Nebel aufgelöst. Wir befanden uns in einigem

Abstand von der Scheidegg über den nach Grindelwald abfallenden Hängen und hatten noch genügend freien Raum unter dem Hosenboden, aber es war einfach nichts zu sehen. Nur der Monitor zeigte die Landschaft. Dan war so freundlich, Günther einen Überblick über die Gegend zu geben, indem er seine Kamera schwenkte – das «Westcam» hatte sich nicht beschlagen. Nach ein paar Minuten waren die Fenster wieder frei, aber die Temperatur war beträchtlich gestiegen. Langsam flogen wir wieder zur Kleinen Scheidegg zurück, unser großes Ei immer noch zwischen den Kufen.

Da meine Arbeit bei der «Eiger Sanction» nun ihrem Ende entgegenging, kamen Chiv und Chris Bonington und meine anderen Kollegen vom Fernsehen der BBC, um Einzelheiten der für 1975 geplanten Direktübertragung festzulegen. Die Daten wurden fixiert, die Bergsteiger ausgesucht. Der gewaltige Arbeitsaufwand, den wir während der vergangenen drei Jahre in den Bergen und auch abseits von ihnen in das Projekt gesteckt hatten, schien nun allmählich Früchte zu tragen. Aber im folgenden Winter verbot die Schweizer Regierung das Unternehmen. Es hieß, das ins Auge gefaßte Datum kollidiere mit einem nationalen Feiertag, doch war klar, daß die Schweizer in Anbetracht der Reputation des Eigers kalte Füße bekommen hatten. Es war ein harter Schlag für uns alle, vor allem aber für Chiv. Die Eiger-Besteigung sollte seine letzte Klettersendung sein, der Höhepunkt einer langen, erfolgreichen Karriere. Mit der Sendung hätten sich für ihn, wie er sagte, zwei Möglichkeiten ergeben: ein würdiger Abschied nach einer beispiellosen Glanztat oder ein ruhmloser Rückzug nach dem größten Flop aller Zeiten.

Aber gute Ideen haben ein zähes Leben. Bis 1977 hatte es sich die Schweizer Regierung anders überlegt. Die amerikanische kommerzielle Fernsehanstalt Trans World International bot uns an, sich an dem Projekt zu beteiligen, und stellte Mittel dafür bereit. Ich mußte nun ohne Dougal zur Japanerroute zurückkehren, denn er war kurz zuvor in der Nähe seines Heimes in Leysin bei einem Lawinenunglück ums Leben gekommen. Immerhin gab es auch eine erfreuliche Nachricht: eine neue Leichtgewichtkamera befand sich in der Entwicklung. Die «Microcam» sollte einschließlich Sender nur acht Pfund wiegen. Noch war sie eine Unbekannte in unserer Rechnung; seit den schwerfälligen Monstern, die wir am Old Man of Hoy benutzt hatten, waren aber große Fortschritte gemacht worden. Wieder machten wir Pläne und wählten Bergsteiger aus. Aber irgendwie schafft es der Eiger immer, genau dann zurückzuschlagen, wenn man es am wenigsten erwartet. Im Sommer 1978 erhielt ich einen Anruf von Chiv, der eben von der Fußballweltmeisterschaft in Argentinien zurückgekehrt war.

«Hamish», sagte er. «TWI hat sich aus finanziellen Gründen von dem Unternehmen zurückgezogen. Wir sind wieder beim Nullpunkt angelangt – im Basislager, wenn du willst!»

Ich schob meine gewichtige Eiger-Akte wieder in ihr Regal zurück; mochten die Spinnen ihre Netze erneut darüberweben. Das Schicksal der Sendung erinnerte mich an den Zustand der britischen Wirtschaft: Glaubte man eben noch, sie sei endlich in Schwung gekommen, so trat im nächsten Moment schon wieder völliger Stillstand ein.

Für den Bergsteiger gibt es kaum etwas Größeres als den Eiger. Er ist die äußerste Herausforderung für seinen Wagemut und seine Narrheit. Keine Neuigkeiten seien gleichbedeutend mit guten Neuigkeiten, heißt es. Vom Eiger indes gibt es immer Neuigkeiten, und die sind meistens schlecht. Da der Mensch aber neugierig ist, reizen sie ihn, und er nimmt sie begierig auf.

Nur drei Monate waren vergangen, als ich hörte, die Klettersendung vom Eiger würde möglicherweise doch stattfinden. Von neuem begann die Planung. «Kannst du noch einmal zu Vorarbeiten kommen?» fragte mich Chiv.

«Sicher», antwortete ich. «Ich freue mich darauf. Eines steht fest, Chiv: Später werden wir sagen können, daß wir dieses Projekt als relativ junge Leute begonnen haben.»

Kein Zweifel: Der Eiger verlangt seinen Tribut, geistig wie physisch. Wir werden bis an die Grenzen des technisch Möglichen gehen. Niemand aber weiß, wie das Wetter sein wird, wenn wir mit dem größten Kletterzirkus aller Zeiten «Spinne» und «Fliege» besuchen. Der, der die letzte Trumpfkarte ausspielt, wird der Berg sein.

Register